"十四五"职业教育国家规划教材

自然科学基础知识
（第2版）

主　编　周文华
副主编　何曙光　李君俐　李　香
参　编　魏　哲　王新乐

北京理工大学出版社
BEIJING INSTITUTE OF TECHNOLOGY PRESS

版权专有 侵权必究

图书在版编目(CIP)数据

自然科学基础知识 / 周文华主编 . -- 2 版 . -- 北京：北京理工大学出版社，2019.11（2024.6 重印）

ISBN 978 - 7 - 5682 - 7880 - 5

Ⅰ . ①自… Ⅱ . ①周… Ⅲ . ①学前教育 - 自然科学 - 幼儿师范学校 - 教材 Ⅳ . ① G613.3

中国版本图书馆 CIP 数据核字（2019）第 253397 号

责任编辑：张荣君　　**文案编辑**：张荣君
责任校对：周瑞红　　**责任印制**：边心超

出版发行 / 北京理工大学出版社有限责任公司
社　　址 / 北京市丰台区四合庄路 6 号
邮　　编 / 100070
电　　话 /（010）68914026（教材售后服务热线）
　　　　　（010）68944437（教材资源服务热线）
网　　址 / http://www.bitpress.com.cn

版 印 次 / 2024 年 6 月第 2 版第 7 次印刷
印　　刷 / 定州启航印刷有限公司
开　　本 / 787 mm × 1092 mm　1/16
印　　张 / 19.75
字　　数 / 439 千字
定　　价 / 43.00 元

图书出现印装质量问题，请拨打售后服务热线，负责调换

前言
QIANYAN

《自然科学基础知识（第2版）》教材的编写采用模块和案例相结合的编写思路，注重理论体系的同时，分模块、以案例的形式呈现必修内容，辅以拓展任务延伸学生的视野和知识面。

本教材主要介绍了大、中专学前教育专业学生需掌握的物理、化学、生物、天文、地理等方面的基础知识，涉及了《幼儿园教师资格考试标准》提出的科学领域的知识。共分5个单元，建议教学学时为72学时。

本教材认真贯彻落实党的二十大精神，落实立德树人根本任务，坚守"为党育人、为国育才"使命，培养学生的科学态度和科学精神，使学生树立辩证唯物主义思想，激发学生严谨求实精神，提高学生分析问题和解决问题的能力，激发学生创新创造活力，增强实现中华民族伟大复兴的精神力量。教材内容紧密联系生活实际，充分结合幼儿园教师资格考试内容与要求，围绕学前儿童科学领域常见问题，介绍相关科学基础知识，分析问题解决的依据及方法，并开展科学实践与探索。同时还配有大量的小制作和小实验，每章后面都附有与该章内容相关的科普知识拓展。注重对学生进行科学教育渗透，培养学生科学思维和创新探索的核心素养。长沙幼儿师范高等专科学校周文华作为本教材的主编，负责教材目录的拟定、编写计划和编写体例的制定、样章的编写、教材的统稿、教材的初审。

本教材适合大、中专学前教育专业的学生使用，也适合幼儿教师及从事幼教工作的人员、幼儿家长使用。

编 者

绪论　幼儿教师与自然科学

1.1　幼儿与自然 …………………………………………… 2
1.2　幼儿教师的科学素养 …………………………………… 8
拓展：常见幼儿科普读物 ………………………………… 11

第 1 单元　物理

第 1 章　运动和力 …………………………………… 14
1.1　运动的描述 …………………………………………… 14
1.2　简单的运动 …………………………………………… 18
1.3　几种常见的力 ………………………………………… 22
1.4　牛顿运动定律 ………………………………………… 24
1.5　抛体运动 ……………………………………………… 29
1.6　浅谈转动 ……………………………………………… 31
1.7　物体的平衡 …………………………………………… 35
拓展：平衡玩具 …………………………………………… 37

第 2 章　能量守恒 …………………………………… 38
2.1　机械能 ………………………………………………… 38
2.2　能量的转化和守恒定律 ……………………………… 41
拓展：反冲运动 …………………………………………… 42

第 3 章　电与磁 ……………………………………… 45
3.1　电路的基本组成 ……………………………………… 45
3.2　电路的基本物理量 …………………………………… 47
3.3　安全用电常识 ………………………………………… 51
3.4　有关磁的知识 ………………………………………… 53

| 3.5 电磁波 | 56 |
| 拓展：电磁小制作 | 61 |

第 2 单元　化学

第 1 章　化学物质及其变化　64
1.1 化学研究的基本方法　65
1.2 物质的分类　69
1.3 金属及其化合物　75
1.4 非金属及其化合物　93
拓展：探索生活材料　112

第 2 章　有机化合物　117
2.1 生活中两种常见的有机物　118
2.2 发展的化学能源　126
2.3 基本营养物质——人类重要的营养物质　128
拓展：关注营养平衡　促进身心健康　144

第 3 章　化学与自然资源的开发利用　147
3.1 开发利用金属矿物和海水资源　148
3.2 资源综合利用　环境保护　152
3.2 环境保护　158
3.3 化学与技术的发展　160
拓展：保护生存环境　167

第 3 单元　生物

第 1 章　植物王国　170
1.1 植物的主要类群　170

目录

  1.2 被子植物的分类 …………………………………… 175
  1.3 幼儿园的绿化和美化 ……………………………… 180
  拓展：生物贴画制作 …………………………………… 183

第2章 动物世界 …………………………………… 187
  2.1 动物的主要类群 …………………………………… 187
  2.2 脊椎动物 …………………………………………… 195
  2.3 野生动物资源及其保护 …………………………… 201
  拓展：幼儿园的自然角的创设 ……………………… 203

第3章 遗传与变异 ………………………………… 206
  3.1 遗传的物质基础 …………………………………… 207
  3.2 遗传的基本规律 …………………………………… 209
  3.3 生物的变异 ………………………………………… 215
  3.4 优生、胎教和早教 ………………………………… 219
  拓展：生物技术的发展 ……………………………… 221

第4章 生命起源和生物进化 …………………… 223
  4.1 生命的起源 ………………………………………… 223
  4.2 生物的进化 ………………………………………… 226
  拓展：拉马克和他的用进废退学说 ………………… 229

第5章 生物与环境 ………………………………… 231
  5.1 生态系统 …………………………………………… 231
  5.2 生物与环境的关系 ………………………………… 235
  拓展：生物圈Ⅱ号 …………………………………… 241

第 4 单元　地理与环境

☆ **第 1 章　神秘的宇宙** ……………………………………… 244
　　1.1　宇宙中的地球 …………………………………… 244
　　1.2　地球的卫星——月球 …………………………… 248
　　1.3　地球的运动 ……………………………………… 252
　　拓展：阴历、阳历、阴阳历 ………………………… 257

☆ **第 2 章　地球上的大气** …………………………………… 259
　　2.1　大气的组成和垂直分层 ………………………… 260
　　2.2　大气的热力状况 ………………………………… 262
　　2.3　大气的运动 ……………………………………… 265
　　2.4　常见天气系统 …………………………………… 270
　　拓展：云雾霜露雪雨的形成 ………………………… 273

☆ **第 3 章　地球上的水** ……………………………………… 275
　　3.1　水圈的组成与水循环 …………………………… 275
　　3.2　海洋水 …………………………………………… 279
　　3.3　陆地水 …………………………………………… 284
　　拓展：日常生活中，节约用水的小窍门 …………… 289

☆ **第 4 章　人类与环境** ……………………………………… 290
　　4.1　大气环境问题 …………………………………… 290
　　4.2　自然灾害及其防御 ……………………………… 293
　　4.3　环境问题与可持续发展 ………………………… 298
　　拓展：海洋空间利用 ………………………………… 304

☆ **参考文献** …………………………………………………… 306

绪论

幼儿教师与自然科学

绪论　幼儿教师与自然科学

学习目标

1. 了解幼儿生活与自然的关系，理解幼儿探究自然的意义与方法。
2. 掌握幼儿教师科学素养的内涵、基本要素及提升策略。
3. 能够将科学素养的知识应用于幼儿园的科学教育活动中。
4. 深刻认识与体会到幼儿教师具备良好科学素养的重要意。

本章要点

幼儿生活与自然的关系；幼儿探究自然的意义与方法；科学素养的内涵；幼儿教师科学素养的基本要素；幼儿教师科学素养的提升策略。

1.1　幼儿与自然

我国著名幼儿教育家陈鹤琴先生曾说："还原孩子生活的本来面目，让他们在生活中学习"。幼儿生活的本来面目是在自然的环境下展开的，幼儿在自然环境中探究、学习与成长。

1.1.1　幼儿生活与自然的关系

1. 幼儿生活与自然息息相关

神奇美丽而又质朴无华的大自然是人类赖以生存的环境，正是有了大自然的馈赠，人类才发展起了现代科学与技术,才建立起了现代化城市。幼儿的生活与自然息息相关,比如衣、食、住、行都离不开自然的物质基础,户外或郊游活动时接触的各种动植物,农村幼儿更是每天生活在大自然的怀抱中。因此,幼儿的生活离不开自然,大自然是幼儿生活的家园。

2. 自然环境丰富幼儿的生活

学前期儿童的思维特点以形象思维为主。因此,幼儿是从接触具体形象的事物开始认识周围世界的,也是通过了解自然中具体的事物来探索世界奥秘的。

五彩缤纷的大自然为幼儿探索未知世界提供了无穷的动力和源泉。只要幼儿身临其境,无论是一朵花、一棵树、一只昆虫、一条鱼,还是一座山、一条河、一片草地、一汪潮水等,都是幼儿探究与学习的活的教科书,都隐藏着知识的秘密,蕴藏着教育价值,不断丰富着幼儿的生活。那些经常活跃在大自然环境中的孩子,视野更加开阔,想象力和创造力更加丰富,学习与探索欲望更加强烈。

1.1.2 幼儿探究自然的意义

1. 培养亲近自然、热爱自然的美好情感

人类的生存与发展离不开多姿多彩的大自然,各种各样的动植物和其他生命共同组成了我们生活的奇妙世界。我们必须亲近自然、欣赏自然、热爱自然,才能与自然和谐共生。幼儿在不断探究自然界各种动植物生命的过程中,通过观察、了解、探究和体验等方式与自然近距离地亲密接触,不仅增长了自然科学知识,而且学会了欣赏自然、热爱自然、尊重自然、顺应自然、保护自然,并逐渐形成了"绿水青山就是金山银山"的生态环境保护的主人翁意识。因此,幼儿探究自然有利于培养幼儿亲近自然(图1)、热爱自然(图2)的美好情感,促进幼儿在将来的成长过程中逐步形成科学的自然观。

图1 亲近自然①

图2 热爱自然②

2. 认识周围事物和现象,满足幼儿身心发展的需要

在我们生活的周围世界,除了高楼大厦和四通八达的道路外,更多的是包罗万象的自然

---

① 图片来源:http://www.toutiao.com/i6399182171768095234/。
② 图片来源:http://news.66wz.com/system/2010/10/29/102160760.shtml。

环境。幼儿探究自然的过程就是其认识周围事物和现象的过程。比如，孩子捡起一片树叶，就打开了其认识树叶结构、了解树木生长过程的大门；孩子蹲下来观察一只蚂蚁，就打开了其认识蚂蚁身体特点、了解蚂蚁生长习性的大门。

世界著名心理学家皮亚杰曾经说过"儿童就是科学家"，每个孩子从呱呱坠地的那一刻起就对周围的世界充满了好奇心与探索欲，他们的心里或嘴边总是有很多的"为什么"。比如，为什么天会黑？为什么小鸟会飞？为什么石头不能说话？为什么汽车能跑那么快？只有通过探究自然，幼儿才能逐步解开一道道"为什么"的题目，才能满足其天生的好奇心与探索欲，才能满足其后天成长的身心发展需要。

知识链接

生活中的"为什么"

1) 星星为什么是一闪一闪的

我们夜晚看到的闪烁的星星大多是恒星。在太空中，星星放射的光是稳定的，从地球上仰望星星时，它们会一闪一闪的，是因为地球厚厚的大气层施了"魔法"。星星放射的光照射到地球上时，会穿过地球大气层中的冷、暖空气带，那些密度不断改变的冷、暖气流会使光线发生多次折射，所以星星放射的光在传到我们眼睛的过程中就会忽左忽右，忽前忽后，忽明忽暗，闪烁不定。

2) 鸟为什么会飞

鸟能在天空飞翔主要得益于它轻盈的身体和一双能张开的翅膀。鸟有轻盈的翅膀和空心的骨头，体内还有很多气囊与肺相连，因此体重很轻，有利于增加身体浮力。鸟的体型是适合飞翔的流线型。飞机就是模仿鸟的身体构造出来的。当鸟用力上下拍动翅膀时，流经翅膀下方的空气会对翅膀产生往上推的力量，鸟就靠空气的这股推动力量在空中自由飞翔。鸟的羽毛构造合理，还能有效地减少飞行时遇到的空气阻力，有的还能起到消除震颤、消除噪声的作用。

3) 树叶为什么会变色

植物的叶子含有许多天然色素，如叶绿素、叶黄素、胡萝卜素和花青素等。树叶的颜色之所以会不同就是因为这些色素的含量会随季节的变化而变化。春夏时节，树叶中的叶绿素含量多，叶黄素和胡萝卜素含量少，因而树叶呈现出叶绿素的绿色。叶绿素合成需要较强的阳光和较高的温度。到了秋天，随着光照的减弱，气温下降，叶绿素合成条件不足，树叶中叶绿素含量少，叶片就呈现出叶黄素和胡萝卜素的黄色。气温降低，有利于花青素形成，花青素本身无色，但在酸性叶肉细胞中会变成红色，树叶也就变成红色。

4) 人为什么会流汗

因为流汗是我们散热、调节体温的一种方式，能够帮助我们排除体内的废弃物质。天气闷热时，人的体温会上升，脸会变红，呼吸也会加快，然后就会出汗。我们的皮肤里有制造汗水的汗腺和毛囊，当天气太热，体温上升时，皮肤内的毛细血管体积会变大，使得血液循环加速，皮肤呈红润的颜色。此时，汗腺和毛囊就会制造出大量的汗水。

3. 提升幼儿科学探究与学习能力

我国教育部颁布的《幼儿园教育指导纲要（试行）》和《3—6岁儿童学习与发展指南》明确指出："能够运用各种感官，动手动脑，探究问题，具备初步的探究能力是幼儿园科学领域教育的目标"。

我国著名教育家陶行知曾说："生活即教育"。孩子们就是"在生活中学习，在学习中生活"。在每天的生活中，幼儿总能接触到许多自然界的事物，这些事物隐藏了许多生命与自然的秘密，也蕴含了非常有价值的教育意义。在探索自然事物的过程中，孩子们通过充分运用自己的感觉器官，通过观察记录、合作交流、动手操作等实践方法不断认识各种各样的事物，建构自己的认知系统、丰富自己的人生阅历，进而不断提升科学探究与学习能力。

1.1.3 幼儿探究自然的方法

根据幼儿的年龄特点和以具象思维为主的认知特点，幼儿探究自然的方法主要有：观察法、讨论法、实验法、制作法、游戏法等。

1. 观察法

观察是人们认识一切事物的前提和基础，也是幼儿探究自然最基本和最常用的方法。对幼儿来说，观察法是其在日常生活中或者在家长、教师等成人指导下，运用眼、耳、鼻、嘴、皮肤等感觉器官，通过看、听、闻、尝、触摸等感觉来了解事物的特点、属性，探究事物现象产生的原因的方法。比如，用眼睛观察树叶的结构，用耳朵听辨各种声音，用鼻子闻一闻或用嘴巴尝一尝各种水果的味道等。

在幼儿园科学活动中，为了保证观察的真实性、全面性和有效性，观察法的运用过程中常伴有观察内容的记录。幼儿观察物体或现象的类型主要有以下三种：

一是对个别物体的观察，即幼儿对单个物体或现象的观察。幼儿运用感官与周围某一物体或现象直接接触，以了解其外形特征、属性、习性等。比如，观察小兔子，幼儿可以通过观察小兔子的五官和身体的形状、颜色、大小来了解它的外形特征；通过观察小兔子一天的活动来了解它的生活习性和运动方式等（如图3所示）。

二是比较观察，即幼儿同时观察两种或两种以上物体或现象并加以比较，找出物体间的相同和不同之处。在观察过程中，幼儿通过比较分析和思考判断，能够比较准确、完整地发现事物或现象之间的相同与不同，更清晰地掌握事物的特征，促进辨别能力的发展。比如，对春天的叶子与秋天的叶子的观察、对自行车与摩托车的观察、对小鸡与小鸭的观察等。

三是长期系统地观察，即幼儿在较长一段时间内对某一物体或现象进行系统的观察。主要观察动植物的生长过程及气象变化等，以直观地了解自然界的发展规律，通常辅以观察内容的记录。比如，对种子发芽、生长过程的观察（如图4所示，观察大蒜的生长过程）、对青蛙发育过程的观察等。

图 3　观察兔子的生活习性① 　　　　　　图 4　观察大蒜的生长过程②

2. 讨论法

讨论是人与人之间平等交流过程中最常用的一种方式。讨论法是指幼儿在成人指导下，围绕某一主题与同伴或他人进行交流，陈述自己的发现，表达自己的观点，提出自己的困惑，并倾听、理解他人的发现、观点与困惑，发现自身想法的不足，从而在协商中达成共识，并引发进一步的讨论和交流。

讨论法是幼儿园教育尤其是科学教育活动中一种常用的教学方法，教师可以将讨论作为科学领域活动中的一个教学环节，也可以通过讨论获取更多有价值的信息，并整合信息内容，丰富幼儿的科学知识经验。比如，讨论"小动物怎么过冬？为什么不同的动物过冬的方法不一样？如何保护身边的环境？"

3. 实验法

实验法是科学探究的重要方法，是检验科学知识和理论真假与否的重要途径。幼儿园科学教育中的实验法是指在人为控制的条件下，教师或幼儿有目的地利用某些材料、仪器和设备，通过简单的演示或操作，对周围常见的科学现象进行验证的方法。相比科学家的实验而言，幼儿的实验探究过程更加简单易行，内容与生活联系更加密切，趣味性较强，通常是带有游戏性质的。比如，幼儿对沉浮现象的实验探究，幼儿准备轻重、大小不一的材料，通过动手操作与观察，发现沉浮的结果与物体的质量和面积密切相关；又比如物体吸水的实验，幼儿将不同性质的材料放入水中操作后，就能发现不同物体吸水能力是不同的。

在幼儿园，根据实验过程中的实际操作人员的不同，可将实验分为幼儿操作实验和教师演示实验。幼儿作为学前教育的主体，幼儿园科学教育活动中的实验应以幼儿操作实验为主，教师演示实验则在需要时适当运用。由于实验过程需要幼儿具有较强的动手操作能力，所以实验法一般适用于中、大班。

---

① 图片来源：http://www.hsjy.net/web/index.aspx。
② 图片来源：http://www.xqjy.com.cn/html/jiaoyuxinwen/youjiaoshikong/2015/1116/2342.html。

绪论 幼儿教师与自然科学

> **课外探究**
>
> 神奇的梳子
>
> 1) 活动目标
> ①对科学现象感兴趣，乐于观察事物的变化。
> ②知道塑料制品摩擦后产生静电，并且静电具有吸附力。
> 2) 活动准备
> 幼儿从家中带一把塑料梳子、若干小碎纸片。
> 3) 活动过程
> ①幼儿在头上、身上摩擦梳子。
> ②把梳子轻轻靠近碎纸片，看看发生了什么，并说说自己的发现。
> ③幼儿分组讨论："为什么梳子能把碎纸片吸起来？"
> ④教师和幼儿共同讨论、总结。
> 4) 活动延伸
> 让幼儿回家试试其他材质的梳子，看其他材质的梳子能否摩擦生电，还有其他什么物品能摩擦生电。

4. 制作法

制作法是幼儿通过学习使用某些简单的工具来进行科学小制作，从而了解、体验技术，并思考、探索其中蕴含的科学原理的一种探究方法。制作活动因内容密切结合幼儿的实际生活，制作过程以幼儿动手操作为主，且制作完成时有成品呈现，而深受幼儿喜爱。制作活动的开展有三方面的作用：一是发展幼儿的精细动作，提高幼儿的动手操作能力；二是丰富幼儿的科学知识，让幼儿通过制作认识和理解生活中常用工具的作用及原理，并学习使用这些工具；三是制作过程中，幼儿之间可以相互交流、合作与帮助，这不仅充满了乐趣，提高了活动兴趣与自信心，更有利于幼儿各种亲社会性行为的发展。

幼儿园的制作活动根据年龄特点难度不一。比如，小班幼儿年龄小，动手能力有限，主要进行一些简单的制作，如折叠、粘贴、镶嵌等；中、大班则可以制作一些简单有趣的玩具，如风车、风筝、降落伞、飞机、不倒翁、家用电器等。

5. 游戏法

幼儿园教育以游戏为基本活动，游戏是幼儿探究自然最喜爱的方式，游戏法则是指幼儿在成人（教师或父母）创设的环境中进行的趣味性较强的探究方法。

在幼儿园教育中，除了集体科学教育活动中常采用游戏法外，常见的科学探索区、种养殖区、玩沙玩水区等都是幼儿自主开展科学游戏的场所。这些区域的设置能够满足幼儿好奇、好动和好探索的天性。比如，在科学探索区投放玩具小汽车，设置不同坡度的轨道，幼儿通过自主游戏，就能在游戏中发现汽车速度与坡度的关系，获得有意义的科学经验；又比如，投放条形木块若干，幼儿可以通过排列木块，发现"推一块全倒"的秘密，获得相关的科学经验，同时感受游戏过程中的乐趣。

绪论　幼儿教师与自然科学

以上五种幼儿探索自然的方法贯穿于幼儿一日生活的始终，不管是在家庭还是幼儿园，不管是在户外还是室内，不管是在教师和成人的引导下还是在自主探索和游戏的过程中，只要幼儿在探索自然科学的秘密，他们就时时在应用这些方法。在实际的幼儿园科学教育活动中，方法也是灵活多样的，主要根据活动中幼儿的年龄特点、解决核心问题的需要等来选择运用某一种或者某几种。

1.2　幼儿教师的科学素养

曾经有人问一位白发苍苍的诺贝尔奖获得者："你在哪所大学、哪所实验室里学到了你认为最重要的东西呢？"出人意料，这位学者回答说："是在幼儿园。"可见，在幼儿园的科学教育为幼儿将来成为科学工作者奠定了重要基础。科学素养是现代公民综合素质中不可或缺的部分，提高公民科学素养的关键和基础在于幼儿科学教育。

幼儿教师作为幼儿科学教育的重要引领者和启发者，具备较高的科学素养，不仅有利于教师的专业成长，更直接影响着幼儿科学的生活态度、探究欲望与探究能力，影响着国家潜在创新型人才的培养。

1.2.1　科学素养的内涵

美国学者赫德在《科学素养：它对美国学校的意义》一文中最早提出"科学素养"这一概念：科学素养代表个人所具备的、对科学的基本理解。国际公众科学素养促进中心主任米勒教授认为，公众科学素养是由能够理解科学技术术语、科学探究过程以及科学技术对人类生活和工作所产生的影响这三方面能力组成的。

我国教育部制定的的《小学科学课程标准》（2021版）中明确：科学素养一般是指了解必要的科学技术知识，掌握基本的科学方法，树立科学思想，崇尚科学精神，并具备一定的应用它们处理实际问题、参与公共事务的能力。我国学者汤耀平认为，科学素养既包括能力向度，也包括精神向度，是一种集科学能力与科学精神为一体的综合素质。

综上所述，我们将科学素养的内涵概括为：科学态度与价值观、科学知识以及运用科学方法、技术和知识处理实际问题、参与公共事务的能力。随着现代科技的发展，科学、技术与社会之间的相互影响也成为科学素养的内涵不可或缺的一部分。

1.2.2　幼儿教师科学素养的基本要素

1. 科学态度与价值观

端正的科学态度与价值观是衡量幼儿教师科学素养的首要标准，是开展幼儿科学教育和培养幼儿科学素养的关键。幼儿教师只有具备端正的科学态度，树立正确的科学价值观才能在教育活动中正确地启发和引领幼儿的科学探究活动。

幼儿教师端正的科学态度与价值观主要表现在以下几个方面：一是对科学知识保持较强的好奇心与求知欲，尊重和保护幼儿的好奇心与探索欲，支持和引导幼儿的探究活动；二是在科学教育活动中严谨、客观，尊重科学事实与规律，不主观臆断、不迷信；三是敢于依据客观事实提出自己的见解，能听取和分析不同意见；四是尊重他人劳动成果，崇尚科学精神，有社会责任感，关心科学技术发展，并形成运用科学技术知识为祖国和人民服务的意识。

课外探究

水为什么"长大"了？

1) 观察引导

水无处不在，爱玩水是孩子的天性，幼儿教师可引导幼儿做一些科学小实验，通过观察、操作与思考，发现水的秘密。

2) 材料准备

一次性塑料杯两个、冰箱、水。

3) 玩一玩

①将2个杯子装满水。

②将其中1杯水放入冰箱的冷冻箱。

③几个小时后，从冰箱取出水杯，看看有什么变化。

4) 发现

结冰的杯子更满了，水结成冰后体积变大了。

5) 探究

为什么水变成冰后体积更大了？如何让水变成气？水变成气后，体积会变大还是变小？

2. 科学知识

科学知识是幼儿教师科学素养的基础内容。2012年，国家教育部颁布的《幼儿园教师专业标准》明确提出：幼儿园教师应当具备一定的自然科学和人文社会科学知识。幼儿教师的教学活动是生成性的、创造性的、情境性的和交互性的，面临的问题常常超出教师的科学知识范围。因此，教师除掌握幼儿教育的特点和规律外，应当储备较为广博的科学知识，为幼儿科学教育的顺利开展奠定基础。

幼儿教师的科学知识主要包括自然科学基础知识与社会科学基础知识。

1) 自然科学基础知识

自然科学基础知识主要包括：物理学、化学、生物学、自然地理学等学科的基础知识，具体如了解人体的知识、动物生长与习性、与常见自然现象相关的科学知识、与现代科学技术相关的知识等。

绪论　幼儿教师与自然科学

> **知识链接**
>
> **身边的小动物是怎么降温的？**
>
> 小狗利用舌头来调节身体的温度（天热时，小狗不停地伸舌头，舌头上的口水被蒸发时，它身体的热量也随之被带走）；小鸡通过张开嘴巴、伸展翅膀来降温；小猪通过在泥浆里打滚的方式降温；小兔子通过耳朵散热降温；小蜜蜂通过扇动翅膀降温；大象会用长鼻子吸水往身上洒，用洗澡的方式来降温等。

2）社会科学基础知识

社会科学基础知识主要包括：政治学、历史学、经济学、社会学、人文地理学等学科的基础知识，具体如了解传统文化知识、消费与理财的知识、环境保护的知识等。

3. 科学能力

科学能力是幼儿教师科学素养的核心内容，教师只有具备较强的科学能力，才能将科学知识灵活地运用到幼儿科学教育活动当中。

幼儿教师的科学能力主要包括获取科学知识的能力和运用科学知识的能力。

1）获取科学知识的能力

获取科学知识的能力是指在工作、生活中对科学信息、资源怀有强烈的求知欲望，能通过多种渠道获取所需知识的能力。其具体表现为：掌握基本的科学研究方法的能力、观察周围环境和幼儿的能力以及选择与甄别信息的能力。

2）运用科学知识的能力

运用科学知识的能力是教师科学能力的综合体现。幼儿科学教育自身的独特性决定了幼儿教师运用科学知识的能力主要包括探究式科学教育活动的设计与组织能力以及反思与发展能力。其中，探究式科学教育活动的设计与组织能力具体包括：为幼儿科学探索活动创设良好的环境，具有灵活的思维，能对幼儿的探索操作做出准确、及时的判断，能够适时开展随机教学，利用各种资源并整合到教学设计当中引导幼儿探究学习等；反思与发展能力包括：幼儿教师能够主动收集分析相关信息并进行反思，具有改进科学教育活动的能力和制定自身专业发展规划的能力以及不断提高自身专业素质的能力等。

 1.2.3　幼儿教师科学素养的提升策略

1. 树立正确的科学价值观，培养求真创新的科学精神和求实严谨的科学态度

一个具备正确科学价值观和良好科学态度的幼儿教师，对他人、对世界都会有相对正确的评价和认知，也能够很好地处理工作、学习与生活中的事务。

幼儿期是一个人发展的关键期，此阶段对幼儿进行情感态度与价值观的培养尤为重要。幼儿教师作为幼儿科学教育的引领者和启发者，其科学价值观与科学态度对幼儿的探究兴趣、能力以及创新素质的形成、发展有着极其重要的影响。因此，教师必须注重在工作中的不断学习、不断解放思想、不断自我反思，树立正确的科学价值观，培养自身求真创新的科

学精神和科学态度。这种科学精神和态度具体表现在实事求是、不主观臆断、不弄虚作假、严谨踏实、勤奋努力、一丝不苟、精益求精、谦虚谨慎、乐于并善于合作、高度责任感、果断坚持性等方面。

2. 认真学习自然科学与社会科学基础知识，积累广博的科学知识

国家教育部颁布的《幼儿园教师资格考试标准》中的职业道德与基本素养部分明确规定："幼儿教师必须了解自然科学和社会科学的一般知识，熟悉常见的幼儿科普读物和文学作品，具有较好的文化修养"。可见，具备一定的自然科学和社会科学知识不仅是幼儿科学教育的现实需要，更是成为一名合格幼儿教师的必要条件。

幼儿教师要提升科学素养，必须在积累广博的自然科学和社会科学基础知识的前提下，适时引领、启发幼儿，设计、组织有价值的科学教育活动以促进幼儿在科学领域的学习与发展。因此，作为一名"准幼儿教师"，学前教育专业的学生应当认真学习自然科学与社会科学基础知识，积累广博的科学知识，为今后的工作岗位奠定扎实的基础。

3. 善于观察、探究与思考，提高获取与运用科学知识的能力

2012年，国家教育部颁布的《3—6岁儿童学习与发展指南》指出："幼儿科学学习的核心是激发探究兴趣，体验探究过程，发展初步的探究能力。"幼儿教师作为幼儿科学学习活动的启蒙者、引领者和支持者，应当善于观察、探究与思考，这样才能激发幼儿的探究兴趣，引导幼儿运用观察、比较、操作、实验等方法体验探究的过程，并学会主动发现、分析与思考解决问题的办法。

获取与运用科学知识的能力作为幼儿教师科学素养的核心要素，决定了幼儿教师科学教育活动的质量。在信息化、网络化突显的现代社会，大量的科学知识更需要通过现代化的手段来获取。同时，幼儿的思考方式以具体形象思维为主，故需要教师提供更多直观、具体、形象的学习和探究材料。因此，教师需要通过多种渠道和方式获取科学知识，并灵活、有效地运用科学知识。

在获取科学知识的过程中，教师应善于查阅相关的专业书籍，熟悉常见的幼儿科普读物，充分利用网络资源，比如科普网站、电子图书馆、论文数据库、教学视频资源等。在运用科学知识的过程中，教师须有效甄别知识信息，挑选价值高的学习资源来设计科学教育活动，同时运用适宜幼儿科学学习的教学方法，比如，利用观察、比较、操作、实验等方法组织科学教育活动，并及时进行教学反思、调整与提升。

科学素养一经形成，就代表一个人所特有的看问题的视角、处理问题的方式、发现问题和解决问题的能力，这些方面都预示了其最后所能达到的人生高度。因此，不管是在校学习的学前教育专业学生，还是在职的幼儿教师，都应当本着对幼儿未来人生负责的态度，不断加强理论与实践学习，不断进行自我反思与超越，努力提升个人的科学素养及专业素质。

拓展：常见幼儿科普读物

[1] 韩启德. 十万个为什么 [M]. 北京：少年儿童出版社，2013.

[2] 赵明. 幼儿动物科普 [M]. 石家庄：河北少年儿童出版社，2015.

[3]《中国少年儿童百科全书》编委会．中国少年儿童百科全书［M］．长春：吉林人民出版社，2015．

[4] 银河出版社有限公司．恐龙图鉴小百科全书［M］．北京：中国少年儿童出版社，2015．

[5] 台湾牛顿出版公司．小小牛顿幼儿馆［M］．贵阳：贵州教育出版社，2010．

[6]［韩］崔香淑，［韩］朴秀智，［韩］安恩真绘．儿童好奇心大百科［M］．邵童欣，译．青岛：青岛出版社，2009．

[7]［韩］Hermann Hesse 科普读物研究会．幼儿科学图画书［M］．沈阳：辽宁少年儿童出版社，2011．

[8]［英］安娜·米尔伯瑞．第一套自然科学启蒙书［M］．北京：电子工业出版社，2013．

[9]［英］汤姆·亚当斯，［英］托马斯·弗林萨姆图．奇趣大物理［M］．荣信文化，编译．北京：未来出版社，2012．

[10]［英］汤姆·亚当斯，［英］托马斯·弗林萨姆图．奇趣大化学［M］．荣信文化，编译．西安：陕西人民出版社，2014．

[11]［英］汤姆·亚当斯编，［英］托马斯·弗林萨姆图．奇趣大生物［M］．荣信文化，编译．北京：未来出版社，2012．

[12] 美国国家地理学会．美国国家地理少儿奇趣小百科［M］．青岛：青岛出版社，2014．

课后实践

1. 运用幼儿探究自然的一种或几种方式设计一个幼儿园科学教育活动方案。

2. 利用网络查找并填写《中国公众科学素养调查》问卷，测一测目前的科学素养水平，建议学完本课程后再次进行测试，并比对结果。

3. 选择一所幼儿园的幼儿家长作为调查对象，调研家长购买幼儿科普读物的现况，并写一篇调查报告。

第 1 单元

物 理

第1章 运动和力

学习目标

1. 理解描述物体运动的物理量。
2. 掌握生活中简单的运动和常见的力。
3. 理解力与运动的关系。
4. 了解转动和平衡的基本规律。
5. 了解伽利略、牛顿等科学家的故事及蕴含的科学精神。

运动和力

本章要点

生活中简单的运动；生活中常见的力；牛顿运动定律。

1.1 运动的描述

"秋风扫落叶"，落叶的运动情况如何描述？如何理解歌曲中的"巍巍青山两岸走"呢？

1.1.1 机械运动

大到天体的运转，小到电子的运动，宇宙万物都在运动着。它们的共同特点是其位置会随着时间的改变而改变。我们将一个物体相对另一个物体的位置，或者一个物体的某部分相对其他部分的位置，随时间而变化的过程称作机械运动。

机械运动是所有运动中最基本、最简单的运动形式。

> **知识链接**
>
> ### 物质的运动形态
>
> 自然界的物质形态丰富多彩、形式各异。除了机械运动，还有热运动、电磁运动、基本粒子运动、天体和宇宙运动、化学运动和生命运动。
>
> 热运动指物体中大量原子或者分子等所进行的不规则运动。热运动的研究一般需要依据数学的统计学规律和概率学知识，一般分为两类：一个是以分子运动论为基础、数理统计为基本方法的统计物理学；另一个是以热力学三大定律为研究基础的热力学。
>
> 电场和磁场的交替变化和传播称为电磁运动。电磁运动的思想是法拉第的"力线"，尤其是"场"的思想，也就是研究这种特殊物质"场"的运动规律，电磁运动的基础是麦克斯韦电场理论，主要核心思想就是麦克斯韦方程组。
>
> 原子内部或原子核内部的微观粒子的运动称为基本粒子运动。基本粒子运动的主要基础理论是玻尔理论，现在最为成熟的是量子力学及其发展的量子场论。牛顿经典力学不能准确解释微观世界的运动，微观世界的运动需要量子力学、量子场论等理论解释。
>
> 天体乃至整个宇宙的运动称为天体和宇宙运动。解释天体和宇宙运动的理论是牛顿的万有引力定律。天体之间存在着相互吸引力，也就是万有引力，万有引力提供天体旋转所需要的向心力。当然，万有引力定律不能解释所有的天体和宇宙间的运动，比如巨大的引力会引起时空弯曲，这些需要爱因斯坦的广义相对论来诠释和研究。
>
> 产生新物质的运动称为化学运动。化学运动的本质是原子重新组合，因此化学运动与物理学理论紧密相连，牵涉大量的物理学基础理论和成果。
>
> 生命体的新陈代谢、自我复制以及自我更新等称为生命运动。生命运动是自然界中最高级和最复杂的运动形态，因此生物学是一个非常巨大的知识体系，生命运动不像机械运动，其不可以用优美的数学符号或者公式表示出来。

1.1.2 参考系

描述一个物体的运动情况就需要选取另一个物体作为参照对象。为了将问题简单化，我们假定这个参照对象不动。这个被选为参照对象的物体就叫作参考系。

如果以地面为参考系，那么教室的讲台是静止的；如果以太阳为参考系，那么教室的讲台是运动的。这也体现了运动的绝对性。因为地球的自转和公转，生活中看似静止的物体都在时时刻刻运动着。对于正在飞行的飞行员，刚跳下飞机的跳伞员正在做直线运动；而对于地面的观察者，刚跳下飞机的跳伞员正在做曲线运动。

因此，描述物体运动状态的前提条件是确定参考系。参考系选取的不同会导致同一个物体的运动状态截然不同。因此，选取参考系时应使对物体运动的描述尽量简洁和方便。研究地面上的物体的运动时，通常选取地面为参考系。

1.1.3 坐标系

描述一个物体的运动情况需要确定这个物体的位置。如何精确又方便地确定物体的位置，比如，《自然科学基础知识》这书本现在处于什么位置？用语言能否做到简洁和准确地描述？

当用书本所处位置的地球经度坐标、纬度坐标和书本现在距离地面的高度三个数值时就能准确地描述书本的位置，这便是数字的优美之处。如果研究直线运动，则只需建立直线坐标系；如果研究平面运动，则也是建立直角坐标系；如果研究非平面运动，那么就需要建立立体坐标系（三维坐标系）。

1.1.4 质点

虽然可以通过坐标系来确定物体的位置，但物体都有一定的大小和形状，不同的部分所处的空间位置也不相同。所以要详细描述物体的位置变化不是一件容易的事情。比如一列火车从北京开往长沙，当我们研究火车运行时间的时候是否需要考虑火车的长度呢？显然，火车的长度远远小于北京到长沙的距离，因此不需要考虑火车的长度，此时可将火车看成一个有质量的点。物理学中，在某些情况下，物体的形状和大小可以忽略，将物体简化成一个有质量的点，以突出主要要素质量，这个代替物体的有质量的点叫作质点。

当使用打车软件打车时，显示在手机地图上的汽车只是一个点；研究地球公转时，可以将地球看成一个点，但研究地球自转时就不能将地球看作质点。又如当研究火车过桥时也不能将火车看作质点。所以同一个物体在不同的情况下，有时候可以看作质点，有时候又不能看作质点，这就取决于物体的形状和大小对于问题的研究有无影响，是否可以被忽略。

知识链接

理想化模型

研究问题时忽略次要因素，突出主要因素，建立一种理想化模型，是物理学研究问题常用的方法之一。

1.1.5 位移和路程

"条条道路通罗马。"从教学楼到寝室，如果选择不同的路，那么运动轨迹就会不同。我们称物体实际运动的轨迹长度为路程，但是从教学楼到寝室的距离是不变的，即起点到终点的位置变动是相同的。物理学中，将物体位置的变动称为位移。位移是从起点指向终点的有向线段。用 s 表示位移，国际单位为米，符号为 m。

第1章 运动和力

> **知识链接**
>
> ### 标量和矢量
>
> 在物理学中，只有大小的量称为标量，如路程、质量、温度等。既有大小又有方向的量称为矢量，如位移、速度、力等。

1.1.6 速度

物体的运动有快有慢，在物理学中用速度描述物体运动的快慢程度。速度等于物体的位移 s 跟发生这一位移所用的时间 t 的比值，公式为：

$$v = \frac{s}{t} \tag{1-1-1}$$

式中　v——速度（m/s）；

　　　s——物体的位移（m）；

　　　t——时间（s）。

速度的国际单位为 m/s，常用单位还有 km/h 等。

$$1 \text{ m/s} = 3.6 \text{ km/h}$$

速度是矢量，既有大小又有方向。速度的大小叫作速率。

物体在一条直线上运动，且任何相等的时间里通过的位移相等，这样的运动称为匀速直线运动。匀速直线运动的速度始终不变，为一定值。但生活中很多物体的运动速度并不是始终不变的，因此需要引入新的概念描述变速运动的快慢情况。在变速运动中，物体发生的位移与所用时间的比值称为这段时间的平均速度，用 $\bar{v}$ 表示：

$$\bar{v} = \frac{s}{t} \tag{1-1-2}$$

式中　$\bar{v}$——速度（m/s）；

　　　s——物体的位移（m）；

　　　t——时间（s）。

生活中有时需要了解物体在某一时间点（时刻）或通过某一位置时的实际速度，比如百米赛跑的运动员冲线时刻的速度。物理学中，将运动物体在某一时刻或通过某一位置时的实际速度定义为瞬时速度。

> **知识链接**
>
> ### 相对速度
>
> 以两个物体为研究对象时，一个物体相对另一个物体的速度，称为相对速度，这体现了运动的相对性，也在一定程度上表明了选取参考系的必要性。

知识链接

相对论

爱因斯坦的相对论理论分为狭义相对论和广义相对论，分别适用于高速（接近光速）物体和高引力场下物体的研究，相对论是宇宙学的基础。爱因斯坦还提出了质能方程式。

知识链接

不同物体的速度

蜗牛的速度约为 0.05 km/h；
兔子的速度约为 40 km/h；
人跑步的速度约为 12 km/h；
猎豹速度约为 96 km/h；
赛车速度约为 320 km/h；
高铁的速度最快可达 520 km/h；
超音速汽车可达 1 227 km/h；
喷气式飞机可达 3 259 km/h。

课后实践

1. 出租车司机的收费标准是依据位移还是路程？
2. 汽车速度计上的读数是平均速度还是瞬时速度？
3. 第一次世界大战时，一位飞行员在高空飞行时抓住一颗子弹，你觉得可能吗？为什么？

1.2　简单的运动

匀速直线运动是最简单的机械运动，而物体的下落是自然界中最常见的运动。它们都有怎样的规律呢？

1.2.1　匀速直线运动

做匀速直线运动的物体，其速度始终不变，可以取物体的任意一段位移 s 与发生这一位移所用的时间 t 的比值来计算物体的速度。

1.2.2 自由落体运动

物体的下落快慢跟物体的质量有关吗？生活中的许多经验似乎告诉我们亚里士多德的观点"重的物体下落快，轻的物体下落慢"是正确的。羽毛和铁锤从同一高度同时静止释放后，铁锤先落地。

但伽利略的比萨斜塔落体实验对此却进行了有力反驳，将两个质量不同的铁球从塔顶同时静止释放，两个质量不同的小球居然同时落地！这个实验告诉我们物体的下落不计空气阻力时与质量无关，只与高度有关。著名的阿波罗登月经典落体实验（宇航员在月球表面将一片羽毛和一把铁锤在同一高度同时静止释放，羽毛和铁锤同时落地）也验证了这个规律。

在日常生活中，物体的运动速度往往受到空气阻力等的影响，如空气阻力大的羽毛比空气阻力小的铁锤后落地。当物体的空气阻力可以忽略不计或没有空气阻力时，物体从静止开始下落的运动称为自由落体运动。通过实验发现，自由落体运动的速度是均匀增加的，物理学中，将物体速度的改变量跟所经历的时间比值定义为加速度，用 a 表示：

$$a = \frac{v_t - v_0}{t} \tag{1-1-3}$$

式中 a——物体的加速度（m/s²）；

v_t——物体的末速度（m/s）；

v_0——物体的初速度（m/s）；

t——时间。

因此，自由落体运动的加速度是不变的。加速度不变的直线运动叫作匀变速直线运动，分为匀加速直线运动和匀减速直线运动。自由落体运动属于匀加速直线运动。自由落体运动的加速度叫作重力加速度：

$$a = g$$

做匀变速直线运动的物体的速度是均匀变化的，此时物体的平均速度：

$$\bar{v} = \frac{v_0 + v_t}{2}$$

式中 $\bar{v}$——物体的平均速度（m/s²）；

v_t——物体的末速度（m/s）；

v_0——物体的初速度（m/s）。

因此，匀变速直线运动的位移公式为：

$$s = \bar{v}t = v_0 t + \frac{1}{2}at^2$$

从而可得，做自由落体运动的物体的位移（高度 h）公式为：

$$h = \frac{1}{2}gt^2$$

做自由落体运动的物体的速度公式为：

$$v_t = gt$$

第1单元 物理

实践与检验 1-1-1

一辆汽车以 20 m/s 的速度在水平地面上行驶，突然遇到紧急情况，汽车立马急刹车，汽车的加速度大小为 5 m/s²，请问汽车的刹车距离是多少？

解：取汽车前进的方向为正方向。因汽车做匀减速直线运动，所以加速度为负值，即根据题意可得：

$$a = -5 \text{ m/s}^2$$

汽车的初速度 $v_0 = 20$ m/s；因汽车最终停止，所以汽车的末速度 $v_t = 0$。

根据公式 $a = \dfrac{v_t - v_0}{t}$ 可得：

$$t = \frac{v_t - v_0}{a} = \frac{0 - 20}{-5} = 4(\text{s})$$

再根据公式 $s = v_0 t + \dfrac{1}{2} a t^2$ 可得：

$$s = 20 \times 4 + \frac{1}{2} \times (-5) \times (4)^2 = 40(\text{m})$$

即汽车的刹车距离是 40 m。汽车的速度越大，汽车的刹车距离就越大，也就越容易造成追尾等事故，因此汽车的行驶速度不能过快。

实践与检验 1-1-2

一辆汽车以 120 m/s 的速度在水平地面上行驶，突然遇到紧急情况，汽车立马急刹车，汽车经 4 s 后停车，请问汽车的刹车距离是多少？

解：取汽车前进的方向为正方向。因汽车做匀减速直线运动，所以加速度为负值，即根据题意可得：

汽车的初速度 $v_0 = 120$ m/s

因汽车最终停止，所以汽车的末速度 $v_t = 0$

汽车刹车后运动的时间为 $t = 4$ s

根据公式 $s = \dfrac{v_t + v_0}{2} t$ 可得：

$$s = \frac{120 + 0}{2} \times 4 = 240(\text{m})$$

即汽车的刹车距离是 240 m。由此可知，当汽车的速度较大时，应与前车之间保持一定的安全距离。

 科学小制作

可乐瓶的自由下落

在塑料可乐瓶中装入一部分水，用铁钉在瓶底钻一小孔，水会从孔中喷出。此时如果让可乐瓶自由下落，则观察不到水从孔中喷出，请大家思考这是为什么？

知识链接

伽利略的故事

伽利略于1564年生于意大利的比萨城,伽利略震惊世界的落体实验地点比萨斜塔就在比萨城附近。伽利略17岁考进比萨大学。在大学里,伽利略十分好问,经常将老师问得无言以对。关于伽利略的故事主要有以下几个:

有一次,他站在比萨的天主教堂里盯着天花板,他用右手按左手的脉搏,看着天花板上来回摇摆的灯。他发现,虽然这灯的摆动越来越弱,每一次摆动的距离越来越缩短,但每一次摆动需要的时间却是相同的。于是伽利略做了一个适当长度的摆锤,测量了脉搏的速度和平均匀度,经过长期观察,他找到了摆的规律,这使人类发明了摆钟。

亚里士多德认为,重的物体下落快,轻的物体下落慢,这与生活中的绝大多数经验相吻合,因此1 700多年以来,人们一直把这个规律当成不可怀疑的真理。25岁的伽利略根据自己的经验推理,大胆地对亚里士多德的学说提出了疑问。伽利略决定用实践来检验真理,在高高的比萨斜塔上将一个重10磅的实心铁球和另一个重1磅的空心铁球同时从同一高度静止释放并大声喊道:"塔下的人们,你们看清楚,铁球就要落下去了。"人们看到两个铁球平行下落,且几乎同时落到了地面上。伽利略的实验揭开了落体运动的秘密,推翻了亚里士多德的学说,证明了物体的自由下落只跟高度有关,而与物体的质量无关。

哥白尼是波兰杰出的天文学家,哥白尼经过40年的天文观测最终提出了"日心说"理论。他认为宇宙的中心是太阳,而不是地球。伽利略想通过观察证明哥白尼的"日心说"理论。1608年6月,伽利略发明了世界上第一个小天文望远镜,并可以将原物放大3倍。但是伽利略没有满足,逐步改进。最后,他的望远镜可以将原物放大32倍。

1593年,伽利略发明了最早的温度计。他发明的第一支温度计一端是敞口的玻璃管,另一端是核桃般大小的玻璃泡。使用时先给玻璃泡加热,然后把玻璃管插入水中。随着温度的变化,玻璃管中的水面会上下移动,而根据移动的多少可以判定温度的变化和温度的高低。此时的温度计热胀冷缩效果明显,即这种温度计受外界大气压强等环境因素的影响较大,测量误差较大。后来伽利略的学生和其他科学家在这个基础上反复改进,如把玻璃管倒过来、把液体放在管内、把玻璃管封闭等,最终形成了目前使用的温度计。现在我们所使用的温度计的制作原理与伽利略发明温度计的原理是相同的。

课后实践

1. 你能结合几何知识利用数形结合法证明匀变速直线运动的位移公式 $s = v_0 t + \frac{1}{2}at^2$ 吗?

2. 你知道自己的反应时间吗?能否根据一把刻度尺和一个秒表测出反应时间?

1.3 几种常见的力

水为什么往低处流？跳高运动员为什么喜欢选择背跃式跳高？汽车的轮胎为什么有花纹？"弯弓射雕"中的弓为何而弯？

力是物体间的相互作用。给予力的物体称为施力物体，接受力的物体称为受力物体，施力物体和受力物体是相对的，一个物体既是施力物体也是受力物体。牛拉车，牛是施力物体；力的作用是相互的，车也在拉牛，所以牛会气喘吁吁，因此牛也是受力物体。

力的三要素分别为大小、方向和作用点。

1.3.1 重力

地球上所有的物体都会受到地球的吸引力，这种引力叫作重力。重力的方向竖直向下，重力的公式：

$$G = mg \qquad (1-1-4)$$

式中　G——重力（N）；

m——物体的质量（kg）；

g——重力加速度（N/kg）。

重力的定义

在静止情况下，物体对竖直悬绳的拉力或对水平支持物的压力等于物体的重力。重力的作用点称为重心，对于形状规则和分布均匀的物体，重心在几何中心。比如球体的重心为球心。对于薄板物体的重心，可以采取悬挂法进行确定。选择两个不同的悬挂点，根据重力竖直向下的特点，不同悬挂情况下重力方向所在的两条线段的交点就是重心。

1.3.2 弹力

弹力的产生条件是发生了弹性形变。在一定限度范围内，当外力消失时，物体要恢复原来的形状，就会对阻碍它的物体产生力的作用，叫作弹力。如发生形变的沙发、排球、弹簧拉力器、撑竿等。

弹力

静止在水平桌面上的物体在重力的作用下挤压桌面，两个物体的接触面都发生弹性形变，物体对桌面的弹力是桌面受到的压力，桌面对物体的弹力是物体受到的支持力，因此支持力和压力属于同一性质的力，都是弹力。

实验表明，弹簧的弹力公式为：

$$F = kx \qquad (1-1-5)$$

式中　F——弹力（N）；

k——弹簧的劲度系数（N/m）；

x——弹簧长度的改变量，而不是弹簧的最终长度，更不是弹簧初始长度。

人们可以用弹簧测力计测出物体的重力或质量。

1.3.3 摩擦力

当两个相互挤压的物体发生相对运动趋势或相对运动时,就会在接触面上产生阻碍相对运动趋势或相对运动的力,这个力称为摩擦力。一般情况下,将摩擦力分为静摩擦力、滑动摩擦力和滚动摩擦力三种类型。

1. 静摩擦力

当两个相互挤压的物体发生相对运动趋势,但没有发生相对运动时,在接触面上产生阻碍相对运动趋势的力称为静摩擦力。静摩擦力的方向跟物体的相对运动趋势方向相反。

当我们用一个较小的力推讲台时,讲台没动,此时人对讲台的推力与地面对讲台的静摩擦力平衡,因此讲台不会动。我们逐步增大推力,当讲台刚刚被推动时,讲台受到的静摩擦力称为最大静摩擦力。

2. 滑动摩擦力

当两个相互挤压的物体发生相对滑动时,在接触面上产生阻碍相对滑动的力称为滑动摩擦力。实验表明,滑动摩擦力的计算公式为:

$$f = \mu F_N \qquad (1\text{-}1\text{-}6)$$

式中 f——滑动摩擦力(N);

μ——动摩擦因数;

F_N——压力(N)。

动摩擦因数跟相互接触的两个物体的材料有关,即跟接触面的光滑程度有关,接触面越光滑,动摩擦因数越小。F_N 为压力,压力和支持力始终是相互作用力。

相同条件下,滑动摩擦力略小于最大静摩擦力。一般情况下,可以近似认为滑动摩擦力和最大静摩擦力相等。

3. 滚动摩擦力

作用在滚动物体上的摩擦力称为滚动摩擦力。笨重的家具下面都会有小的轮子以便移动。由此可见,滚动摩擦力比滑动摩擦力小得多。

摩擦力有时是有益的,如人在地面上行走就是利用鞋底与地面间的静摩擦力。但有时摩擦力是有害的,如人推动重物时就要减少摩擦力。许多机器内部的元件之间会产生摩擦力,这既降低了效率,又磨损了元件。

  科学小探究

谁滚得更快?

利用少量的书本搭建一个斜坡,将一瓶装有水的矿泉水瓶和装有相同质量沙子的矿泉水瓶同时从斜坡上的同一高度静止释放,请问哪个瓶子先落地?为什么?

课后实践

1. 你能利用两本书展现出摩擦力的魅力吗?
2. 重力和支持力是否在任何情况下都是相等的?

科学小探究

抽纸条和玻璃杯的"魔鬼步伐"?

抽纸条:在桌边放一张细纸条,纸条上放一个墨水瓶,能否不碰墨水瓶将纸条与墨水瓶分开? 实验时,最好是使用没有墨水的墨水瓶,以免摔坏。

玻璃杯的"魔鬼步伐":将一块玻璃平放在桌面上,淋上少许冷水并使之形成一层完整连片的水面,将玻璃杯泡在沸水中一段时间后,将完全变热的杯子倒扣在玻璃的水面上。你会发现玻璃杯迈出了"魔鬼步伐",在水面上滑动。

知识链接

自然界的基本相互作用

自然界的基本相互作用力包括万有引力、电磁力、弱力和强力。

万有引力是牛顿于1687年在《自然哲学中的数学原理》一书中正式提出的:世界上万物之间都有相互吸引力,这个力与两物体的质量成正比,与两物体距离的平方成反比。这是人类第一次发现自然界中的基本相互作用力,也是第一次将开普勒天体运动与伽利略落体运动综合起来。地球表面物体的重力就是物体与地球之间的万有引力。

电磁力同万有引力一样属于远程力,可以作用到无限远的距离,但电磁力比万有引力强 10^{35} 倍。

将核子束缚在核内的力称为核力,在原子核尺度内,核力远远大于库仑力,核力是强相互作用力,简称强力。核力是短程力。

自然界中还存在一种弱相互作用力,它是引起原子核β衰变的原因,简称弱力。弱力同强力一样,属于短程力,并且作用范围更短,大约为 10^{-18} m。

科学家们,尤其是爱因斯坦始终在尝试把这四种基本相互作用力统一,这一理论被称为"大统一理论"。

1.4 牛顿运动定律

飞机起降时为什么需要长长的跑道? 拔河比赛取胜的关键是拉力的大小吗? 为什么越陡的滑梯,越不敢滑? 其中蕴含着怎样的科学原理呢?

1.4.1 牛顿第一定律

力和运动的关系究竟如何? 人施加力在物体上,物体才能运动;当把力撤销时,物体便会静止。因此，早在两千多年前，古希腊的思想家、哲学家、科学家亚里士多德就提出了"力是维持物体运动的原因"。

但是伽利略认为力不是维持物体运动状态的原因，而是改变物体运动状态的原因。伽利略进行了著名的对接斜面理想实验。如果让一个球从一个斜面滚下又滚到另一个相同的斜面，那么小球几乎能达到同一高度。伽利略猜想如果斜面完全光滑就能达到同一高度。伽利略继续推想，如果不断降低另外一个斜面的倾角，那么小球虽然达到的高度不同，但是运动的距离会越来越远，且当把另外一个斜面变成平面时，小球将会在平面上不停止地运动下去。既然小球不需要外力推动，也能一直不停地运动下去，则说明力不是维持物体运动状态的原因，而是改变物体运动状态的原因。

在伽利略等科学家的研究基础上，牛顿于1687年在《自然哲学中的数学原理》一书中提出了动力学的最基础定律，也就是牛顿第一定律：一切物体总保持匀速直线运动状态或静止状态，直到外力迫使它改变为止。

实际上并不存在不受力的物体，当所受的合外力为零，也就是外力相互平衡时，物体将做匀速直线运动状态或者呈静止状态。如果初始状态为静止则将保持静止状态；如果初始状态为运动，则将做匀速直线运动。

根据牛顿第一定律，一切物体具有总保持原来的静止状态或匀速直线运动的性质。这种性质称为惯性。因此，牛顿第一定律又称为惯性定律。

一切物体都具有惯性。质量越大，惯性越大；质量越小，惯性越小。质量是惯性大小的唯一量度。惯性在日常生活中非常常见，汽车急刹车时，人会因为惯性往前倒。

1.4.2　牛顿第二定律

力是物体运动状态改变的原因，但是运动状态究竟如何改变呢？具体怎样变化呢？牛顿第一定律没有量化力和运动状态的关系。

运动状态的改变用加速度来描述，因此要探究力和运动状态改变的量化关系就是探究力和加速度的量化关系。推动同一物体，推力越大，物体的运动状态改变越大，加速度越大，即当物体的质量 m 一定时，外力 F 越大，加速度 a 越大，F 与 a 成正比；同样大小的力推动质量不同的物体，质量大的物体推动得更慢，质量小的物体推动得更快，所以，当外力 F 一定时，质量 m 越大，加速度 a 越小，m 与 a 成反比。

知识链接

控制变量法

在科学问题研究的过程中，如果有多个变量同时作用于一个事物，则控制实验条件使每一次只改变其中的某一个变量，而控制其他变量不变，从而研究这个变量对事物的影响，按照这种方法再分别对其他变量加以研究，最后再综合解决，故名为控制变量法。这是科学研究中非常重要且广泛应用的思想方法。

牛顿通过大量的实验研究证明了 F 与 a 成正比，而 m 与 a 成反比，这称为牛顿第二定律。即有如下表达式：

$$F = kma$$

当 F、m 和 a 都取国际单位时，k 的值为 1，因此上式可表示为：

$$F_合 = ma \tag{1-1-7}$$

式中　$F_合$——物体受到的合力（N）；

　　　m——物体的质量（kg）；

　　　a——物体的加速度（m/s²）。

说明：我们知道物体做自由落体运动的加速度为 g，$g = 9.8$ N/kg 或者 m/s²，第二个单位是根据加速度的定义 $a = \dfrac{v_t - v_0}{t}$ 得来的，第一个单位就是根据牛顿第二定律 $a = F_合/m$ 得来的。因此加速度的单位有两个：N/kg 或者 m/s²。

牛顿第二定律将力和物体运动状态的改变紧密结合在一起，已知物体的受力情况就能求出物体的加速度，根据运动学规律就能确定物体的运动情况。已知物体的运动情况，根据运动学规律求出物体的加速度后，就能根据牛顿第二定律确定物体所受的合力情况。

实践与检验 1-1-3

用 50 N 的力作用在一个物体上，可以使它产生 2 m/s² 的加速度，那么要使它产生 4 m/s² 的加速度，作用力为多大？

解：根据牛顿而第二定律

$$F_合 = ma$$

可知：当物体质量一定时，作用力跟加速度成正比。

由于加速度之比为 4/2，所以作用力应该是 50 N 的两倍，也就是 100 N。

1.4.3　牛顿第三定律

如果你和他人都穿着溜冰鞋站在地面上，那么当你推他人时，他人被你推动了，且你自己也会往后退。这是为什么呢？因为力的作用是相互的。如果一位大人和一位小孩比力气，但是都在他们之间加上同样的弹簧测力计，实验发现无论何种情况下，两个弹簧测力计的读数始终同时出现、同时消失、大小完全相同。

这个实验表明力的作用不仅是相互的，而且相互作用的力的大小相等、方向相反且在同一直线上，作用点在两个不同的物体上。它们之间的关系可表示为：

$$F = -F' \tag{1-1-8}$$

式中　F——作用力（N）；

　　　F'——反作用力（N）。

负号代表它们的方向相反，这就牛顿第三定律。

相互作用力与平衡力的区别在于：相互作用力针对两个不同的物体，作用点在不同物体上。平衡力针对同一个物体，作用点在同一个物体上。

牛顿第三定律具有广泛的适用性，适用于固体、液体甚至气体间的相互作用，并与物体的运动状态无关。火箭升空、轮船行驶等都是利用的牛顿第三定律。从火箭尾部喷出的气体

第1章 运动和力

对火箭产生一个反作用力，使火箭获得向上的动力；被轮船螺旋桨推动的水对螺旋桨的反作用力使轮船向前行驶。

知识链接

牛顿名言

如果说我看得远，那么是因为我站在巨人的肩膀上。

我并没有什么方法，只是对于一件事情很长时间、很热心地去考虑罢了。

一个人如果控制不了自己的脾气，那么脾气将控制你。

天才就是长期劳动的结果。

实践与检验 1-1-4

请你从牛顿运动定律的角度分析 $G=mg$ 的意义。

解：根据牛顿第二定律

$$F=ma$$

可知：当物体做自由落体运动时，物体只受到重力，即合力就是重力，因此，

$$F=G=ma$$

所以有：

$$a=g$$

因此物体自由下落时做的是匀加速直线运动，且加速度为重力加速度 g。

知识链接

电梯故障时如何自救？

电梯如果突然停在某一处，并且电梯已断电，则不要强制拉开电梯门后匆忙出去，因为可能电梯处于某两层之间。并且为保存体力，不应始终大声呼救，应每隔段时间进行呼救。

如果电梯没有断电，且处于下落状态，那么此时电梯在加速下落，也就是发生了失重现象，应马上将下面所有的楼层数字全按一遍，以便恢复正常时能快速安全地停下，并按下电梯中的应急求救按铃，如有 24 h 值班联系电话，则应在信号可观的情况下立马呼叫求救。身体背部应紧靠着电梯内壁以保护脊椎，双脚弯曲，脚尖踮起，以起到缓冲作用，减少冲击力。如果电梯有扶手，则应双手抓住扶手；如果没有扶手，则应双手抱头。

遇到电梯故障时，千万不要慌张，做到心态平和，保存体力，耐心等待电梯恢复正常或者营救。

知识链接

地球轨道上的失重

外太空的宇航员为什么会产生失重现象呢?

航天飞机围绕地球旋转,地球的万有引力提供旋转所需要的向心力,航天飞机中的宇航员也同样在围绕地球旋转,故地球对宇航员的万有引力也会提供向心力,从而导致人对地面的压力小于自身的重力,也就发生了失重现象。

失重就是指物体对支持物的压力小于物体自身的重力。当物体与支持物有竖直向下的加速度时,物体的合力方向也是竖直向下的,此时物体对支持物的压力小于物体自身的重力。比如太空中的宇航员、人在加速向下或者减速向上的电梯里就会发生失重现象。

超重就是指物体对支持物的压力大于物体自身的重力。当物体与支持物有竖直向上的加速度时,物体的合力方向也是竖直向上的,此时物体对支持物的压力大于物体自身的重力。比如人在加速向上或者减速向下的电梯里就会发生超重现象。

人体能适应较小的超重或者失重现象,一旦时间过长或者加速度过大则都可能导致人的生理机能发生变化。比如,苏联宇航员阿纳托利在太空生活了7个月后返回到地球时,总感觉所有物体都非常沉重,需要重新适应地球的生活。因为在太空中,所有物体是处于失重状态的,即所有物体对飞船或者航天飞机没有压力,宇航员只要轻轻用力就能提起或者推动物体。所以,宇航员的食品都是装在软管中的,每次都以"挤牙膏"的方式进食,而喝水只能通过吸水管,否则机舱内会到处飞扬食物和水。

实践与检验 1-1-5

已知一辆火车的质量为 1 000 t,受到 $3×10^6$ N 的牵引力,火车受到的阻力之和为 $2.8×10^6$ N,求火车的加速度为多大?

解:根据牛顿第二定律

$$F_合 = ma$$

则有:

$$F_合 = F_牵 - f_阻 = 3×10^6 - 2.8×10^6 = 2×10^5 (\text{N})$$

$$m = 1\ 000\ \text{t} = 1\ 000\ 000\ \text{kg}$$

$$a = \frac{F_合}{m} = \frac{2×10^5}{10^6} = 0.2\ (\text{m/s}^2)$$

即火车的加速度为 $0.2\ \text{m/s}^2$。

课后实践

1. 大人拉着小孩向前走,是否说明大人拉小孩的力大于小孩拉大人的力?
2. 你能将自己举起来吗?为什么?
3. 利用网络资源,解释超重现象与失重现象。

第1章 运动和力

1.5 抛体运动

"飞流直下三千尺。"美丽的瀑布是怎么形成的？为什么运动轨迹不是直线呢？体育竞赛中，如何将铅球投掷得更远？

1.5.1 曲线运动的形成条件

曲线运动也是自然界中较为常见的运动，将一个物体静止释放，物体受到竖直向下的重力做自由落体运动，也就是匀加速直线运动。在下落的过程中速度和力的方向始终都是竖直的，且在同一条直线上。但当以一定初速度抛出时，物体将不再做直线运动，而是曲线运动。此时，物体受到的重力和物体的速度方向并没在同一条直线上。

实验表明：当运动物体受到的合力方向跟它的速度方向不在同一条直线上时，物体就会做曲线运动。

1.5.2 运动的合成与分解

直线运动比曲线运动简单，研究问题时通常需要将问题简单化。因此，可以将物体的曲线运动看作两个或者几个较为简单的直线运动。一般将曲线运动分解为两个方向的直线运动。对于其中的矢量运动，则需要用平行四边形法则解决。由于合运动与分运动的时间是相同的，所以时间往往是运动合成和分解的关键衔接因素。

1.5.3 抛体运动

1. 抛体运动分类

根据所抛物体的初速度方向可将抛体运动分为竖直上抛运动、竖直下抛运动、平抛运动和斜抛运动。竖直上抛运动和竖直下抛运动属于直线运动，平抛运动和斜抛运动属于曲线运动。

2. 抛体运动规律

如果忽略空气阻力，那么无论物体的初速度方向如何，物体只受重力，加速度都是重力加速度，其大小和方向是不变的。

1.5.4 平抛运动

如果所抛物体的初速度方向是水平的，忽略空气阻力，则将这样的抛体运动称为平抛运动。平抛运动的水平方向没有受到任何力，只有初速度，所以水平方向上的分运动是匀速直线运动。平抛运动的竖直方向受到重力，但没有竖直方向上的初速度，所以竖直方向上的分运动是自由落体运动。相关实验也验证了这一规律。

水平方向：
$$x = v_0 t$$

竖直方向：
$$y = \frac{1}{2}gt^2 , v_y = gt$$

t 时刻的速度：
$$v = \sqrt{v_0^2 + v_y^2}$$

实践与检验 1-1-6

一架速度为 80 m/s 的飞机在 490 m 的高空飞行，飞机需要进灾区定点投放物资。如果想要准确投放物资，那么飞机是否能在灾区上方进行物资投放？为什么？

解：如果飞机在灾区上方进行物资投放，那么飞机的物资将做平抛运动后落在灾区的前方。因此想要准确投放物资，必须提前投放物资。假设提前 x 距离投放物资，则根据 $y = \frac{1}{2}gt^2$ 可得：

$$t = \sqrt{\frac{2y}{g}} = \sqrt{\frac{2 \times 490}{9.8}} = 10(\text{s})$$

$$x = v_0 t = 80 \times 10 = 800(\text{m})$$

即飞机需要提前 800 m 投放物资。

实践与检验 1-1-7

一小球从 19.6 m 的高台水平抛出，落到地面的位置与抛出点的水平距离为 20 m，请问小球的初速度是多少？

解：根据 $y = \frac{1}{2}gt^2$ 可得：

$$t = \sqrt{\frac{2y}{g}} = \sqrt{\frac{2 \times 19.6}{9.8}} = 2(\text{s})$$

根据 $x = v_0 t$ 可得：

$$v_0 = \frac{x}{t} = \frac{20}{2} = 10(\text{m/s})$$

即小球的初速度为 10 m/s。

知 识 链 接

牛顿的逸闻趣事

1642 年的圣诞节前夜，在英格兰林肯郡沃尔斯索浦的一个农民家庭里，一个只有 3 磅重的早产儿出生了，这个早产儿就是牛顿。而他的父亲在牛顿出生前已去世。两岁时，他的母亲改嫁，从此牛顿由外祖母抚养。11 岁时，母亲的第二任丈夫去世，牛顿才回到了母亲身边。

牛顿从5岁开始上学，12岁时进入中学。少年时的牛顿并不是神童，资质平常，成绩一般，但他喜欢读书，尤其酷爱机械方面的读物，并动手制作些奇奇怪怪的小玩意：风车、木钟、折叠式提灯等。当他看到药剂师的房子附近正建造风车时，小牛顿把风车的机械原理摸透后，自己也制造了一架小风车。但是推动他的风车转动的不是风，而是动物。他将老鼠绑在一架有轮子的踏车上，然后在轮子的前面放上一粒玉米。老鼠想吃玉米，就不断地跑动，于是轮子不停地转动。他还制造了一个小水钟。每天早晨，小水钟会自动滴水到他的脸上，催他起床。

但好景不长，他的母亲迫于生活让牛顿停学在家务农。牛顿对务农并不感兴趣，他母亲叫他同她的佣人一道上市场，熟悉做交易的生意经时，他便恳求佣人一个人上街，自己则躲在树丛后看书。有一次，牛顿的舅父起了疑心，就跟踪牛顿，他发现他的外甥伸着腿，躺在草地上，正在聚精会神地钻研一个数学问题。牛顿的好学精神感动了舅父，于是舅父劝服了母亲让牛顿复学。牛顿又重新回到了学校。为此，他写了一首题为《三项冠冕》的诗，表达了他为实现献身科学的理想而甘愿承受痛苦的态度：世俗的冠冕啊，我鄙视他如同脚下的尘土，它是沉重的，而最终也只是一场空虚；可是现在我愉快地欢迎一顶荆棘冠冕，尽管刺得人痛，但主要的味道是甜；我看见光荣之冠在我的面前呈现，它充满着幸福，永恒无边。

作为大学教授，牛顿常常忙得不修边幅，不结领带，不系袜带就走进了大学餐厅。有一次，他在向一位姑娘求婚时思想又开了小差，他脑海里只剩下了无穷量的二项式定理。他抓住姑娘的手指，错误地把它当成通烟斗的通条，硬往烟斗里塞，痛得姑娘大叫，离他而去。正因如此，牛顿终生未娶。

有一次，牛顿边读书边煮鸡蛋，等他揭开锅想吃鸡蛋时，却发现锅里是一只怀表。还有一次，牛顿请朋友吃饭，当饭菜准备好时，牛顿突然想到一个问题，便独自进了内室，于是朋友就自己动手把那份鸡全吃了，鸡骨头留在盘子里，不告而别了。等牛顿出来后发现了盘子里的骨头，以为自己吃过了，便转身又进了内室继续研究他的问题。

课后实践

1. 一位猎人用箭水平射向树上的松鼠，此时松鼠察觉到猎人，马上从树上落下来，你觉得猎人有可能射中松鼠吗？
2. 在不同的高度上以不同的速度水平抛出不同质量的物体，它们在水平方向上的距离可能相同吗？为什么？
3. 平抛运动的速度方向与哪些因素有关？

1.6 浅谈转动

花样滑冰运动员为什么可以通过双臂调节自己旋转的速度？自行车为什么只有在行驶中才能保持稳定与平衡？旋转的陀螺为什么不会倒下？门把手为什么在离门转动轴最远处？

1.6.1 匀速圆周运动

运动轨迹是圆的运动叫作圆周运动，如游乐场中木马、电风扇的扇叶等都在做圆周运动。在圆周运动中，如果在任意相同的时间间隔内通过的弧长相等则称其为匀速圆周运动。匀速圆周运动是最简单的圆周运动。

雨天里，把雨伞旋转起来，雨滴由于惯性会沿切线方向飞出。因此，雨滴做圆周运动时的速度方向为伞周的切线方向。匀速圆周运动任一位置的运动方向就是圆的切线方向。

如何描述匀速圆周运动的快慢程度呢？

1. 线速度

做圆周运动的物体所通过的弧长 s 跟所用时间 t 的比值，叫作物体的线速度 v，国际单位为 m/s。

圆周运动的方向是切线方向，因为线速度的方向在不断发生变化，所以线速度在不断发生变化，从而可知匀速圆周运动是变速运动。"匀速圆周运动"中的"匀速"指的是线速度的大小不变，"速"不是指速度，而是指速率。

2. 角速度

匀速圆周运动的弧长在不断发生变化，物体与圆心的连线也就是圆的半径所转过的角度也在不断发生变化，圆心角 θ 的变化也反映了物体圆周运动的快慢程度，角速度公式为：

$$\omega = \frac{\theta}{t} \qquad (1-1-9)$$

式中　ω ——物体的角速度（rad/s）；

　　　θ ——物体圆周运动时转过的圆心角（rad）；

　　　t ——物体圆周运动所用的时间（t）。

圆心角 θ 的单位为弧度制，符号是 rad，角速度 ω 的单位为弧度/秒，符号是 rad/s。圆的一周对应的圆心角为 $360° = 2\pi$/rad，因此 $180° = \pi$/rad。

实践与检验 1-1-8

小球经过 3 s 的时间转过的圆心角为 90°，请问 3 s 内物体的角速度为多少？

解：根据 $\omega = \dfrac{\theta}{t}$ 可得：

$$\omega = \frac{\theta}{t} = \left(\frac{\pi}{2}\right)/3 = \frac{\pi}{6}(\text{rad/s})$$

3. 周期

匀速圆周运动是周期性运动，物体运动一周后又回到原来的位置，物体运动一周的时间叫作周期，符号为 T，国际单位为 s。

周期越大，物体运动越慢；周期越小，物体运动越快。

4. 频率

周期的倒数叫作频率，符号为 f。

频率的单位为赫兹，符号为 Hz。

频率越小,物体运动越慢;频率越大,物体运动越快。

5. 转速

当物体做圆周运动时,在单位时间转过的周数称为转速,一般用符号 n 表示,主要单位有r/min、r/s。当时间取国际单位 s 时,转速等于频率。

转速越小,物体运动越慢;转速越大,物体运动越快。

生活中很多电器的铭牌上都有标明电器工作时的转速,如电风扇。

6. 向心力

力是物体运动状态改变的原因。物体做圆周运动需要外界提供力。当用手拉着绳子让绳子另一端的小球做匀速圆周运动时,绳子的拉力使物体做匀速圆周运动。这个拉力的方向在时刻改变,但是始终指向圆心。因此,将提供物体做圆周运动的力称为向心力。

小球的质量越大,手越费劲;物体匀速圆周运动的半径越大,手越费劲;小球匀速圆周运动的速度越快,手越费劲;小球做匀速圆周运动需要的向心力与物体的质量成正比,与运动的半径成正比,与物体运动的速度成正比。

实验表明,物体做匀速圆周运动需要的向心力为:

$$F = mr\omega^2 \tag{1-1-10}$$

式中 F——匀速圆周运动需要的向心力(N);

m——物体质量(kg);

r——圆周运动的半径(m);

ω——圆周运动的角速度(rad/s)。

根据角速度 ω 的定义可知:

$$\omega = \frac{2\pi}{T} \tag{1-1-11}$$

式中 ω——角速度(rad/s);

T——物体运动的周期(s)。

根据线速度 v 的定义可知:

当物体做匀速圆周运动的时间为一个周期 T 时,物体所经过的弧长恰好为一个圆的周长 $2\pi r$,因此线速度还可表述为:

$$v = \frac{2\pi r}{T} \tag{1-1-12}$$

式中 v——线速度(m/s);

r——运动的半径;

T——物体运动的周期(s)。

由 $\omega = \frac{2\pi}{T}$ 和 $v = \frac{2\pi r}{T}$ 两式可得线速度和角速度的关系:

$$v = \omega r \tag{1-1-13}$$

通过上述线速度、角速度和周期三者的关系,可知向心力还可表示为:

$$F = \frac{mv^2}{r} \text{ 或 } F = \frac{m4\pi^2 r}{T^2} \tag{1-1-14}$$

根据牛顿第二定律 $F = ma$,可知向心力对应的向心加速度可表示如下:

$$a = r\omega^2 \quad (1-1-15)$$

$$a = \frac{v^2}{r} \quad (1-1-16)$$

$$a = \frac{4\pi^2 r}{T^2} \quad (1-1-17)$$

向心力由外界提供，通常是由物体所受的一个力或几个力的合力提供，水平地面上转弯的汽车需要的向心力由地面的摩擦力提供。但对于质量较大的火车在转弯时所需要的向心力不能由较小的摩擦力提供，因此转弯处的铁轨设计成一高一低，使火车往转弯的圆心方向倾斜，此时火车转弯所需要的向心力由火车的重力和铁轨对火车的支持力来提供。

因此，汽车在转弯的过程中不能超载和超速，超载和超速都会导致汽车转弯所需要的向心力增大，而地面提供的摩擦力有限，尤其是雨雪天气时摩擦力变小，这极容易导致交通事故。

1.6.2 转动

当一个物体的各个部分绕同一条直线做圆周运动时，这种运动称为转动。平动是指任何时刻物体中的所有点的运动速度相同、位移相同，也就是各点的运动状态完全相同，因此平动的物体可以看作质点。

圆周运动向心加速度

物体发生转动时同样具有惯性，这种惯性称为转动惯性。转动惯性在生活中的应用随处可见，如花样滑冰运动员的旋转、杂技演员的转碟、飞转的陀螺等。

实践与检验 1-1-9

一辆汽车车轮直径 0.5 m，在平直公路上匀速行驶，汽车速度计读数为 72 km/h，此时车轮的角速度是多少？周期是多少？

解： $v = 72 \text{ km/h} = 20 \text{ m/s}$

因汽车的行驶速度就是车轮的线速度，车轮的半径是直径的一半。故根据线速度和角速度的关系可得：

$$\omega = \frac{v}{r} = \frac{20}{0.25} = 80 (\text{rad/s})$$

根据角速度和周期的关系可得：

$$\omega = \frac{2\pi}{T}$$

因此，

$$T = \frac{2\pi}{\omega} = \frac{2\pi}{80} = \frac{\pi}{40}(\text{s})$$

即车轮的角速度是 80 rad/s；周期是 $\frac{\pi}{40}$ s。

实践与检验 1-1-10

一辆火车的质量是 50 t，拐弯时沿着圆弧形轨道前进，圆弧半径为 400 m，通过弯道的速度为 72 km/h，火车受到的向心力有多大？向心加速度又是多少？

解：
$$m = 50 \text{ t} = 5 \times 10^4 \text{ kg}$$
$$v = 72 \text{ km/h} = 20 \text{ m/s}$$
$$F = \frac{mv^2}{r} = \frac{5 \times 10^4 \times (20)^2}{400} = 5 \times 10^4 (\text{N})$$
$$a = \frac{v^2}{r} = \frac{(20)^2}{400} = 1 (\text{m/s}^2)$$

即火车受到的向心力是 5×10^4 N；向心加速度是 1 m/s²。

实践与检验 1-1-11

根据 $a = r\omega^2$，好像可得 a 与 r 成正比；而根据 $a = \frac{v^2}{r}$，好像可得 a 与 r 成反比，这不是矛盾了吗？那么 a 跟 r 的关系到底是正比还是反比呢？

解：当角速度 ω 一定时，根据 $a = r\omega^2$，可得 a 与 r 成正比；当线速度 v 一定时，根据 $a = \frac{v^2}{r}$，可得 a 与 r 成反比。

当一个物理量与多个因素有关时，必须得综合考虑，如果只研究其中两个之间的关系，就需要其他因素不变。

课后实践

1. 小朋友在旋转玩具，如旋转木马时，木马的转速为什么不能过大？
2. 为什么当转动自行车车轮时，能看清楚较细的靠近车轮轮轴的辐条，却看不清楚轮圈上较粗的气门嘴？

1.7 物体的平衡

不倒翁为什么不会倒下？杂技演员走钢丝时为什么不会掉下来？

1.7.1 有固定转动轴的物体平衡

有固定转动轴物体的平衡

"给我一个支点，我可以撬起整个地球。" 杠杆的原理是：作用在杠杆上的两个力和力臂的乘积相等。物理学中将力和力臂的乘积称为力矩，公式为：

$$M = Fl \quad (1\text{-}1\text{-}18)$$

式中 M——力矩（N·m）；

F——力（N）；

l——力臂，表示转动轴到这个力的作用线的距离。

改变力或者力臂都会使杠杆发生转动，因此力矩是使物体产生加速转动的原因。力矩越大，力对物体的转动作用越大；力矩越小，力对物体的转动作用越小；当力臂为 0 时，力矩也为 0，无论力多大，力对物体都没有转动作用。比如沿着门所在平面的某一方向拉门，无论多大的力都不能让门转动，因为此时的力臂为 0。门把手安装在离门转轴最远处的目的就是增加力臂，这样可以增加力矩，使得推门或者拉门更省力。

力矩决定物体的转动状态的改变，因此平动物体转动的平衡条件是：使物体顺时针转动的力矩之和等于使物体逆时针转动的力矩之和。

如果一个可以转动的物体受到的力矩满足上述关系，那么该物体将达到转动平衡状态，也就是保持静止或者匀速转动的状态。如静止的跷跷板、匀速转动的风车等。

1.7.2 平衡的种类

根据平衡稳定的时间将平衡分为三类：稳定平衡、不定平衡和随遇平衡。

稳定平衡是指物体能反复恢复平衡的状态。如将小球放在凹面处，小球始终能恢复最低点的平衡位置。

不定平衡是指物体不能恢复平衡的状态。如将小球放在凸面处，小球在最高点是平衡状态，一旦小球运动将不能再回到最高点。

随遇平衡是指物体能进入到另外一个平衡的状态。如将小球放在平面处，小球移动后会在平面的另一处达到新的平衡状态。

知识链接

角动量守恒

动量守恒定律是关于平动的规律，那转动是否有着类似的规律呢？

质量为 m 的质点在半径为 r 的圆周上以速度 v 做圆周运动，在物理学中，把动量大小 p 与圆周运动的半径 r 的乘积定义为角动量，符号为 L。

用公式可以表示为：

$$L = pr = mvr$$

角动量的方向满足右手定则，四指弯曲方向为半径到线速度的方向，那么大拇指的方向就是角动量的方向。

物理学中还定义转动惯量 J 等于质点的质量与圆周运动半径 r 的平方。用公式可表示为：

$$J = mr^2$$

因此角动量又可表示为：

$$L = J\omega$$

当刚体所受的合力矩为 0 时，刚体的角动量保持不变，也就是说角动量守恒。公式可表示如下：

$$J_0\omega_0 = J_1\omega_1 \text{ 或者 } L_0 = L_1$$

1.7.3 稳度

物体稳定的程度称为稳度。稳度取决于物体重心的位置和支持的面积。平放的砖比立放的砖更稳，因为平放的砖重心更低，支持的面积更大。

重心越低，支持的面积越大，物体的稳度越高，物体越稳定。例如，花瓶的底部较大、越野汽车的车轮宽度和车轮距都比较大等，都是为了增大物体的稳度，使它们更稳定。

课后实践

站在行驶的公交车上时，是将两脚合拢好还是分开好？为什么？

拓展：平衡玩具

玩具是儿童童年不可或缺的物品，如何制作一些简单的平衡玩具呢？

1.8.1 不倒翁

①将乒乓球（或者蛋壳、废灯泡）去掉一半。如果选用废灯泡，则需将灯尾部分和灯丝去掉，将橡皮泥（或者沙子、固定铁块、固定铅块）填在乒乓球内部，填实、填紧、填平。

②将画布（较硬的彩纸）剪成扇形，保证扇形能与乒乓球黏结起来。

③将画布粘贴在乒乓球上，并用彩笔画上各种喜欢的、有趣的、活泼的形象，还可以发挥想象力，利用画布、彩纸等材料对头像进行装饰。

1.8.2 蝴蝶飞

（1）在硬纸板（吹塑纸）上画出蝴蝶的轮廓，蝴蝶的后翅要比前翅更大、更宽，翅膀的色彩填充好后，将蝴蝶减下。

（2）在蝴蝶每个较大的翅膀背面的最宽的位置上粘贴上一枚小硬币，注意对称性，以保证蝴蝶能平衡。

（3）将蝴蝶放在手上或者桌子的边角，蝴蝶便会上下翻飞。

课后实践

利用网络资源查找更多平衡玩具的制作方法，并动手实践。

第 2 章 能量守恒

学习目标

1. 理解动能、势能和机械能。
2. 掌握动能、势能和机械能的关系。
3. 理解能量的转化和守恒定律。
4. 了解能量守恒定律的发现历程。

本章要点

动能；势能；机械能；动能定理；机械能守恒定律。

2.1 机械能

过山车从高处冲下时，速度越来越大。反之，冲向高处时，速度越来越小，这是为什么呢？

2.1.1 功

物理学中，将力 F 和物体在力的方向上发生的位移 s 的乘积称为功，符号为 W。

$$W = Fs \tag{1-2-1}$$

式中　W——功（J）；
　　　F——力（N）；
　　　s——位移（m）。

功的国际单位是焦耳，简称焦，符号为 J。

根据 $W = Fs$ 可知，功的另一单位为 N·m

作用在物体上的力是否做功取决于两个因素：一是这个力必须作用在物体上；二是物体必须在力的方向上移动了距离。所以如果用 l 表示物体的实际位移，则功可表示为：

$$W = Fl\cos\theta \tag{1-2-2}$$

式中　θ ——力 F 与位移 l 所成的夹角。

（1）当力与物体的位移方向垂直时，该力不做功；

（2）当力与物体的位移方向所成角为锐角时，该力做正功。

2.1.2　动能

物体由于运动而具有的能称为动能，符号为 E_k：

$$E_k = \frac{1}{2}mv^2 \tag{1-2-3}$$

式中　E_k ——动能（J）；

　　　m ——物体的质量（kg）；

　　　v ——物体的速度（m/s）。

动能的国际单位也是焦耳，简称焦，符号为 J。

一个有质量的物体只要具有速度就具有相应的动能。

2.1.3　势能

势能分为重力势能和弹性势能。

1. 重力势能

物体由于被举高而具有的能量称为重力势能。重力势能具有相对性，确定重力势能的前提是规定零势能面。为了问题的简便化，一般取地面为零势能面。物体的重力势能公式为：

$$E_{重力} = mgh \tag{1-2-4}$$

重力势能及其决定因素

式中　$E_{重力}$ ——重力势能（J）；

　　　m ——物体的质量（kg）；

　　　g ——重力加速度（N/kg）；

　　　h ——某物体距零势能面的高度（m）。

2. 弹性势能

物体因发生弹性形变而具有的能量称为弹性势能。弹性势能与物体的质量无关，与弹簧的劲度系数 k 以及弹簧长度的改变量有关。

2.1.4　机械能

机械能包括动能和势能：

$$E = E_k + E_{重力} = \frac{1}{2}mv^2 + mgh \qquad (1-2-5)$$

式中　E——机械能（J）。

课后实践

当把物体竖直上抛时，不计空气阻力，试分析物体在上升过程中动能和重力势能如何变化？机械能如何变化？

知识链接

食物中的能量对换

不同食物所含的能量不同。众所周知，牛奶巧克力的能量尤其丰富。例如，1 kg 的西红柿能量等同于 25 g 牛奶巧克力的能量。

知识链接

主要能源的发展历程

约公元 100 年，古罗马人用煤炭作燃料。
约公元 650 年，波斯人利用风能制作了风车。
1859 年，美国宾夕法尼亚州钻出第一口油井。
1880 年，英国伦敦建成第一家发电厂。
1891 年，德国建成第一家水力发电厂。
1951 年，美国第一次利用核能发电。
1960 年，苏联土库曼斯坦建成第一家太阳能发电厂。
1968 年，法国建成第一家潮汐发电厂。

知识链接

人类第一次发现动能可以转化成热能

英国科学家焦耳酷爱做实验。有一次他在水容器中搅拌，发现水会变热，搅拌得越快，水就热得越快。这个实验首次表明，做功能产生热能。另外他会发现瀑布顶上和底下的水的温度不同，瀑布底下的水温比瀑布顶上的水温高，说明水落下产生的能量转化成了热能。

2.2 能量的转化和守恒定律

能量之间如何转化？机械能永远守恒吗？

2.2.1 动能定理

能量的转化与
能量守恒定律

质量为 m 的物体在水平力 F 的作用下，在光滑水平面上运动，物体的初速度为 v_0，经过一段时间后发生的位移为 s，速度增大为 v_t，此阶段物体做的功为：

$$W = Fs = (ma) \cdot \left(\frac{v_t^2 - v_0^2}{2a}\right) = \frac{1}{2}mv_t^2 - \frac{1}{2}mv_0^2 = E_{k(t)} - E_{k(0)} \quad (1-2-6)$$

简写为：

$$W = E_{k(t)} - E_{k(0)} \quad (1-2-7)$$

因此，合力 F 所做的功等于物体的末动能减去物体的初动能，这就是动能定理。

重力所做的功与势能的关系：

$$W_G = E_{p(0)} - E_{p(t)} \quad (1-2-8)$$

一个物体自由下落，重力做正功，动能增加，重力势能减少。从能量守恒的角度分析为：重力势能转化为动能；从功能关系分析为：重力所做的正功使物体的动能增加。动能和势能可以相互转化，但是它们的和始终不变，也就是机械能始终不变。

2.2.2 机械能守恒定律

当完全没有空气阻力或不计空气阻力时，物体或系统的机械能守恒。也就是物体只受到重力和弹力作用，机械能的总量是不变的，即：

$$E_{k(0)} + E_{p(0)} = E_{k(1)} + E_{p(1)}$$

或

$$\frac{1}{2}mv_0^2 + mgh_0 = \frac{1}{2}mv_1^2 + mgh_1 \quad (1-2-9)$$

实践与检验 1-2-1

打桩机重锤的质量是 2 t，重锤从 25 m 高处落下打在桩柱上，最后静止在 10 m 高的桩面上，这个过程重力做了多少功？

解： $W = mgh = 2\,000 \times 10 \times (25 - 10) = 3 \times 10^5 (\text{J})$

即这个过程重力做的功为 3×10^5 J。

实践与检验 1-2-2

一颗质量为 10 g 的子弹，以 100 m/s 的速度射入木板内，子弹留在木板深度 1 cm 处，求木板对子弹的平均阻力是多少？

解：根据动能定理可得：

$$-fs = 0 - \frac{1}{2}mv_0^2$$

$$f = \frac{mv_0^2}{2s} = \frac{0.01 \times (100)^2}{2 \times 0.01} = 5 \times 10^3 (\text{N})$$

即木板对子弹的平均阻力是 $5 \times 10^3 (\text{N})$。

课后实践

你能推导出当物体自由下落时的机械能守恒定律吗？

拓展：反冲运动

火箭的飞天力和速度有关系吗？鸡蛋掉在水泥地上会碎，但是掉在水里没那么容易碎，为什么？

2.3.1 动量定理

进行拳击训练时，出拳速度越快，力道越大；出拳速度越慢，力道越小。力和速度有着紧密的联系。假设质量为 m 的物体在水平力 F 的作用下，在光滑水平面上运动，物体的初速度为 v_0，经过一段时间 t 后速度增大到 v_t。

根据能量守恒定律和牛顿第二定律可得：

$$F = ma = m\frac{v_t - v_0}{t}$$

整理得：

$$Ft = mv_t - mv_0$$

物理学中，将力 F 与时间 t 的乘积定义为物体的冲量，符号为 I，即：

$$I = Ft$$

冲量的国际单位为 $\text{N} \cdot \text{s}$。

物理学中，将物体的质量 m 与物体的速度 v 的乘积定义为物体的动量，符号为 P，即：

$$P = mv$$

动量的国际单位为 $\text{kg} \cdot \text{m/s}$。

2.3.2 动量守恒

力的作用是相互的。假设两名同学在光滑的冰面上滑冰，已知甲同学质量为 m，乙同学质量为 m'，甲同学速度为 v_0，乙同学速度为 v_0'，甲同学用力 F 推乙同学，根据牛顿第三定律，设甲同学受到乙同学对自己的反作用力为 F'，则两者满足关系：
$$F = -F' \tag{1}$$
之后，甲同学速度变为 v_t，乙同学速度变为 v'_t。此时，对于甲同学，根据动量定理有：
$$Ft = mv_t - mv_0 \tag{2}$$
对于乙同学，根据动量定理有：
$$F't = m'v'_t - m'v'_0 \tag{3}$$
联立上述三式可得：
$$mv_t - mv_0 = -(m'v'_t - m'v'_0)$$
化简得：
$$mv_0 + m'v'_0 = mv_t + m'v'_t$$
或表述为：
$$P_0 = P_t$$

将甲同学和乙同学作为一个研究系统，系统内的动量之和不变，也就是动量守恒，称为动量守恒定律。动量守恒定律是自然界中十分重要的规律之一，与物体的位置和结构无关，小到微观世界的原子内部，大到天体运动，它们的运动都遵循动量守恒定律。

知识链接

飞机和鸟的故事

全世界每年大约发生一万起鸟撞飞机的重大事故。第一例鸟撞飞机的事故发生在 1912 年，一架飞往南美洲的飞机与一只海鸥相撞后坠入大海。巨大的飞机为什么惧怕渺小的鸟类呢？原因在于动量守恒定理。鸟类虽小，但和飞机的相对飞行速度非常大，鸟和飞机相撞时会产生巨大的冲击力。一只 1.5 kg 的小鸟大概能产生 10^6 N 的力。

2.3.3 反冲运动

如果将充满空气的气球的气口突然放开，空气立马从气口喷出，而气球沿着同空气喷出的相反方向飞去，这样的反冲运动较为常见。

反冲运动的原理就是动量守恒定律。放开气口前，气球和气球里面的空气速度都为 0（不计空气内部分子的运动），初动量之和为 0。当放开气口时，向外喷出的空气具有一定的动量，要使动量守恒，气球就必须具有相反的动量，因此速度方向和空气喷出的方向相反。

反冲运动广泛应用于生产技术中，如喷气式飞机、火箭、喷气式轮船都是利用反冲运动。在有些物品中需要防止反冲运动，如大炮和机枪的后坐，人在进行枪支射击时需要双手或者抵住肩膀等。

实践与检验 1-2-3

一颗质量为 10 g 的子弹，以 100 m/s 的速度射入木板内，子弹留在木板的时间为 2×10^{-4} s，求木板对子弹的平均阻力。

解：根据动量定理可得：

$$-ft = 0 - mv_0$$

$$f = \frac{mv_0}{t} = \frac{0.01 \times 100}{2 \times 10^{-4}} = 5 \times 10^3 (\text{N})$$

即木板对子弹的平均阻力是 5×10^3 N。

实践与检验 1-2-4

重量为 2 N 的物体以 20 m/s 的初速度竖直向上抛出，物体经过 2 s 又落回到抛出点，则从抛出到落回到抛出点的整个过程中，重力的冲量为多少？

解：根据冲量定义公式 $I=ft$ 可知

抛出时的冲量：

$$I_0 = Ft = Gt = 2 \times 2 = 4(\text{N} \cdot \text{s})$$

再回到抛出点时的冲量：

$$I_t = Gt = 2 \times 2 = 4(\text{N} \cdot \text{s})$$

整个过程中重力的冲量：

$$I = I_0 + I_t = 4 + 4 = 8(\text{N} \cdot \text{s})$$

即重力的冲量为 8 N·s。

实践与检验 1-2-5

甲乙两位同学静止在光滑水平面上，质量分别为 60 kg 和 45 kg，甲同学推了一下乙同学，两个人向相反方向滑去，甲、乙两位同学的速率之比为多少？

解：假设甲乙两位同学的速度分别为 $v_甲$ 和 $v_乙$，根据动量守恒定律可得：

$$0 + 0 = m_甲 v_甲 + m_乙 v_乙$$

$$0 = 60v_甲 + 45v_乙$$

$$4v_甲 = -3v_乙$$

因此甲、乙两位同学的速率之比为 3∶4。

课后实践

1. 根据力的单位推导冲量的单位，并比较其是否等于动量的单位。
2. 精品店中的牛顿摆（牛顿秋千）的原理是什么？
3. 利用网络资源，尝试制作"水火箭"。

第 3 章 电与磁

学习目标

1. 理解电路的基本物理量。
2. 掌握安全用电常识。
3. 理解磁的基本知识。
4. 了解电磁波及其应用。
5. 了解奥斯特、麦克斯韦等科学家的故事及蕴含的科学精神。

本章要点

电路的基本物理量；安全用电常识；磁的基本知识。

3.1 电路的基本组成

现代人生活已离不开电，那么电路由哪几部分组成？电路的基本组成部分是：电源、负载、开关和导线。

3.1.1 电源

让导体产生持续稳定电流的装置，或使导体两端保持稳定电压的装置称为电源。常用的电源有干电池、锂电池、铅蓄电池、锌汞电池、太阳能电池、水能发电机、火力发电机等。它们转化为电能的方式不同，干电池、锂电池、铅蓄电池、锌汞电池、火力发电机是把化学能转化为电能；太阳能电池是将太阳能转化为电能；水能发电机则是将机械能转化为电能等。

以电源为临界，闭合电路可以分为两部分：

（1）电源外部的电路，简称外电路。

（2）电源内部的电路，简称内电路。

电源的正极和负极既是外电路的两个端点，又是外电路和内电路的交接点。

3.1.2 负载

电源的价值在于给负载提供电能，负载就是需要电能的用电器。常见的有：灯泡、电风扇、空调、冰箱、电热水器等。

3.1.3 开关

如果电源始终持续给负载供电，则会既浪费电能，又影响负载和电源的使用效率和寿命，因此需要开关控制电路，以满足负载的正常使用和工作。

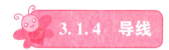

3.1.4 导线

电路中需要电阻较小的导体连接电源、开关和负载，这样的导体称为导线。

知识链接

核电站

核电站的核心设施是核反应堆。考虑到安全因素，反应堆里的浓缩铀都是经过处理的，保证其中铀235的含量只占3%~4%。核燃料裂变释放出来的能量绝大部分转化为热能，从而使反应区温度升高，使水变成水蒸气，进而推动汽轮发电机发电。

核能发电技术迄今为止已相当成熟，不仅安全，而且核电站的经济效益比火电站大15倍左右。一座百万千瓦的核电站一年只消耗30 t的浓缩铀，而同样功率的火电厂消耗250万t的煤，并且核电站对环境的污染更少。

知识链接

生物质能

来源于植物的能量被称为生物质能。清洁的沼气就是典型的生物质能。沼气是利用腐烂的植物或者动物的粪便发酵产生甲烷，再将甲烷转化为电能。全球大概有50%的人都在使用生物质能。

知识链接

水能

水能属于清洁能源之一。我国长江三峡水力发电站的功率高达 2 250 万 kW，相当于 16 座核能发电站。因此，水力发电站也同样具有很大的潜力。全球大概有 20% 的能量来源于水力发电。

知识链接

化石燃料

植物或者动物死亡后很长时间形成的诸如煤炭、天然气和石油等燃料称为化石燃料。化石燃料属于不可再生能源，一旦使用完将不复存在。并且在燃烧化石燃料时会释放二氧化碳。依照目前的化石燃料消耗速度，地球上所有的化石燃料最多可供人类使用 250 年。因此人类对能源的使用必须转移到可再生能源的开发与利用上。

课后实践

1. 你能辨认出干电池、锂电池、铅蓄电池和锌汞电池吗？
2. 导线的材质是什么？

3.2 电路的基本物理量

与电路有关的物理量有哪些？这些物理量又有怎样的关系？

3.2.1 电流

电荷有规则的定向运动形成电流。在电场的作用下单位时间内通过某一导体截面的电量称为电流，公式为：

$$I = \frac{q}{t} \tag{1-3-1}$$

式中 I——电流（A）；
  q——通过导体横截面的电荷量（C）；
  t——时间（s）。

电流的国际单位为安培，简称安，符号为 A。除此之外，还有毫安（mA）、微安（μA）。

$$1\ \mu A = 10^{-6}\ A$$

$$1 \text{ mA} = 10^{-3} \text{ A}$$

一般规定正电荷移动的方向为电流方向。电流方向与负电荷移动的方向相反。

方向不随时间变化的电流叫作直流,方向和电流强度都不随时间变化的电流叫作恒定电流。

3.2.2 电位

电位在物理学中称为电势,是表示电场中某点的性质的物理量。电势用来表明正电荷位于该点时所具有电位能的大小。

3.2.3 电压

电场中任意两点的电位差,就是在两点之间的电压。在数值上等于电场力把单位正电荷从某点移到另一点所做的功。电压的符号为 U;电压的国际单位为伏特,简称伏,符号为 V。

3.2.4 电动势

电动势是表示电源性质的物理量。电动势在数值上等于非电场力(局外力)把单位正电荷从电源的低电位端经电源内部移到高电位端所做的功。

3.2.5 欧姆定律

电流 I、电阻 R 和电压 U 的关系满足欧姆定律:

$$I = \frac{U}{R} \tag{1-3-2}$$

式中　U——已知的电压值(V);
　　　I——所要求的电流(A);
　　　R——导体的电阻(Ω)。

R 的大小反映了导体对电流的阻碍作用。电阻的国际单位为欧姆,简称欧,符号为 Ω,常用的电阻单位还有千欧(kΩ)和兆欧(MΩ),它们的关系:

$$1 \text{ k}\Omega = 10^3 \text{ }\Omega;\quad 1 \text{ M}\Omega = 10^6 \text{ }\Omega$$

实践与检验 1-3-1

一根均匀的铜导线,其电阻为 1.5 Ω,当加在它两端的电压增加 4 倍时,它的电阻变为多少?

解:电阻只跟材料本身有关,与外界两端电压无关,且与通过电阻的电流也无关,电阻的阻值还是 1.5 Ω。

欧姆定律反映的是:电阻可以通过其两端的电压和两端的电流比值进行测量,即反映出电压与电流是正比关系。

实践与检验 1-3-2

某灯泡的电压为 220 V，通过灯泡的电流为 0.25 A，灯丝的电阻为多大？

解：根据欧姆定律 $I = \dfrac{U}{R}$ 可得：

$$R = \dfrac{U}{I} = \dfrac{220}{0.25} = 880(\Omega)$$

即灯丝的电阻为 880 Ω。

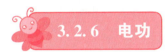

3.2.6 电功

电路中电流所做的功称为电功。实验表明，电功 W 与电压、电流和时间的关系如下：

$$W = UIt$$

电功功率 P 与电功 W、时间 t 关系如下：

$$P = \dfrac{W}{t} = UI$$

功的国际单位为 J，常用单位还有 kW·h（千瓦时），它们的关系如下：

$$1 \text{ kW·h} = 3.6 \times 10^6 \text{ J}$$

功率的国际单位为瓦特，简称瓦，符号为 W，常用单位还有毫瓦（mW）、千瓦（kW），它们的关系如下：

$$1 \text{ kW} = 10^3 \text{ W}$$
$$1 \text{ W} = 10^3 \text{ mW}$$

电器上都标有额定电压、额定电功率、额定电流。额定电压是指电器正常工作时的电压，额定电功率是指电器正常工作时的电功率，额定电流是指电器正常工作时的电流。例如灯泡的铭牌上标有"220 V，200 W"，这表示该灯泡的额定电压为 220 V，额定功率为 200 W。如果灯泡两端的电压低于 220 V，则灯泡的亮度会变暗，此时消耗的功率低于 200 W。

对于一般电器，其导线的电阻是不变的。电阻只跟材质、粗细程度等因素有关联，与电阻两端的电压无关，与通过电阻的电流也无关。

当电流通过金属导体的时候，导体正离子的热振动加剧，导体内能增加，温度上升，电能转化为导体的内能，这样的现象称为电流的热效应。

物理学家焦耳和楞次分别通过实验发现，电流通过导体产生的热量跟电流强度的平方、导体的电阻和通过的时间成正比，这就是著名的焦耳定律，公式可表示为：

$$Q = I^2 Rt \qquad (1\text{-}3\text{-}3)$$

式中　Q——热量（J）；

　　　I——电流（A）；

　　　T——时间（s）。

在日常电路中，有时需要利用电流的热效应，比如白炽电灯、电烙铁、电热水器。但是大多时候人们需要降低电流中的热效应，因为它消耗了不必要的电能，比如，输电导线、电动机、电视机、电脑、手机等。日常家用电器的热效应还可能使电器的零件受到损坏。

3.2.7 电路的简单连接

当电路中存在多个元件时，根据不同需要一般有两种最基本的连接方式。

1. 串联电路

如果把各个电器依次首尾相接，所组成的电路称为串联电路。串联电路的基本特征如下：

(1) 电流处处相等。
(2) 总电压等于各个电阻两端电压之和。
(3) 等效总电阻等于各个电阻的阻值之和。

2. 并联电路

如果把电器依次首首相接，尾尾相接，则所组成的电路称为并联电路。并联电路的基本特征如下：

(1) 各支路的电压处处相等。
(2) 总电流等于各个支路电流之和。
(3) 等效总电阻的倒数等于各个电阻的阻值倒数之和。

如果串联电路中某一个电器断路，那么整个电路都会没有电流，即会直接导致电路中其他所有电器都无法工作。所以家庭电路中的电器连接方式采用并联。在电脑、手机等电器中，一般既有并联，也有串联。

实践与检验 1-3-3

将一个 2 Ω 的电阻和一个 3 Ω 的电阻并联，它们的总电阻为多少？

解：由 $\dfrac{1}{R_\text{并}} = \dfrac{1}{R_1} + \dfrac{1}{R_2}$ 可得：

$$R_\text{并} = \dfrac{R_1 \cdot R_2}{R_1 + R_2} = \dfrac{2 \times 3}{2 + 3} = 1.2(\Omega)$$

即并联后的总电阻为 1.2 Ω。

实践与检验 1-3-4

将一个 2 Ω 的电阻和一个 3 Ω 的电阻串联，它们的总电阻为多少？

解： $R_\text{串} = R_1 + R_2 = 2 + 3 = 5(\Omega)$

即总电阻为 5Ω。

知识链接

超导体和超导现象

超导是指导电材料在温度接近绝对零度的时候，物体分子热运动下材料电阻趋近于零的性质。"超导体"是指能进行超导传输的导电材料。超导体的直流电阻率在一定的低温下突然消失，被称作零电阻效应。导体没有了电阻，电子流经超导体时就不发生热损耗，电子可以毫无阻力地在导线中形成强大的电流，从而产生超强磁场。

1911年荷兰物理学家H·卡茂林·昂内斯发现汞在温度降至4.2 K附近时突然进入一种新状态，其电阻小到实际上测不出来，他把汞的这一新状态称为超导态。低于某一温度出现超导电性的物质称为超导体。

1933年，荷兰的迈斯纳和奥森菲尔德共同发现了超导体的另一个极为重要的性质——当金属处在超导状态时，超导体内的磁感应强度为零，即把原来存在于体内的磁场排挤了出去。对单晶锡球进行实验发现：锡球过渡到超导态时，锡球周围的磁场突然发生变化，磁力线似乎一下子被排斥到超导体之外去了。人们将这种现象称之为"迈斯纳效应"。

为了使超导材料有实用性，人们开始了探索高温超导的历程。从1911年至1986年，水银的超导温度由4.2 K提高到23.22 K（0 K=−273.15 ℃；K为开尔文温标，起点为绝对零度）。1986年1月发现钡镧铜氧化物超导温度是30 K。12月30日，又将这一纪录刷新为40.2 K。不久美国华裔科学家朱经武与台湾物理学家吴茂昆以及大陆科学家赵忠贤相继在钇-钡-铜-氧系材料上把临界超导温度提高到90 K以上。液氮的"温度壁垒"（77 K）也被突破了。1987年年底，铊-钡-钙-铜-氧系材料又把临界超导温度的纪录提高到125 K。1993年，铊-汞-铜-钡-钙-氧系材料又把临界超导温度的纪录提高到138 K。高温超导体取得了巨大突破，使超导技术被大规模应用。

超导材料和超导技术有着广阔的应用前景。超导现象中的迈斯纳效应使人们可以用此原理制造超导列车和超导船。由于这些交通工具将悬浮在无摩擦状态下运行，所以大大提高了它们的速度和安静性，并有效减少了机械磨损。利用超导悬浮可制造无磨损轴承，将轴承转速提高到每分钟10万转以上。超导列车已于20世纪70年代成功地进行了载人可行性实验。1987年开始，日本开始试运行，但经常出现失效现象。超导船已于1992年1月27日下水试航，目前尚未进入实用化阶段。虽然利用超导材料制造交通工具在技术上还存在一定的障碍，但它势必会引发一次交通工具革命的浪潮。

（节选自http://baike.so.com/doc/2014570-2131868.html）

3.3 安全用电常识

电给我们带来了极大的便利，但如使用不当，则会给人类带来巨大的损失，甚至造成人身伤亡事故。人不能靠近高压线，但是小鸟却能在高压线上随意停留，这是为什么呢？

3.3.1 交流电

家庭用电和工业用电的电都由发电机提供。发电机产生的电流大小和方向时刻都在发生变化，因此称为交流电。

某一时刻的电流I和电压U的规律遵循正弦函数规律变化，如下：

$$I = I_m \sin\omega t \qquad (1\text{-}3\text{-}4)$$

$$U = U_m \sin\omega t \qquad (1\text{-}3\text{-}5)$$

式中，I_m 和 U_m 分别代表交变电流中电流的最大值和电压的最大值。

在我国，目前使用的交变电流的电压是 220 V，周期是 0.02 s，频率是 50 Hz。

3.3.2 安全用电

1. 较大电流对人体的危害

触电对人体的危害分为电伤和电击。电伤是指触电对人体外表的伤害，如表面组织的烧伤。电击是指电流通过人体时导致触电人发生生理和病理的反应，如肌肉痉挛、呼吸麻痹、昏迷、瘫痪甚至死亡。

人体的电阻为 600~100 000 Ω。1 mA 左右的电流会引起麻的感觉；10 mA 左右的电流可以被人类摆脱。当电流超过 30 mA 时，就会发生电伤；当电流超过 100 mA 时，一般地，人在短时间内会停止呼吸和心跳。

人体的安全电压是 36 V。电流通过人脑会致使昏迷甚至死亡；电流通过脊椎会致使瘫痪；电流通过心脏会致使心室纤维性颤动乃至死亡。因此，电流从左手通到脚是最危险的，因为电流将直接经过心脏，且此时通过心脏的电流约是通过人体器官总电流的 6.7%。

2. 家庭用电基本常识

照明电路有两根线，之间的电压是 220 V：一根叫火线，与大地之间的电压为 220 V；另一根叫零线，也称为地线，一般与大地间无电压。能让测电笔发亮光的线为火线，不能让测电笔发亮光的线是零线。因此，人如果同时触碰火线和零线则会触电；如果站在地上触碰火线那么也会触电。

家庭电源插座分为两种类型：一种为两孔型，一个孔接着火线，另一个孔接着零线，适合于两脚插头的电器；另一种是三孔型，一个孔接着火线，一个孔接着零线，中间的孔在房屋建设布线时已经与大地连接。当金属外壳电器的三孔插头插进三孔插座时，外壳与大地连接，以保证安全。

家庭电路中都配置了保险装置，当电流过大时能自动切断电路。早先的保险装置是总开关后的保险丝，当电流过大时，熔点很低的合金保险丝熔断，从而切断电路。因此不能用铜丝和铁丝等替换保险丝。现在的保险装置为电磁保险装置，也叫作无熔断保险装置。当电流超过规定的额定电流值时，电磁铁发生作用将电路自动断开，排除故障后再将开关扳回去即可恢复。

家庭用电时应特别注意以下几点：

（1）不接触低压带电体，不靠近高压带电体。

（2）定期检查电器插头和电线绝缘外壳，及时维修电气设备。

（3）防止带电体（包括电线）与其他金属接触。

（4）不可在同一插座上同时使用多个大功率电器。

（5）插拔电器插头时，要手握插头。

3. 高压电路基本安全常识

电压过高时会击穿空气，导致高压体周围空气变成导体，当人靠近高压线路或高压设备时，会发生触电现象。如果有高压线落到地面上，那么当人走进断头时，两脚站在离高压线远近不同的位置会导致两脚之间存在电压,电流会通过人体,造成跨步电压触电。因此,不要靠近高压设备和高压线路,更不要靠近甚至捡起掉在地上的高压线。

课后实践

1. 你仔细观察过电器的三孔插头吗?有什么特征?为什么这样设计呢?
2. 利用网络资源查找变压器的原理。

知识链接

高压线上的检修工人

电路检修工人在检修高压设备或者高压线路时都会穿上厚厚的特殊服装,这套服装称为屏蔽服或者均压服。

如果检修工人像检修家庭电路一样用一支高绝缘性的梯架,那么检修工人能否就安全呢?由于高压设备及输电线上通过的是高压交流电,在电线周围都存在很强的电磁场,所以只要检修工人靠近高压设备,人体就会产生感应电流,从而导致触电。

而屏蔽服是用导电纤维或者细铜丝编织的,利用静电屏蔽原理,当工人检修高压设备时外围会形成一个整体的导电网壳,电场就不会进入服装内部的人体,从而达到安全的防范目的。

3.4 有关磁的知识

磁铁能吸铁,那电磁铁的原理是什么呢?磁悬浮列车为什么能"浮"起来呢?指南针的原理是什么?电和磁又有怎样的关系?

3.4.1 磁场

电与磁

对于磁铁,同极相斥,异极相吸,这就像电荷之间的相互作用力一样。实验表明,磁极之间的作用是通过磁场发生的。磁场是一种特殊物质,只要磁体存在,就会有磁体激发的磁场存在。

将小磁针放在磁体的磁场中,小磁针受到磁力作用,在静止时北极指向确定的方向,物理学中将这个方向规定为该点的磁场方向。

研究磁场的方法与研究电场的方法类似。用假想的线形象地描述磁场,这个线称为磁感线。磁感线是描述磁场分布情况的闭合曲线:在磁铁外部,由北极(N)到南极(S);在磁铁内部,由南极(S)到北(N)极。磁感线还反映了磁场的强弱:磁感线越密集的地方,磁场越强;磁感线越稀疏的地方,磁场越弱。

地球是一个巨大的磁体，这个磁体的南、北极正好跟地理的南、北极相反。

3.4.2 电流的磁场

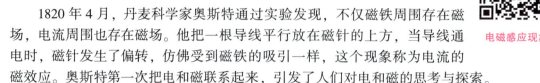

电磁感应现象

1820年4月，丹麦科学家奥斯特通过实验发现，不仅磁铁周围存在磁场，电流周围也存在磁场。他把一根导线平行放在磁针的上方，当导线通电时，磁针发生了偏转，仿佛受到磁铁的吸引一样，这个现象称为电流的磁效应。奥斯特第一次把电和磁联系起来，引发了人们对电和磁的思考与探索。

同年9月，科学家安培重复了奥斯特的实验，并发现电流的磁效应具有如下规律：当右手握住导线，使伸直的大拇指方向与电流方向一致，弯曲的四指方向就是磁感线的环绕方向。这一定则称为安培定则，也叫右手螺旋定则。

3.4.3 磁场对通电导线的作用

通电导线能产生磁场，同样通电导线在外磁场中也会受到力的作用，这个力称为安培力。实验表明，安培力与导线的长度、导线中的电流大小以及磁感应强度成正比。用公式表示安培力 F 为：

$$F = BIL \tag{1-3-6}$$

式中　F——安培力（N）；
　　　B——磁感应强度（T）；
　　　I——电流大小（A）；
　　　L——导线的长度（m）。

安培力的方向满足左手定则：安培力的方向既跟磁感应强度方向垂直，又跟电流方向垂直，如果左手的大拇指跟其余四指垂直，让磁感线穿过手心，使四指方向指向电流方向，那么大拇指方向就是通电导线所受安培力的方向。

人类利用安培力发明了电动机，开创了新的人类文明。

3.4.4 磁化

磁铁之间可以通过磁场相互产生作用。物体在与磁铁接触后显示磁性的现象称为磁化，这样的物体具有磁性。有些材料易被磁化，但磁性会很快消失，如软铁；有些材料不易磁化，但一旦磁化就能长期保存，如钢。因此常常用软铁制作电磁铁，用钢制作永久磁铁。除此之外，人们把磁性较大的磁性物质称为铁磁性物质。

磁化还广泛应用在我们的日常生活中，如银行卡、公交卡、餐卡等磁卡，依据磁记录将持卡人的相关信息记录在磁条里，给人类的生活带来了极大的方便。

3.4.5 电磁感应

没有电源能产生电吗？稳定持续的电究竟是怎么产生的呢？

奥斯特在1820年发现了电能生磁。那么，磁能生电吗？英国科学家法拉第经过近十年的艰苦探索，终于在1831年发现了电磁感应现象，证明了磁能生电的猜想。他把两个线圈绕在铁环上，一个线圈接电源，另一个接电流表，将接通电源的线圈进行通电和断电的瞬间，电流计的指针发生了偏转，磁产生了电，产生的电流称为感应电流。

实验1：取一根直导线水平悬挂在蹄形磁铁里，导线两端分别接在电流计上，形成一个闭合回路。当导线在磁场中进行磁感线切割运动时，电流计的指针会发生偏转，即回路产生了电流；当导线静止或者上下运动时，电流计的指针不会偏转，即回路中没有形成电流。

实验2：将一个电流计和一个线圈形成一个闭合回路，保持线圈不动，将条形磁铁的N极或S极插入线圈，电流计指针发生偏转，即回路中产生了电流；将条形磁铁的N极或S极保持在线圈里不动，电流计指针没有发生偏转，即回路中并无电流；再将条形磁铁的N极或S极拔出线圈，电流计指针也发生偏转，即回路中又有了电流。

通过上面的实验能否找到产生电流的条件？此时需要引入一个新的物理量：磁通量，符号为Φ，表示穿过闭合电路的磁感线数量，公式为：

$$\Phi = BS \qquad (1\text{-}3\text{-}7)$$

式中　Φ——磁通量（Wb）；

　　　B——磁感应强度（T）；

　　　S——闭合电路的面积（m^2）。

大量实验表明，只要穿过闭合电路的磁通量发生变化，闭合电路中就有感应电流的产生。

感应电流的方向满足右手定则：在磁场中，使右手的大拇指跟其余四指垂直，让磁感线穿过手心，大拇指指向导体运动方向，四指方向就是感应电流的方向。

只要穿过闭合电路的磁通量发生变化，闭合电路中就有感应电流的产生，那么，究竟能产生多大的电压或者电流呢？1831年9月，法拉第通过实验证明电路中感应电动势的大小跟穿过这一电路的磁通量变化率成正比，这一定律称为法拉第电磁感应定律。

如果电路的线圈匝数为n，则感应电动势扩大n倍。

法拉第引入了"磁场"这个词，场的概念对传统的思想观念是一个重大的突破，是物理学史上的又一次巨大飞跃。

人们利用电磁感应原理，采用不同的方式制作了发电机，将其他形式的能转化为电能。

知识链接

法拉第名言

一旦科学插上幻想的翅膀，它就能赢得最后的胜利。

课后实践

1. 电铃的原理是什么？
2. 你听说过电磁炮吗？利用网络资源查找电磁炮的原理。

知识链接

奥斯特简介

汉斯·克里斯蒂安·奥斯特，丹麦物理学家。1777年8月14日生于兰格朗岛鲁德乔宾的一个药剂师家庭。1794年考入哥本哈根大学，1799年获博士学位。1801—1803年他去德、法等国访问，结识了许多物理学家及化学家。1806年起任哥本哈根大学物理学教授，1815年起任丹麦皇家学会常务秘书。1820年因电流磁效应这一杰出发现获英国皇家学会科普利奖章。1829年起任哥本哈根工学院院长。1851年3月9日在哥本哈根逝世。

奥斯特曾对物理学、化学和哲学进行过多方面的研究。由于受康德哲学与谢林的自然哲学的影响，他坚信自然力是可以相互转化的，长期探索电与磁之间的联系。1819年上半年到1820年下半年，奥斯特一面担任电、磁学讲座的主讲，一面继续研究电、磁关系。1820年4月，在一次讲演快结束的时候，奥斯特抱着试试看的心情又做了一次实验。他把一条非常细的铂导线放在一根用玻璃罩罩着的小磁针上方，接通电源的瞬间，发现磁针跳动了一下。这一跳，使有心的奥斯特喜出望外，他竟激动得在讲台上摔了一跤。但是因为偏转角度很小，而且很不规则，这一跳并没有引起听众注意。

之后，奥斯特花了三个月，做了许多次实验，发现磁针在有电流的闭合电路周围都会偏转。在导线的上方和导线的下方，磁针偏转方向相反。在导体和磁针之间放置非磁性物质，比如木头、玻璃、水、松香等，不会影响磁针的偏转。1820年7月21日，奥斯特写成《论磁针的电流撞击实验》的论文，正式向学术界宣告发现了电流磁效应。同时以《关于磁针上电冲突作用的实验》为题发表了他的发现。这篇短短的论文使欧洲物理学界产生了极大震动，导致了大批实验成果的出现。

奥斯特是一位热情洋溢、重视科研和实验的教师，他说："我不喜欢那种没有实验的枯燥的讲课，所有的科学研究都是从实验开始的。"他因此而受到学生的欢迎。

奥斯特还是卓越的演讲家和自然科学普及工作者，1824年倡议成立丹麦自然科学促进协会，创建了丹麦第一个物理实验室。

1908年丹麦自然科学促进协会建立"奥斯特奖章"，以表彰做出重大贡献的物理学家。1934年"奥斯特"被命名为CGS单位制中的磁场强度单位。1937年美国物理教师协会设立"奥斯特奖章"，奖励在物理教学上做出贡献的物理教师。

(节选自 http://baike.so.com/doc/2014570-2131868.html)

3.5 电磁波

信息化时代的我们生活在电磁波的"海洋里"。无线电广播、手机是如何传递信号的呢？

3.5.1　麦克斯韦电场理论

英国科学家麦克斯韦早在上大学时就开始对电磁学进行深入的研究，他认为可以用"数学方法基础"将法拉第"力线"和"场"的思想清晰、准确、完美地展现出来。

1861 年，麦克斯韦敏锐地发现，即使不存在回路，但只要磁场发生了变化就能产生感应电场或涡旋电场，紧接着他又提出了"位移电流"概念，并提出：在变化的电场周围产生磁场，在变化的磁场周围产生电场；周期性变化的电场产生周期性变化的磁场，周期性变化的磁场产生周期性变化的电场，变化的电场和磁场交替产生，由近至远向周围传播，形成了电磁波。

1868 年麦克斯韦还发现，在真空中电磁波的传播速度跟光速相同，大小为 3×10^8 m/s，这就是著名的光的电磁波学说。1873 年，麦克斯韦在名著《论电和磁》里把所有之前的电磁场理论统一到一组方程式里，实现了物理学史上第一次电学和磁学的全面、系统、严格和完美的综合和陈述。

1888 年，德国科学家赫兹利用莱顿瓶实验发现了电磁波，并证实电磁波的速度就是光速，从而强有力证明了麦克斯韦的观点是正确的。

赫兹的实验表明光是电磁波，这激发了人类对电磁波的研究兴趣。随后人们发现了各种电磁波。

电磁波的传播满足如下规律：

$$\lambda = \frac{c}{f} \tag{1-3-8}$$

式中　λ——电磁波的波长（m）；

　　　c——光速（m/s）；

　　　f——电磁波的频率（Hz）。

1888 年，俄国科学家波波夫重复了赫兹实验，并于 1889 年正式提出电磁波用于通信的可能性。1895 年 5 月，波波夫采用火花振荡器和金屑检波器在 60 m 的距离上实现了电磁波的发射和接收。1896 年 3 月，波波夫实现了将第一份无线电波从彼得堡大学化学楼发送到 250 m 外的物理楼上。

1898 年，布劳恩利用大电容和小阻尼的持续振荡电路等发明了几种发射和接收电磁波的天线。1901 年，马可尼实现了从加拿大到英国的第一次跨越大西洋的无线电通信。由此，马可尼和布劳恩分享了 1909 年的诺贝尔物理学奖。

3.5.2　常见的电磁波

随后，人们发现了很多电磁波，如无线电波、红外线、紫外线、X 射线、γ 射线等，它们都有着不同的性质和用途。

无线电波：是指在自由空间（包括空气和真空）传播的射频频段的电磁波。由振荡电路的交变电流产生。可通过天线发射和接收，波长从几毫米到几千米。

红外线：在电磁波谱中，红外线位于红光部分之外，波长比红光更长，波长从 760 nm 到 1 mm，因此人眼无法看到。红外线主要的特点是具有热辐射效应，能透过浓厚的气层，在工业和军事上具有广泛的应用。

紫外线：在电磁波谱中，紫外线位于紫光部分之外，波长比紫光更短，波长从 50 nm 到 400 nm，因此人眼也无法看到。但是紫外线具有很强的生理作用，适当地照射紫外线能促进身体健康，但过强的紫外线会损害皮肤和眼睛。当然，紫外线还有较强的杀菌能力，常常被用来对手术室和病房进行消毒。

X 射线：X 射线的波长比紫外线的波长更短，具有更强的穿透能力，常常被用来进行医疗检查。

伽马射线：伽马射线的波长比 X 射线的波长更短，具有超强的穿透能力，一般由反射性物质产生，具有比 X 射线更大的能量，常常被用来研究物质的微观结构。

X 射线

生活中还有很多地方应用了电磁波，比如磁共振成像、雷达等。

课后实践

1. 磁共振成像的原理是什么？
2. 雷达的原理是什么？

知识链接

手机

手机和固定电话的基本工作原理相同，但手机是利用电磁波中的无线电波来传输人声信号的。手机内部安装了无线电发射器和无线电接收器。手机、本地的发射器和接收器共同构成一个网络系统，称为"无线蜂窝网络"。

知识链接

人类生活中几个重要发明

第一台蒸汽机，1756 年，瓦特。

第一辆汽车，1886 年，卡尔·本茨。

第一架飞机，1903 年，莱特兄弟。

无线电，1901 年，马可尼、波波夫。

洗衣机，1901 年，费希尔。

塑料，1906 年，贝克兰。

不锈钢，1912 年，亨利·布诺雷。

电子显微镜，1938 年，鲁斯卡。

静电复印机，1938 年，切斯特·卡尔森。

电子计算机，1946 年，阿塔纳索夫、莫奇利、冯·诺依曼。

微波炉，1947 年，美国雷声公司。

集成电路，1958 年，杰克·基尔比、玻勃·诺耶斯。

机器人，1961 年，乔治。

手机，1973 年，马丁·库珀。

知识链接

计算机的发展历程

1642年，帕斯卡发明了世界上第一台机械计算机。

1805年，雅卡尔设计了第一个自动织布机，其中的卡片在后期被用于计算机中。

1833年，巴贝奇设计了第一台通用可编程计算机，称为分析机。

1890年，霍尔瑞斯创造了打卡系统。

1946年，阿塔纳索夫、莫奇利、冯·诺依曼建立了第一台电子数字计算机。

1951年，阿塔纳索夫、莫奇利、冯·诺依曼完成了第一批大批量电子数字计算机的生产。

知识链接

世界上第一部电话

1876年，美国发明家和教师贝尔为了教聋人如何说话，研究了声音如何通过振动的物体传播出去，并用振动簧片发出信号发明了一种电报形式，设计出一种能发送和接收人声信号的装置，从而发明了第一部电话。

知识链接

卡文迪许实验室

卡文迪许实验室（Cavendish Laboratory）是剑桥大学的物理实验室。由电磁学之父詹姆斯·克拉克·麦克斯韦于1871年创立，1874年建成。其为纪念伟大的物理学家、化学家、剑桥大学校友亨利·卡文迪许而命名为卡文迪许实验室。剑桥大学时任校长威廉·卡文迪许（第7代德文郡公爵）是亨利·卡文迪许的亲属，私人捐助了8 450英镑以帮助筹建实验室。麦克斯韦而后获聘为剑桥大学第一任卡文迪许物理教授（即实验室主任）。由于麦克斯韦的崇高地位和卡文迪许实验室的光辉历史，卡文迪许物理教授已成为如卢卡斯数学教授般备受尊敬且代代相传的荣誉头衔，至今已传至第9代。实验室的研究领域包括天体物理学、粒子物理学、固体物理学、生物物理学。

卡文迪许实验室是近代科学史上第一个社会化和专业化的科学实验室，催生了大量足以影响人类进步的重要科学成果，包括发现电子、中子、原子核的结构，发现DNA的双螺旋结构等，为人类的科学发展做出了卓越的贡献。

在麦克斯韦的主持下，卡文迪许实验室开展了教学和多项科学研究，在系统地讲授物理学的同时，还辅以表演实验。表演实验要求结构简单，学生易于掌握。麦克斯韦说："这些实验的教育价值，往往与仪器的复杂性成反比。学生用自制仪器，虽然经常出毛病，但会比用仔细调整好的仪器学到更多的东西。学生容易对仔细调整好的仪器产生依赖，且不敢将其拆成零件。"从那个时候起，使用自制仪器就成了卡文迪许实验室的传统。

（节选自 http://baike.so.com/doc/6676543-6890410.html）

知识链接

麦克斯韦的故事

詹姆斯·克拉克·麦克斯韦（James Clerk Maxwell），英国物理学家、数学家，经典电动力学的创始人，统计物理学的奠基人之一。1831年6月13日生于苏格兰爱丁堡，1879年11月5日卒于剑桥。

麦克斯韦1847年进入爱丁堡大学学习数学和物理，毕业于剑桥大学。他成年时期的大部分时光是在大学里当教授，最后任教于剑桥大学。1873年出版的《论电和磁》被尊为继牛顿《自然哲学的数学原理》之后的一部最重要的物理学经典。麦克斯韦被普遍认为是对物理学最有影响力的物理学家之一。没有电磁学就没有现代电工学，也就不可能有现代文明。

1846年，智力发育格外早的麦克斯韦就向爱丁堡皇家学院递交了一份科研论文。16岁中学毕业，进入爱丁堡大学学习。这是苏格兰的最高学府。他是班上年纪最小的学生，但考试成绩总是名列前茅。他在这里专攻数学和物理，并且显示出非凡的才华。他读书非常用功，但并非死读书，在学习之余他会写诗，不知满足地读课外书，积累了相当广泛的知识。在爱丁堡大学，麦克斯韦获得了攀登科学高峰所必备的基础训练。其中两个人对他的影响最深，一个是物理学家和登山家福布斯，另一个是逻辑学和形而上学教授哈密顿。他用三年时间就完成了四年的学业。

1850年，麦克斯韦离开爱丁堡到人才济济的剑桥求学。1850年转入剑桥大学三一学院数学系学习，1854年以第二名的成绩获史密斯奖学金，毕业留校任职两年。1856年在苏格兰阿伯丁的马里沙耳任自然哲学教授。1860年到伦敦国王学院任自然哲学和天文学教授。1861年当选为伦敦皇家学会会员。1865年春辞去教职，回到家乡系统地总结他的关于电磁学的研究成果，完成了电磁场理论的经典巨著《论电和磁》，并于1873年出版。1871年受聘为剑桥大学新设立的卡文迪许物理教授，负责筹建著名的卡文迪许实验室。1874年建成后担任这个实验室的第一任主任，直到1879年11月5日在剑桥逝世。

1886年，赫兹经过反复实验，发明了一种电波环，用这种电波环做了一系列的实验，并于1888年发现了人们怀疑和期待已久的电磁波。赫兹的实验公布后，轰动了整个科学界，由法拉第开创、麦克斯韦总结的电磁理论，至此取得了决定性的胜利。麦克斯韦的伟大遗愿终于实现了。

1931年，爱因斯坦在麦克斯韦百年诞辰的纪念会上，评价其建树是牛顿以来，物理学最深刻和最富有成果的工作。麦克斯韦在电磁学上取得的成就被誉为继牛顿之后"物理学的第二次大统一"。麦克斯韦被普遍认为是对21世纪最有影响力的19世纪物理学家。

（节选自http://baike.so.com/doc/6305412-6518940.html）

拓展：电磁小制作

现在我们来应用电磁学知识制作一些典型的电磁小制作。

3.6.1 小动物们的舞蹈

制作步骤如下：
（1）利用几本书在水平桌面上搭建一个高为 2.5 cm 的平台。
（2）将一块干净的玻璃板放在平台上。
（3）将一些画有各种形式的小动物纸片放在玻璃板下面。
（4）用一块硬泡沫塑料在玻璃板上来回摩擦，小动物们便会翩翩起舞。

3.6.2 摩擦发光

制作步骤如下：
（1）准备一根 6 W 或 8 W 的废旧日光灯管和一块干燥的丝绸或毛料布。
（2）在昏暗的环境下，一只手拿着灯管的一端，另一只手拿着丝绸，在灯管上迅速地来回摩擦，灯管慢慢会发出微弱白光。

3.6.3 电磁铁

制作步骤如下：
（1）准备一个大铁钉和较长的漆包线。
（2）将漆包线密绕在大铁钉上。
（3）将漆包线的两端分别接在具有干电池和开关的电路上。
（4）接通或者断开电路时，观察铁钉能否吸引大头针。

3.6.4 灯丝的舞动

制作步骤如下：
（1）准备一块蹄形磁铁。
（2）将蹄形磁铁靠近白炽灯泡，使白炽灯泡位于蹄形磁铁里面，注意不要太靠近灯泡，以免损坏灯丝。此时观察灯丝能否舞动。

3.6.5 叉子变磁铁

制作步骤如下：

第1单元 物理

(1) 准备一把叉子、一块磁铁和一枚回形针。

(2) 用磁铁摩擦叉子。

(3) 将叉子靠近回形针,观察现象。

3.6.6 简易指南针

制作步骤如下:

(1) 准备一根缝衣针、一块磁铁、一个装满水的水杯和一小片不吸水的塑料纸。

(2) 将塑料纸放到装满水的杯子里,使塑料纸漂浮在水面上。

(3) 把缝衣针在磁铁上反复按照同一个方向摩擦,重复至少50次以上。

(4) 小心地把缝衣针放到塑料纸上,观察现象。

实践上面6个电磁小制作,并解释它们的原理。

第 2 单元

化学

第 1 章 化学物质及其变化

学习目标

1. 了解化学研究常用的科学方法。
2. 感受分类是学习和研究化学物质及其变化的一种重要方法。
3. 了解金属的特性和差异性以及同族金属元素性质变化的规律，掌握几种重要的金属化合物的性质和用途，了解常用的合金材料。
4. 了解非金属的性质和用途，同族非金属元素性质变化的规律，掌握几种非金属化合物的性质和用途。
5. 了解化学能与热能的转化和应用、化学能与电能的转化和应用。
6. 认识复合材料，了解复合材料的特点和用途。

本章要点

化学研究常用的基本方法；物质的分类方法；金属及其化合物的性质和用途；非金属及其化合物的性质和用途；化学能与热能、化学能与电能的转化和应用；复合材料的特点和用途。

人类赖以生存和发展的物质世界是极其丰富的。据统计，人类发现和合成的化学物质已超过 3 000 万种。在这形形色色的物质中，有自然界存在的，也有人类利用化学方法制备的。不过，无论是天然的物质，还是人造的物质，都是由元素组成的。而且组成这些物质的元素并不多。到目前为止，人们已经发现的元素有 110 多种。由这 110 多种元素组成的几千万种物质之间存在着丰富的内在联系。

第1章 化学物质及其变化

1.1 化学研究的基本方法

1.1.1 化学研究中的常用方法

在化学研究中常用的科学方法有观察法、假设法、实验法、分类法、比较法和模型法等。在化学学习中，除了要注重化学实验，掌握有关化学基础知识和基本技能外，重视科学方法的训练也十分重要。

1. 观察法

观察法是一种有计划、有目的地用感官考察研究对象的方法。人们既可以直接用肉眼观察物质的颜色、状态，用鼻子闻物质的气味，也可以借助一些仪器来进行观察，从而提高观察的灵敏度。

在观察的过程中，不仅要用感官去搜集信息，还要积极地进行思考，及时储存和处理所搜集到的信息。观察要有明确、具体的目的，要对观察到的现象进行分析和综合。

2. 假设法

假设法在逻辑学上也叫假说，是一种将认识由已知推向未知，进而变未知为已知的思维方法。它是根据一定的事实材料和理论知识，对研究对象的未知性质及其原因或规律的某种推测性（假定）的说明。

例如，古代人们为了解释燃烧现象提出了燃素假说。其依据是：通过对燃烧现象的观察，发现燃烧时似乎总有某种东西从物质中跑掉而剩下灰渣。于是推测所有可燃物都含有一种共同的物质，称为燃素。可燃物由燃素和灰渣两部分组成。燃烧时燃素逸去，留下灰渣。

假设要根据事实提出，具有科学性和假定性，要经受实践的检验。若经过实践检验是正确的，则发展为规律和理论；若得到的是否定的结论，则放弃。以燃素假说为例，后来人们发现金属煅烧时质量反而增加，这是燃素假说所不能解释的。待发现氧气后，拉瓦锡用氧化解释并验证了燃烧现象，从而否定了燃素假说。

在化学发展过程中，道尔顿的原子假说、阿伏伽德罗的分子假说等，除了具有解释的作用以外，也启发了人们在某一方向上去思考，深化了人们对化学现象的认识。

3. 实验法

实验法是化学研究中最重要也是最基本的方法。在化学学习中，我们要从实验中获取大量的感性知识；对物质性质的预测要通过实验验证；探究物质未知性质要靠实验完成；作为研究化学必备的实验技能需要通过做实验去提高。因此，在今后化学学习中观察好演示实验，做好分组实验、家庭实验是十分重要的。

4. 分类法

分类法是把大量看起来无规律的事物按照一定的"标准"（种类、等级或性质）进行分别归类的方法。按照不同的特点分类事物可以使事物更有规律。在研究物质性质时，运用分类的方法，分门别类地对物质及其变化进行研究，可以总结出各类物质的通性和特性。反之,知道物质的类别我们可以推知该物质的性质。例如,元素周期表和元素周期律就是一种很好的分类。

5. 比较法

比较法是就两种或两种以上同类事物辨别其异同的方法。运用比较法可以找出物质性质之间的异同,认识物质性质间的联系,对物质性质进行归纳和概括。

6. 模型法

模型法是学习化学的重要方法之一。在目前的实验条件下,原子用眼睛不能直接看到,但要研究化学规律,就必须了解原子的结构。这就需要建立原子的模型,通过模型去想象原子的真实结构。不仅原子需要,分子也需要,如牛胰岛素分子模型。

在研究物质的性质时,首先,要观察物质存在的状态、颜色、气味等;其次,要通过实验来探究物质的有关性质。进行实验时,往往要对物质性质进行预测,设计并通过实验来验证所做的预测。最后,通过对实验现象的观察和分析,归纳出与预测一致的性质,并对实验中出现的特殊现象进行进一步的研究。总之,在研究过程中,预测性质、设计实验、观察现象以及对实验现象进行分析和解释、对实验结论进行整合,都是非常重要的环节。注重这些科学方法的训练,对学好化学,培养我们的科学态度,提高分析问题、解决问题的能力是很有帮助的。

1.1.2 混合物分离和提纯是化学研究最基本的实验方法

人们在生产和生活中所接触到的物质绝大多数是混合物。为了适应不同的需要,常常要从混合物中将某物质分离出来,以得到比较纯净的物质,这一过程叫作混合物的分离。例如,研究某酸碱盐或金属的性质时要用较纯净的式样。又如,日常使用的精盐就是将粗盐中的杂质除掉后得到的。混合物分离和提纯的方法有很多,下面介绍几种常见的方法。工业上分离和提纯物质的原理,与我们实验室中常用的方法大致相同。

1. 过滤和蒸发

如图 2-1-1 和图 2-1-2 所示,为实验室中过滤和蒸发的示意图。

图 2-1-1 过滤

图 2-1-2 蒸发

过滤和蒸发实验

1) 从海水或盐湖中得到的盐都是粗盐,含有较多的杂质,如不溶性的泥沙,可溶性的 $CaCl_2$、$MgCl_2$ 以及一些硫酸盐等。如何制得精盐呢?下面我们先利用初中学过的方法来提纯粗盐。

2) 操作过程。请填写表 2-1-1。

表 2-1-1　粗盐的提纯（除不溶物）

步骤	操作方法	现象
1. 溶解	称取 3 g 粗盐，加到 10 mL 水中	
2. 过滤		
3. 蒸发		

3）思考：你认为通过上述操作得到的是比较纯的 NaCl 吗？可能还有什么杂质？怎样检验它们的存在呢？

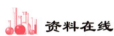　资料在线

在生产和科学研究中，常常需要检测物质的成分。除利用简单的物理方法及仪器分析检测物质外，还可以通过实验手段，利用物质的化学性质检验某物质的存在。例如，对酒后驾车者呼吸中的乙醇的检验、对蔬菜残留农药的检验等，采用的就是化学检验方法。针对不同的检验对象和要求，所用的方式、方法和步骤有一定的差别。在进行物质检测时，一般先观察试样的外观——颜色状态，再闻其气味，然后进一步检测。当试样是固体时，通常需要将少量试样配成溶液，先观察溶解时有无气体产生、有无沉淀生成以及沉淀的颜色、溶解后的溶液颜色等，再进一步检测。

物理性质与化学性质

一些可溶性物质在水溶液中以离子形式存在，如 Na_2SO_4 在水溶液中以 Na^+ 和 SO_4^{2-} 的形式存在。我们可以通过检测溶液中的离子来确定某些物质的成分及含量。下面我们利用化学方法来检验经表 2-1-1 各步骤得到的盐：

将 0.5 g 盐放入试管中，向试管中加入 2 mL 水配成溶液，先滴入几滴稀硝酸使溶液酸化，然后向试管中滴入几滴 $BaCl_2$（氯化钡）溶液，观察现象。

通过上述简单的溶解、过滤和蒸发操作得到的盐中仍然含有可溶性的杂质（如 $CaCl_2$、$MgCl_2$ 以及一些硫酸盐等）。利用化学方法，我们也可以检测出上述溶液中的其他离子。实际上，在提纯粗盐时，将不溶性杂质过滤后还应进一步除去可溶性杂质。

交流与研讨

1）如果要除去粗盐中含有的可溶性的 $CaCl_2$、$MgCl_2$ 以及硫酸盐，你认为应加入什么试剂？填写表 2-1-2。

表 2-1-2　粗盐的提纯（除可溶性杂质）

杂质	加入试剂	化学方程式
$CaCl_2$		
$MgCl_2$		
硫酸盐		

2）在实际操作中，还要考虑所加试剂的先后顺序、试剂的量以及试剂过量后如何处理等。在设计除去杂质离子的实验时尽量不要引入其他离子，如果引入了，则应想办法把它们除去。

2. 蒸馏和萃取

除了过滤、蒸发外，对于液态混合物，常常利用它们的沸点的不同，用蒸馏的方法除去难挥发或不挥发的杂质。例如，通过蒸馏的方法可除去自来水中 Cl^- 等杂质，酿酒业用此方法将乙醇和水分离。我们可以在实验室用如图 2-1-3 所示装置用自来水制取蒸馏水。

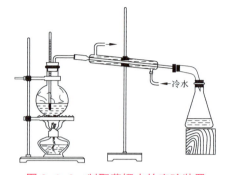

图 2-1-3 制取蒸馏水的实验装置

【实验 2-1-1】 制取蒸馏水

填写表 2-1-3。

表 2-1-3 蒸馏水的制取和检验

实验	现象
1. 在试管中加入少量自来水，滴入几滴 $AgNO_3$（硝酸银）溶液和几滴稀硝酸。（$AgNO_3$ 和稀硝酸可以检验溶液中 Cl^-）	
2. 在烧瓶中加入约 1/3 体积的自来水，再加入几粒沸石（或碎瓷片）按图 2-1-3 连接好装置，向冷凝管中通入冷水，加热烧瓶，开始流出少量液体，用锥形瓶收集 6~10 mL 液体后停止加热。	
3. 取少量蒸馏出的液体置于试管中，加入几滴 $AgNO_3$ 溶液和几滴稀硝酸（观察得到的液体中是否还含有 Cl^-）	

有些能源比较丰富而淡水短缺的国家，常利用蒸馏法大规模地将海水淡化为可饮用水，但这种方法的成本很高，寻找淡化海水的其他方法是化学研究的重要课题之一。

对于液体混合物，我们还可以利用同种溶质在互不相溶的不同溶剂里溶解性的差异对其进行提纯。用一种溶剂把溶质从它与另一种溶剂所组成的溶液里提取出来的方法叫作萃取。为了把两种不相溶的液体分开，通常使用分液漏斗（图 2-1-4）进行萃取操作。

【实验 2-1-2】 碘的萃取

1）用量筒量取 10 mL 碘的饱和水溶液，倒入分液漏斗，然后再注入 4 mL 四氯化碳（CCl_4），盖好玻璃塞。

2）用右手压住分液漏斗口部，左手握住活塞部分，把分液漏斗倒转过来用力振荡，如图 2-1-5 所示。

3）将分液漏斗放在铁架台上，静置，如图 2-1-6 所示。

4）待液体分层后，将分液漏斗的玻璃塞打开，再将分液漏斗下面的活塞打开，待下面

图 2-1-4 分液漏斗

液体慢慢流出后关闭活塞,如图 2-1-6 所示。

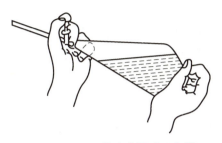

图 2-1-5　振荡分液漏斗示意图

图 2-1-6　萃取装置

我们学习了混合物的分离和提纯,过滤、蒸发和萃取以及离子(Cl^-、SO_4^{2-})检验的化学方法。在化学实验及科学探究中,还有许多分离和提纯的方法,如分馏等。此外,利用物质的特殊性质来分离和检验物质的方法也很多,如你体检时用的尿糖试纸检测、法医常用的DNA 测序等,都是非常快捷、准确安全的检验方法。化学实验方法是化学研究中最基本、最重要的方法。它是人们探索物质世界奥秘的有力手段。

课后实践

1. 日常生活中有哪些混合物分离的方法(不局限于固体跟液体组成的混合物)?举例说明。

2. 根据从草本灰中提取钾盐的实验,填写下列空白:
(1) 此次实验操作顺序如下:①称量样品;②溶解,沉降;③_____;④_____;⑤冷却结晶。
(2) 用托盘天平(指针向上的)称量样品时,若指针偏向右边,则表示_____。
(3) 在进行第③步操作时,有可能要重复进行,这是由于_____。
(4) 在进行第④步操作时,要用玻璃棒不断小心地搅动液体,目的是防止_____。

3. 如果不慎将油汤洒到衣服上,则可以用什么方法除去?利用的是什么原理?

1.2　物质的分类

1.2.1　元素与物质的关系

物质都是由元素组成的,元素是物质的基本组成部分。每一种元素都能单独组成物质,这种物质叫作单质，如氧气（O_2）、金属铁（Fe）等。一种元素也可以与其他种类元素组成物质，这种物质叫作化合物，如氯化钙（CaCl）、氯化钠（NaCl）、硫酸（H_2SO_4）、碳酸氢铵（NH_4HCO_3）等；而且相同的元素可以组成不同的化合物，如铁元素和氧元素可以组成三氧化二铁（Fe_2O_3）、氧化亚铁（FeO）等。由于可以按照一定的规律以不同的种类和不同的方式进行组合，所以为数不多的元素能够组成种类繁多的物质。

由此可知，元素以两种形式存在于物质中，一种是游离态，一种是化合态。例如，氧元素在氧气和臭氧中呈游离态，在水中呈化合态。绝大多数元素都有自己的单质和化合物，这些物质构成了这种元素的家族。

交流与研讨

硫元素常见的化合价有-2、0、+4、+6，你能说出含有对应价态硫元素的常见物质吗？这些物质分别属于哪个类别？

1.2.2 物质的简单分类

如图2-1-7和图2-1-8所示，图书馆里有许许多多的书籍，大型超市里有成千上万种商品，你为什么能迅速挑出所需要的书籍或商品呢？这是因为人们在将这些物品陈列到书架或货架之前，事先已经对它们进行了分类处理。把大量的事物按照事先设定的"标准"进行分类，是人们最熟悉、最常见、最方便的工作方法。这种方法在社会生活、经营管理、科学技术中得到了广泛的运用。

图2-1-7 图书馆

图2-1-8 大型超市

人类社会正是在化学平台上构筑现代物质文明的。在感叹化学科学的飞速发展及其为人类社会做出的巨大贡献之余，你们是否想过：对于这么多的化学物质和如此丰富的化学变化，人们是怎样认识和研究他们的呢？

分类是学习和研究化学物质及其变化的一种常用的科学方法，运用分类的方法不仅能使有关化学物质及其变化的知识系统化，还可以通过分门别类的研究，发现物质及其变化规律，把握物质的本质属性和内在联系。

对数以千万计的化学物质和为数更多的化学反应是如何分类的呢？在初中化学中，我们曾经把元素分为金属元素和非金属元素；把纯净物分为单质和化合物；把化合物分为酸、碱、盐、氧化物；把化学反应分成化合反应、分解反应、置换反应、复分解反应等。这是一种重要的分类方法，但不是唯一的分类方法。例如，根据在水溶液中或熔融状态下是否导电，可将化合物分为电解质和非电解质；根据化合物在不同化学反应中的表现，可将反应物分为氧化剂和还原剂，等等。

另外，人们还根据被分散物质的颗粒大小，将混合物分为溶液、浊液和胶体。在后面的学习中，会逐步介绍这些物质分类的方法。

由于单一分类方法所依据的标准有一定局限，所提供的信息较少，所以人们在认识事物时往往需要采取多种分类方法来弥补单一分类方法的不足，如交叉分类法（图 2-1-9）以及还可以对同类物质进行再分类的树状分类法（图 2-1-10）。例如，对于 Na_2SO_4，从其组成的阳离子来看，属于钠盐；而从其组成的阴离子来看，属于硫酸盐。

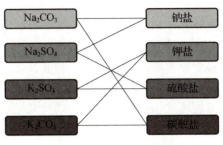

图 2-1-9 交叉分类法

交流与研讨

1. 图 2-1-10 为没有完成的树状分类法举例。请你在树状分类法方框中填上相应的化学物质。

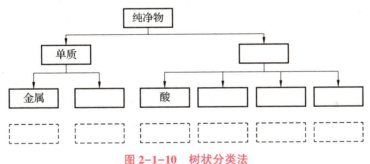

图 2-1-10 树状分类法

2. 请选择你所熟悉的化学物质，制作一张交叉分类图。

1.2.3 分散系及其分类

把一种（或多种）物质分散到另一种（或多种）物质中所得到的体系（混合物）叫作分散系。前者属于被分散的物质，叫作分散质；后者起容纳分散质的作用，叫作分散剂。按照分散质或分散剂所处的状态（固、液、气），它们之间可以有 9 种组合方式，如图 2-1-11 所示。

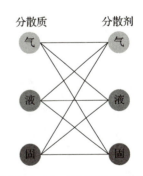

图 2-1-11 分散质和分散剂的组合方式

交流与研讨

请试着举出几种分散系的实例，相互交流。

当分散剂是水或其他液体时，按照分散质粒子的大小来分类，可以把分散系分为溶液、胶体和浊液（悬浊液和乳浊液）。

溶液中的分散质（溶质）粒子直径通常小于 1 nm；它们以分子或离子形式存在于分散剂中；浊液中的分散质粒子直径大于 100nm，粒子直径介于 1~100nm 的分散系则是胶体。

如果考察溶液、胶体和浊液这 3 类分散系的特征，我们会发现溶液是透明、均匀、稳定的，无论存放的时间有多长，一般情况下溶质不会与溶剂分离；而浊液是不透明、不均匀、很不稳定的，久置会出现沉淀或分层，即分散质与分散剂分离，如水夹带的泥沙会逐渐沉降；胶体介于两者之间，在一定条件下能稳定存在，属于稳定体系，如豆浆、墨水、原油、血液、细胞汁等。

由于分散在溶剂中的粒子的直径不同，所以我们可以用物理的方法将分子、离子与胶体粒子分开。例如，分子、离子可以通过用羊皮纸、肠衣、膀胱膜等制成的半透膜，而胶体粒子就不能通过。医学上的血液透析就是利用半透膜把血液中的一些有毒物质与血液分离而除去的。

有些液态胶体也是透明的，用肉眼很难与溶液区别。那么，用什么方法能够将它们区分开来呢？

 活动与探究

【实验 2-1-3】 取三个小烧杯，分别加入 25 mL 蒸馏水、25 mL $CuSO_4$ 溶液和 25 mL 泥水。将烧杯中的蒸馏水加热至沸腾，向沸水中加入 1~2 mL $FeCl_3$ 饱和溶液。继续煮沸至呈红褐色，停止加热。观察制得的 $Fe(OH)_3$ 胶体，并与 $CuSO_4$ 溶液和泥水比较。

$$FeCl_3 + 3H_2O = Fe(OH)_3（胶体）+ 3HCl$$

【实验 2-1-4】 把盛有 $CuSO_4$ 溶液、$Fe(OH)_3$ 胶体和泥水的烧杯置于暗处，分别用激光笔（或手电筒）照射烧杯中的液体，在光束垂直的方向进行观察，将上述 3 个烧杯中的液体过滤后再用光束照射，如图 2-1-12 和图 2-1-13 所示。并将实验现象记录到表 2-1-4 中。

表 2-1-4　实验现象记录表

溶液	过滤前光束照射时的现象	过滤后光束照射时的现象
$CuSO_4$ 溶液		
$Fe(OH)_3$ 胶体		
泥水		

图 2-1-12　光束通过 $CuSO_4$ 溶液

图 2-1-13　光束通过 $Fe(OH)_3$ 胶体

丁达尔现象 从图 2-1-12 和图 2-1-13 中可以看到，当光束通过 $Fe(OH)_3$ 胶体时，在入射光侧面可以看到一条光亮的"通道"，过滤后仍然能看到这种现象。这说明胶体粒子能透过滤纸。光束通过 $CuSO_4$ 溶液时，则看不到此现象，这说明浊液的分散质不能透过滤纸。这条光亮的"通道"是由于胶体粒子对光线散射（光波偏离原来方向而分散传播）而形成的明亮光区，这种现象叫作丁达尔现象或丁达尔效应。利用丁达尔效应可以区分胶体与溶液。丁达尔现象在日常生活中随处可见。例如，当阳光透过窗隙摄入暗室，或者光线透过树叶间的缝隙射入密林中时，都可以观察到丁达尔现象（2-1-14）；放电影时，放映室射到银幕上的光柱的形成也是丁达尔现象。这是因为云、雾、烟尘也是胶体，只是这些胶体的分散剂是空气，分散质是微小的尘埃或液滴。朝霞、晚霞、蓝天和彩虹的形成也与丁达尔现象有关。

图 2-1-14 森林中的丁达尔现象

自学园地

电泳

胶体分散质粒子通常带电荷，这些粒子在外电场的作用下会发生定向移动，如 $Fe(OH)_3$ 胶体带正电荷，在通电的情况下胶体粒子向负极移动，这种现象称作电泳。同种胶体微粒的电性相同，通常情况下，它们之间的相互排斥及其他物理、化学原因，会阻碍胶体微粒变大，从而使得它们不易聚焦成较大的颗粒而沉降下来。因此，胶体具有介稳定性。胶体的这种特性有着广泛的使用价值。例如，涂料、颜料、墨水的制造；电泳、电镀就是利用电泳将油漆、乳胶、橡胶等微粒均匀地沉积在镀件上的。

聚沉

人们有时还需要将胶体粒子沉降下来，这就需要破坏胶体的介稳定性。中和胶体粒子的电性是常用的方法之一。例如，当向胶体中加入可溶盐时，可溶盐中的阳离子或阴离子能中和分散质微粒所带的电荷，从而使胶粒聚集成较大的粒子，在重力的作用下形成沉淀析出，这种胶体形成沉淀析出的现象称为聚沉。加热或搅拌也可能引起胶体的聚沉。

渗析

半透膜（如动物肠衣、膀胱膜、羊皮纸、玻璃纸等）具有比滤纸更小的孔隙，只有分子、离子能穿过，胶体粒子不能穿过。利用半透膜，使胶体粒子跟混在其中的分子、离子分离的方法叫作渗析。在电场作用下进行的渗析称为电渗析。常用渗析的方法来提纯精制胶体溶液，如前面提及的血液渗析。目前，电渗析已经成为很有发展前景的高新技术之一，在微电子材料制造、化学工程、生物工程、环境工程、海水淡化等方面都有重要的应用。普通水经过电渗析，就成为"纯净水"，如图 2-1-15 所示。

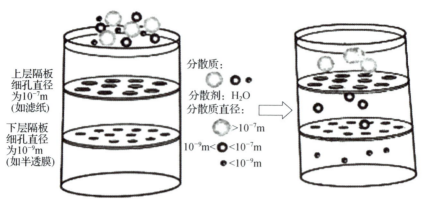

图 2-1-15　电渗析制备"纯净水"

 资料在线

丁达尔现象

当一束光线透过胶体，从入射光的垂直方向可以观察到胶体里出现的一条光亮的"通路"，这种现象叫丁达尔现象，也叫丁达尔效应。丁达尔现象因英国物理学家丁达尔（1820—1893）于1869年首先发现而得名。

胶体为什么会有丁达尔现象？

在光的传播过程中，光线照射到粒子时，如果粒子大于入射光波长很多，则发生光的反射；如果粒子小于入射光波长，则发生光的散射，这时观察到的是光波环绕微粒而向其四周放射的光，称为散射光或乳光。丁达尔现象就是光的散射现象或称乳光现象。由于溶胶粒子的大小一般不超过100 nm，小于可见光波长（400~700 nm），因此，当可见光透过溶胶时会产生明显的散射作用。而对于溶液，虽然分子或离子更小，但由于散射光的程度随散射粒子体积的减小而明显减弱，因此，溶液对光的散射作用很微弱。此外，散射光的强度，还会随着分散体系中粒子浓度的增大而增强。所以说，胶体有丁达尔现象而溶液没有，可以采用丁达尔现象来区分胶体和溶液。

课后实践

1. 现有物质：金刚石、石墨、一氧化碳、二氧化碳、大理石、碳酸（H_2CO_3）、碳酸钠（Na_2CO_3）和碳铵（NH_4HCO_3）。

（1）组成这些物质的元素有哪些？

（2）这些物质中含有哪种相同的元素？

（3）试用树状分类法将它们进行分类。

2. 对混合物，你能从哪些角度对它们进行分类？请举出几个实例。

3. 如何区分胶体与溶液？

1.3 金属及其化合物

人类已经发现了一百多种元素，其中大约有4/5是金属元素。在元素周期表里，金属元素位于每个周期的前部。图2-1-16中的灰色部分表示金属元素。

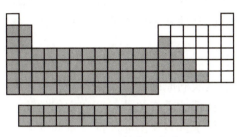

图2-1-16 元素周期表

金属在人类社会的发展进程中，一直起着非常重要的作用。从青铜器时代以来的几千年间，金属材料在促进生产发展、改善人类生活方面发挥着巨大作用，即使是在新型材料层出不穷的现代社会中，金属仍然在工业、农业、国防、科学技术以及人类生活等各方面有着不可替代的作用。

在日常生活中我们常常接触到各种各样的金属，但是，对于金属的结构、性质、用途等，我们了解得还很少。金属有哪些重要的性质呢？

在常温下，除汞是液体以外，其余金属都是固体。除金、铜、铋等少数金属具有特殊的颜色外，大多数金属呈银白色。金属都是不透明的，整块金属具有金属光泽，但当金属处于粉末状态时，常显不同的颜色。金属的密度、硬度、熔点等性质的差别很大。图2-1-17、图2-1-18和表2-1-5分别表示几种常见金属的密度、熔点和硬度。

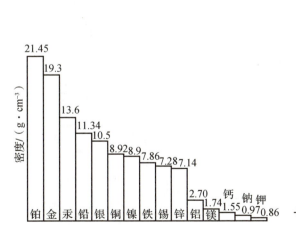

图2-1-17 几种常见金属的密度

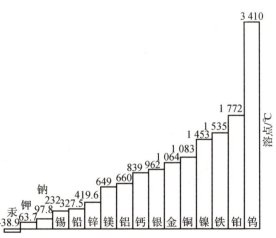

图2-1-18 几种常见金属的熔点

表 2-1-5　几种金属的硬度跟金刚石硬度的比较

物质	金刚石	铬	铂	铁	银	铜	金	铝	锌	镁	锡	铅	钙	钾	钠
莫氏硬度	10	9	4.3	4~5	2.5~4	2.5~3	2.5~3	2~2.9	2.5	2.0	1.5~1.8	1.5	1.5	0.5	0.4

　　大多数金属有延性和展性，可以被抽成丝或压成薄片，还可以锻造、冲压、轧制成各种不同的形状。不同金属的延性和展性不同，其中以金的延性和展性最好，最薄的金箔只有万分之一毫米厚。也有少数金属的延性和展性很差，如锑、铋、锰等，它们受到敲打时，会破碎成小块。

　　金属一般都是电和热的良导体。其中银和铜的传热和导电性能最好。铝的导电性也很好，这就是铜和铝常被用作输电线的原因。

　　金属的用途除了与它们的物理性质有关外，还和它们的化学性质有很大关系。金属容易失去最外层电子，变成金属阳离子，表现出还原性。不同的金属有不同的结构，因而在化学反应中所表现出的还原性强弱不同。

1.3.1　碱金属

　　我们在初中学习过一些金属和碱的知识，知道金属原子最外电子层上的电子数目一般少于 4 个，它们在化学反应中比较容易失去最外电子层上的电子。我们还知道，电离时生成的阴离子全部是氢氧根离子的化合物叫作碱。本章将要学习的碱金属包括锂（Li）、钠（Na）、钾（K）、铷（Rb）、铯（Cs）和钫（Fr）6 种元素。从图 2-1-19 中的这些元素的原子结构示意图可以得知，它们的最外电子层上的电子数都是 1，在反应时很容易失去，因此，它们都是非常活泼的金属。由于它们的氧化物的水化物都是可溶于水的强碱，因此，又将它们统称为碱金属。

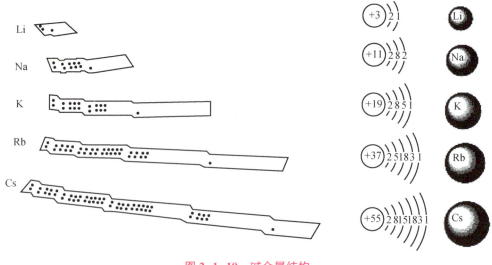

图 2-1-19　碱金属结构

第1章 化学物质及其变化

1.3.2 钠

1. 钠的物理性质

【实验2-1-5】 取一块金属钠,用滤纸吸干表面的煤油后,用刀切去一端的外皮,如图2-1-20所示。观察钠的颜色。

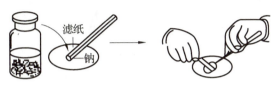

图2-1-20 切割钠

金属钠很软,可以用刀切割。切开外皮后,可以看到钠具有银白色的金属光泽。

钠是热和电的良导体。钠的密度是0.97 g/cm³,比水的密度小,故能浮在水面上。钠的熔点是97.81 ℃,沸点是882.9 ℃。

2. 钠的化学性质

钠的化学性质非常活泼,能与氧气等许多非金属以及水等起反应。

1) 钠与非金属的反应

【实验2-1-6】 观察用刀切开的钠的表面所发生的变化。把一小块钠放在石棉网上加热,观察发生的现象。

在实验中我们可以看到,新切开的钠的光亮的表面很快就变暗了。这是由于钠与氧气发生反应,在钠的表面生成了一薄层氧化物所造成的。

钠与氧气反应可以生成白色的氧化钠,但氧化钠不稳定。钠与充足的氧气剧烈反应生成过氧化钠(Na_2O_2),过氧化钠比较稳定。所以,钠在空气中燃烧(图2-1-21),生成的是过氧化钠,并发出黄色的火焰,其化学反应方程式如下:

图2-1-21 钠在空气中燃烧

$$2Na + O_2 \xrightarrow{\text{点燃}} Na_2O_2$$

钠除了能与氧气直接化合外,还能与氯气、硫等很多非金属直接化合。例如,钠与硫化合时,生成硫化钠,其化学反应方程式如下:

$$2Na + S = Na_2S$$

2) 钠与水的反应

【实验2-1-7】 向一个盛有水的培养皿里滴入几滴酚酞试液,然后把一小块钠(约为黄豆粒大小)投入培养皿(可利用投影仪将实验投影在屏幕上)。观察反应的现象和溶液颜色的变化,如图2-1-22所示。

【实验2-1-8】 在一个空塑料瓶中加入约3/4体积的

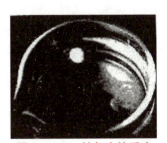

图2-1-22 钠与水的反应

水，用手挤压瓶子，使水面上升至近瓶口，排走瓶中的大部分空气。在胶塞上固定一根大头针，用针扎起一块黄豆粒大小的金属钠，迅速用胶塞塞住挤瘪的瓶口，倒置（图2-1-23）。待反应完全后，反应产生的气体使挤瘪的瓶子复原，取下塞子，迅速用拇指堵住瓶口，并将瓶口移近火焰，检验钠与水反应所生成的气体。

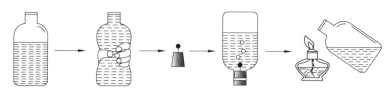

图 2-1-23　钠与水反应生成气体的示意图

讨论

（1）将钠投入水中时，钠为什么会浮在水面上？
（2）钠为什么会熔成一个小球？
（3）闪亮的小球为什么会在水面上迅速游动，并发出轻微的嘶嘶声，直至小球消失？
（4）反应后溶液由无色变成红色，以及气体的爆鸣实验，说明钠与水反应生成了什么？

通过讨论，我们可以得出钠的密度比水小、钠与水的反应是放热反应，以及反应后生成了氢氧化钠和氢气等结论。

$$2Na + 2H_2O = 2NaOH + H_2\uparrow$$

钠很容易跟空气中的氧气和水起反应，因此，在实验室中通常将钠保存在煤油里。由于钠的密度比煤油大，所以，钠沉在煤油下面，将钠与氧气和水隔绝。

1.3.3　钠的存在和主要用途

自然界里的元素有两种存在形态：一种是以单质的形态存在，叫作元素的游离态；一种是以化合物的形态存在，叫作元素的化合态。钠的化学性质很活泼，所以它在自然界里不能以游离态存在，只能以化合态存在。钠的化合物在自然界里分布很广，主要以氯化钠的形式存在，如海水中氯化钠的质量分数大约为3%。除此以外，钠也以硫酸钠、碳酸钠、硝酸钠等形式存在。

钠可以用来制取过氧化钠等化合物。钠和钾的合金（钾的质量分数为50%~80%）在室温下呈液态，是原子反应堆的导热剂。钠是一种很强的还原剂，可以把钛、锆、铌、钽等金属从它们的卤化物①里还原出来。钠也应用在电光源上。高压钠灯（图2-1-24）发出的黄光射程远，透雾能力强，对道路平面的照度比高压水银灯高几倍。

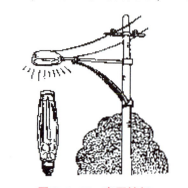

图 2-1-24　高压钠灯

---

① 卤化物是指氟、氯、溴等的化合物。

第 1 章 化学物质及其变化

课后实践

一、填空题

1. 钠在自然界里不能以_____态存在,只能以_____态存在,这是因为_____。
2. 由于钠很容易与空气中的_____、_____等物质反应,故通常将钠保存在_____里,以使钠与_____、_____等隔绝。
3. 钠可以把钛、锆等金属从它们的卤化物中还原出来,这是由于钠具有_____性。
4. 在盛有水的烧杯中滴入几滴酚酞试液,再投入一小块黄豆粒大小的钠。填写下表:

主要实验现象	对实验现象的分析及有关反应的化学方程式

二、问答题

为什么不能直接用手拿金属钠?

1.3.4 钠的化合物

钠的化合物很多,用途也很广泛。其中,钠的重要化合物——氢氧化钠和氯化钠我们在初中已学过。这里,重点学习过氧化钠、碳酸钠和碳酸氢钠。

1. 过氧化钠

过氧化钠是淡黄色的固体,能与水起反应。

【实验 2-1-9】 把水滴入盛有过氧化钠(Na_2O_2)固体的试管中,用带火星的木条放在试管口,检验生成的气体,如图 2-1-25 所示。

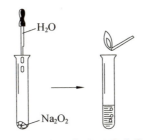

图 2-1-25 检验过氧化钠与水反应生成的气体示意图

【实验 2-1-10】 用棉花包住约 0.2 g 过氧化钠粉末,放在石棉网上。在棉花上滴加几滴水,如图 2-1-26 所示。观察发生的现象。

图 2-1-26 过氧化钠与水的反应

过氧化钠与水反应生成氢氧化钠和氧气：
$$2Na_2O_2+2H_2O=4NaOH+O_2\uparrow$$

这是一个放热反应，反应放出的热能使棉花燃烧，而反应中生成的氧气又使棉花的燃烧加剧。

过氧化钠是强氧化剂，可以用来漂白织物、麦秆、羽毛等。

过氧化钠跟二氧化碳起反应，生成碳酸钠和氧气：
$$2Na_2O_2+2CO_2=2Na_2CO_3+O_2\uparrow$$

因此，它可用在呼吸面具上和潜水艇里作为氧气的来源。

2. 碳酸钠和碳酸氢钠

碳酸钠（Na_2CO_3）俗名纯碱或苏打，是白色粉末。碳酸钠晶体含结晶水，化学式是 $Na_2CO_3 \cdot 10H_2O$。在空气里碳酸钠晶体很容易失去结晶水，并渐渐碎裂成粉末。失水以后的碳酸钠叫作无水碳酸钠。

碳酸氢钠（$NaHCO_3$）俗名小苏打，是一种细小的白色晶体。碳酸钠比碳酸氢钠易溶解于水。

碳酸钠和碳酸氢钠都能与盐酸反应放出二氧化碳：
$$Na_2CO_3+2HCl=2NaCl+H_2O+CO_2\uparrow$$
$$NaHCO_3+HCl=NaCl+H_2O+CO_2\uparrow$$

【实验 2-1-11】 在两支试管中分别加入 3mL 稀盐酸，将两个各装有 0.3 g 碳酸钠或碳酸氢钠粉末的小气球分别套在两支试管口。将气球内的碳酸钠和碳酸氢钠同时倒入试管中，比较它们放出二氧化碳的快慢，如图 2-1-27 所示。

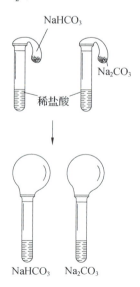

从上述实验可以看到，碳酸氢钠和碳酸钠都能与 HCl 溶液起反应，但碳酸氢钠与盐酸溶液的反应要比碳酸钠与盐酸溶液的反应剧烈得多。

讨论

实验时，如果不慎将盐酸洒在桌面上，用碳酸钠处理或用碳酸氢钠处理，哪种更好？为什么？

图 2-1-27 Na_2CO_3、$NaHCO_3$ 与稀盐酸的反应

【实验2-1-12】把 Na_2CO_3 放在试管里,约占试管容积的 1/6,并将澄清的石灰水倒入烧杯,加热。观察澄清的石灰水是否起变化。换上一支放入同样容积的 $NaHCO_3$ 试管,加热,观察澄清石灰水的变化,如图 2-1-28 所示。

从上述实验可以看到,Na_2CO_3 受热没有变化,而 $NaHCO_3$ 受热后放出了 CO_2。这个实验说明 Na_2CO_3 很稳定,$NaHCO_3$ 却不稳定,受热容易分解:

$$2NaHCO_3 \xrightarrow{\triangle} Na_2CO_3 + H_2O + CO_2\uparrow$$

可以利用这个反应来鉴别 Na_2CO_3 和 $NaHCO_3$。

图 2-1-28 鉴别 Na_2CO_3 和 $NaHCO_3$

讨论

如何鉴别 Na_2CO_3、$NaHCO_3$?

$NaCO_3$ 是化学工业的重要产品之一,有很多用途。它广泛地用于玻璃、制皂、造纸、纺织等工业中,也可以用来制造其他钠的化合物。$NaHCO_3$ 是焙制糕点所用的发酵粉的主要成分之一。在医疗上,它是治疗胃酸过多的一种药剂。$NaCO_3$ 和 $NaHCO_3$ 的主要用途如图 2-1-29 所示。

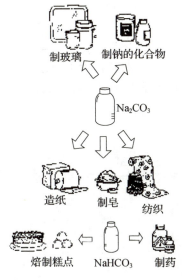

图 2-1-29 Na_2CO_3 和 $NaHCO_3$ 的主要用途

3. 侯氏制碱法

碳酸钠俗称纯碱，其用途非常广泛。虽然人们曾先后从盐碱地和盐湖中获得纯碱，但仍不能满足工业生产的需要。

1862年，比利时人索尔维（Ernest Solvay，1838—1922）发明了以食盐、氨、二氧化碳为原料制取碳酸钠的"索尔维制碱法"（又称氨碱法）。此后，英、法、德、美等国相继建立了大规模生产纯碱的工厂，并组织了索尔维公会，对会员以外的国家实行技术封锁。

侯氏制碱实验法

第一次世界大战期间，欧亚交通梗塞。由于我国所需纯碱都是从英国进口的，一时间，纯碱非常缺乏，一些以纯碱为原料的民族工业难以生存。1917年，爱国实业家范旭东在天津塘沽创办了永利碱业公司，决心打破洋人的垄断，生产出中国的纯碱。他聘请正在美国留学的侯德榜先生出任总工程师。

1920年，侯德榜先生毅然回国任职（图2-1-30）。他全身心地投入制碱工艺和设备的改进上，终于摸索出了索尔维法的各项生产技术。1924年8月，塘沽碱厂正式投产。1926年，中国生产的"红三角"牌纯碱在美国费城的万国博览会上获得金质奖章。产品不但畅销国内，而且远销日本和东南亚。

针对索尔维法生产纯碱时食盐利用率低，制碱成本高，废液、废渣污染环境和难以处理等不足，侯德榜先生经过上千次实验，在1943年研究成功了联合制碱法。这种方法把合成氨和纯碱两种产品联合生产，提高了食盐利用率，缩短了生产流程，减少了对环境的污染，降低了纯碱的成本。联合制碱法很快被世界采用。

图2-1-30 侯德榜先生

由于侯德榜对制碱技术做出了重大贡献，所以人们把他所发明的联合制碱法称作"侯氏制碱法"。他本人也荣获"中国工程学会化工贡献最大者奖"，并被聘为英国化学工业学会名誉会员，以及英国皇家学会和美国化学工程学会荣誉会员。

侯德榜先生对英、法、德、美等国垄断技术十分愤慨，将自己多年来研究制碱技术的心得写成《纯碱制造》一书，于1933年在美国出版，如图2-1-31所示，将保密达70年之久的索尔维法公之于世，为中外学者所钦佩。该书被誉为首创的制碱名著，为祖国争得了荣誉。

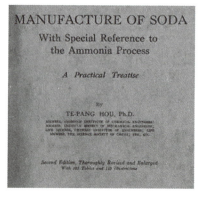

图2-1-31 侯德榜《纯碱制造》于1933年在美国出版

第1章 化学物质及其变化

课后实践

一、填空题

1. 在呼吸面具中，Na_2O_2 所起反应的化学方程式为_____。
2. 检验 Na_2CO_3 粉末中是否混有 $NaHCO_3$ 的方法是_____，除去 Na_2CO_3 中混有的少量 $NaHCO_3$ 的方法是_____。

二、选择题

1. 下列物质放置在空气中，因发生氧化还原反应而变质的是（　　）。
   A. Na　　　　　　　　B. NaOH
   C. NaCl　　　　　　　D. Na_2O_2
2. 下列关于过氧化钠的说法中，不正确的是（　　）。
   A. 能与水反应生成碱和氧气　　　B. 是强氧化剂
   C. 是白色固体　　　　　　　　　D. 能与二氧化碳起反应生成盐和氧气

三、写出下列反应的化学方程式

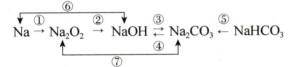

四、计算题

加热 410 g $NaHCO_3$ 到没有气体放出时，剩余的物质是什么？计算剩余物的质量。

◆ **课后思考**

读了"侯氏制碱法"的故事，你有何感悟？

4. 碱金属元素

人们把锂、钠、钾、铷、铯等叫作碱金属，放在一起研究，是由于它们之间存在着某种内在的联系。这种内在的联系是什么呢？下面我们将从它们的结构特征和性质等来进行探讨。

碱金属是一类化学性质非常活泼的金属，因此，它们在自然界中都以化合态存在，碱金属的单质都是由人工制得的。表 2-1-6 中给出了碱金属元素的主要物理性质。

表 2-1-6　碱金属的主要物理性质

元素名称	元素符号	核电荷数	颜色和状态	密度/(g·cm⁻³)	熔点/℃	沸点/℃
锂	Li	3	银白色，柔软	0.534	180.5	1347
钠	Na	11	银白色，柔软	0.97	97.81	882.9
钾	K	19	银白色，柔软	0.86	63.65	774
铷	Rb	37	银白色，柔软	1.532	38.89	688

续表

元素名称	元素符号	核电荷数	颜色和状态	密度/$(g \cdot cm^{-3})$	熔点/℃	沸点/℃
铯	Cs	55	略带金色光泽，柔软	1.879	28.40	678.4

注：密度是指常温时的数据。

由表2-1-6可以看出，碱金属除铯略带金色光泽外，其余的都是银白色。碱金属都比较柔软，有伸展性。碱金属的密度都较小，尤其是锂、钠、钾。碱金属的熔点都较低，如铯在气温稍高时就是液态。此外，碱金属的导热、导电性能也都很强。

由表2-1-6的数据分析中还可得到一些规律性的知识：随着碱金属元素核电荷数的增加，它们的密度呈增大趋势，熔点和沸点逐渐降低。

我们再来分析碱金属元素的原子结构情况。

由表2-1-7，我们也可以得出一些规律性的知识：碱金属元素的原子，其最外电子层上都只有1个电子，随着核电荷数的增多，它们的电子层数逐渐增多，原子半径逐渐增大。

表2-1-7 碱金属元素的原子结构

元素名称	元素符号	核电荷数	电子层结构	原子半径/nm
锂	Li	3	2 1	0.152
钠	Na	11	2 8 1	0.186
钾	K	19	2 8 8 1	0.227
铷	Rb	37	2 8 18 8 1	0.248
铯	Cs	55	2 8 18 18 8 1	0.265

注：锂、钠、钾等金属的原子半径，是指固态金属里2个邻近原子核间距离的1/2。

根据上述事实，我们可以作如下推论：

第一，元素的性质与原子最外电子层中的电子数目有密切关系。碱金属元素原子的最外层上都只有1个电子，因此，可以推论它们具有相似的化学性质。如果以钠作为参照物，则可以推测锂、钾、铷、铯等碱金属也能与氧气等非金属以及与水等起反应。

第二，由于随着核电荷数的增加，碱金属元素原子的电子层数逐渐增多，原子半径逐渐增大，因此，碱金属元素的原子失去最外层电子的能力逐渐增强。也就是说，碱金属元素的性质也具有差异性，从锂到铯，它们的金属性逐渐增强。因此，钾、铷、铯与氧气或水的反应，将比钠更剧烈。

上述这些推论是否正确，需要通过实验和事实进行论证。

(1) 碱金属与非金属的反应。

【实验2-1-13】 如图2-1-32所示，取一小块钾，擦干表面的煤油后，放在石棉网上稍加热。观察发生的现象，并跟钠在空气中的燃烧现象进行对比。

同钠一样，钾也能与氧气起反应，而且反应比钠的更剧烈。

大量实验证明，碱金属都能与氧气起反应。锂与氧气的反应不如钠剧烈，生成氧化锂。

$$4Li+O_2 \xrightarrow{点燃} 2Li_2O$$

在室温时，铷和铯遇到空气就会立即燃烧。钾、铷等碱金属与氧气反应，生成比过氧化物更复杂的氧化物。

除与氧气反应外，碱金属还能与氯气等大多数非金属起反应，表现出很强的金属性，且金属性从锂到铯逐渐增强。

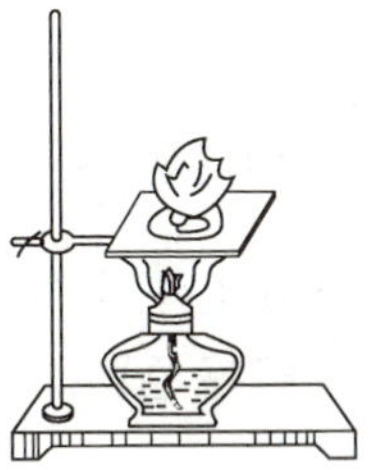

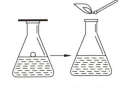

图2-1-32 钾在空气中燃烧

(2) 碱金属与水的反应。

【实验2-1-14】 如图2-1-33所示，在一个盛有水的锥形瓶里滴入几滴酚酞试液。取黄豆大小的一块钾，擦干表面的煤油后放入锥形瓶，迅速用玻璃片盖好。观察所发生的现象，并跟钠与水的反应现象进行对比。

反应完毕后，取下玻璃片，迅速将燃着的小木条靠近锥形瓶口，检验反应所生成的气体。

实验证明，同钠一样，钾也能与水起反应生成氢气和氢氧化钾。钾与水的反应比钠与水的反应更剧烈，反应放出的热可以使生成的氢气燃烧，并发生轻微的爆炸，证明钾比钠的金属性强。

$$2K+2H_2O=2KOH+H_2\uparrow$$

图2-1-33 钾与水的反应

大量实验还证明，碱金属都能与水起反应，生成氢氧化物并放出氢气。例如，铷、铯与水的反应比钾与水的反应还要剧烈。它们遇水立即燃烧，甚至爆炸。

上面实验及大量事实都证明，前面所作的推论是合理的，也是正确的。

5. 焰色反应

我们观察钠在空气中燃烧的现象时，会发现钠燃烧时的火焰呈现黄色。如果我们炒菜时，不慎将食盐或食盐水溅在火焰上，就会发现火焰呈现黄色。很多金属或它们的化合物在灼烧时都会使火焰呈现出特殊的颜色，这在化学上叫作焰色反应。

【实验2-1-15】 如图2-1-34所示，把装在玻璃棒上的铂丝（也可用光洁无锈的铁丝，或镍、铬、钨丝）放在酒精灯火焰（最好用煤气灯，它的火焰颜色较浅）里灼烧，直到与原来的火焰颜色相同为止。用铂丝蘸取碳酸钠溶液，放在火焰上灼烧，就可以看到

图2-1-34 焰色反应

火焰呈黄色。实验后，要用稀盐酸洗净铂丝，并在火焰上灼烧到没有颜色时，再分别蘸取碳酸钾、氯化钾等溶液做实验。

在观察钾的火焰颜色时，要透过蓝色的钴玻璃去观察，这样可以滤去黄色的光，避免碳酸钾中杂质钠所造成的干扰。

不仅碱金属和它们的化合物都能呈现焰色反应，钙、锶、钡、铜等金属也能呈现焰色反应。根据焰色反应所呈现的特殊颜色，可以测定金属或金属离子的存在（一些金属或金属离子的焰色反应的颜色见表2-1-8）。

表2-1-8 一些金属或金属离子的焰色反应的颜色

金属或金属离子	锂	铷	钙	锶	钡	铜
焰色反应的颜色	紫红色	紫色	砖红色	洋红色	黄绿色	绿色

节日晚上燃放的五彩缤纷的焰火，就是碱金属，以及锶、钡等金属化合物焰色反应所呈现的各种鲜艳色彩。

讨论

制造玻璃的主要原料之一就是纯碱。当在玻璃管口点燃某些可燃性气体时，火焰常呈现黄色。能否由此说明这些气体的火焰为黄色吗？为什么？

课后实践

一、填空题

1. 碱金属元素中金属性最强的是_____，原子半径最小的是_____。

2. 钠和钾都是活泼金属，钾比钠更_____，因为钾的原子核外电子层数比钠的_____，更容易_____电子。

3. 钠或_____灼烧时，火焰呈现_____色；钾或_____灼烧时，火焰呈现_____色。观察钾的焰色反应的颜色需透过_____色的钴玻璃，这是为了避免_____中可能混有_____的干扰。

二、选择题

1. 下列关于碱金属化学性质的叙述中，错误的是（_____）。

A. 它们的化学性质都很活泼

B. 它们都是强还原剂

C. 它们都能在空气里燃烧生成M_2O（M表示碱金属）

D. 它们都能与水反应生成氢气和碱

2. 金属钠比金属钾（_____）。

A. 金属性强　　　　B. 还原性弱　　　　C. 原子半径大　　　　D. 熔点高

3. 下列关于Na和Na^+性质的叙述中，正确的是（_____）。

A. 它们都是强还原剂

B. 它们的电子层数相同

C. 它们都显碱性

D. 它们灼烧时都能使火焰呈现黄色

1.3.5 镁和铝

镁和铝的性质有类似的地方，但由于结构不同，性质又有许多差异。为了便于比较，我们把镁和铝的性质并列介绍。

1. 镁和铝的物理性质

镁和铝的某些性质如表 2-1-9 所示。

表 2-1-9 镁和铝的性质

元素名称	元素符号	核电荷数	原子结构示意图	单质的物理性质				
				颜色和状态	硬度	密度/(g·cm^{-3})	熔点/℃	沸点/℃
镁	Mg	12		银白色固体	很软	1.738	645.0	1 090
铝	Al	13		银白色固体	较软	2.700	660.4	2 467

讨论

(1) 镁和铝分别位于元素周期表的第几周期，第几族？
(2) 分别在表 2-1-9 中画出镁和铝的原子结构示意图，它们的原子结构有哪些特点？
(3) 为什么镁的化学性质比铝活泼？并试用实验事实加以说明。

镁和铝分别位于第三周期的ⅡA 和ⅢA 族，它们都是银白色的轻金属，有较强的韧性、延性和展性，有良好的导电、导热性。

物质的用途常与它们的性质有很大关系，由于铝有上述性质，因此常用于制作导线和电缆，铝箔常用于食品、饮料的包装等。如图 2-1-35 所示为用途广泛的铝制品的示例。

镁和铝更重要的用途是制造合金，制成合金可克服纯镁和纯铝的硬度、强度较低，不适于制造机器零件的缺点。例如，含有硅、铜、锌、锰等元素的镁、铝合金就具有质轻、坚韧、机械性能较好等许多优良性质，用途极为广泛，如可用来做门窗。

图 2-1-35 用途广泛的铝制品的示例

2. 镁和铝的化学性质

镁和铝元素的原子最外层分别有 2 个和 3 个电子。在参加化学反应时，容易失去最外层电子成为阳离子。

$$Mg-2e \rightarrow Mg^{2+}$$
$$Al-3e \rightarrow Al^{3+}$$

镁和铝都是在同一周期中比较活泼的金属，但由于镁比铝的原子半径大，最外层电子数少，原子核对最外层电子的引力更小一些，因此镁的最外层电子更易失去，镁比铝更活泼。

镁和铝都能跟非金属、酸等物质起反应。铝还可以跟强碱溶液起反应。

1) 跟非金属反应

在常温下，镁和铝都跟空气里的氧气起反应，生成一层致密而坚固的氧化物薄膜，从而使金属失去光泽。由于这层氧化物薄膜能阻止金属的继续氧化，所以，镁和铝都有抗腐蚀的性能。

我们知道镁条能够在空气里燃烧，铝能不能燃烧呢？让我们共同观察一个实验。

【实验2-1-16】 把 2 cm×5 cm 铝箔的一端固定在粗铁丝上，另一端裹一根火柴。点燃火柴，待火柴快燃尽时，立即把铝箔伸入盛有氧气的集气瓶中（集气瓶底部要放一些细沙，见图2-1-36），观察现象。

我们可以看到，铝箔在氧气里剧烈燃烧，放出大量的热和耀眼的白光，反应生成 Al_2O_3。

$$4Al+3O_2 \xrightarrow{\text{点燃}} 2Al_2O_3$$

镁和铝除能跟氧气起反应外，在加热时还能跟其他非金属如硫、卤素等起反应。

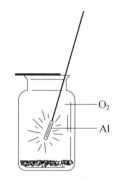

图2-1-36 铝箔的燃烧

2）跟酸的反应

我们曾做过镁、铝分别跟稀盐酸反应的实验，反应后都生成氢气。二者相比较，镁的反应更剧烈一些。这类反应的实质是金属跟酸溶液中的氢离子进行反应，氢离子被还原成氢气。

$$Mg+2H^+ = Mg^{2+}+H_2\uparrow$$

$$2Al+6H^+ = 2Al^{3+}+3H_2\uparrow$$

应该指出的是，在常温下，在浓硫酸或浓硝酸里铝的表面被钝化，生成坚固的氧化膜，可阻止反应的继续进行。因此，人们可以用铝制的容器装运浓硫酸或浓硝酸。

3）跟碱的反应

很多金属能跟酸起反应，但大多数金属却不能跟碱起反应，那么镁和铝遇到碱时能不能发生反应呢？

【实验2-1-17】 如图2-1-37所示，在2个试管里分别加入10 mL浓NaOH溶液，再各放入一小段铝片和镁条，观察实验现象。过一段时间后，用点燃的木条分别放在2个试管口，有什么现象发生？

通过实验我们看到，镁不能跟NaOH溶液反应，铝能与之反应，并放出一种可燃性气体，这是氢气，同时生成偏铝酸钠（$NaAlO_2$）。反应的化学方程式为：

$$2Al+2NaOH+2H_2O = 2NaAlO_2+3H_2\uparrow$$

由于酸、碱、盐等可直接腐蚀铝制品，所以铝制餐具不宜用来蒸煮或长时间存放具有酸性、碱性或咸味的食物。

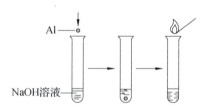

图2-1-37 铝和NaOH溶液的反应

4）跟某些氧化物的反应

镁和铝都是较活泼的金属，它们的还原性比较强，不仅能把氧气还原，而且在一定条件下还能跟某些氧化物起反应，将其中的某些元素还原。

例如，镁能跟二氧化碳起反应，夺取其中的氧，析出游离态的碳。

【实验2-1-18】 把点燃的镁条放入盛有二氧化碳的集气瓶里（集气瓶底部要放一些细

沙，见图 2-1-38），观察现象。

实验表明，镁条在二氧化碳里剧烈燃烧，生成白色粉末，在瓶的内壁有黑色的碳附着。反应的化学方程式为：

$$2Mg+CO_2 \xrightarrow{点燃} 2MgO+C$$

又如，铝在一定条件下，能跟氧化铁发生氧化还原反应。

【实验 2-1-19】 如图 2-1-39 所示，用两张圆形滤纸分别折叠成漏斗状，套在一起使四周都有四层。把内层漏斗取出，在底部剪一个孔，用水润湿，再跟另一纸漏斗套在一起，架在铁圈上，下面放置盛沙的蒸发皿。把 5 g 炒干的氧化铁粉末和 2 g 铝粉混合均匀，放在纸漏斗中，上面加少量氯酸钾并在混合物中间插一根镁条，用小木条点燃镁条，观察发生的现象。

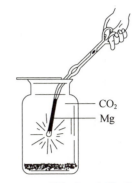

图 2-1-38 镁条在二氧化碳里燃烧

通过实验我们看到，镁条剧烈燃烧，放出一定的热量，使氧化铁粉末和铝粉在较高温度下发生剧烈的反应。反应放出大量的热，并发出耀眼的光芒。我们还可以看到，纸漏斗的下部被烧穿，有熔融物落入沙中。待熔融物冷却后，除去外层熔渣，仔细观察，可以发现落下的是铁珠。这个反应叫作铝热反应，反应生成 Al_2O_3 和 Fe。反应的化学方程式为：

$$2Al+Fe_2O_3 \xrightarrow{高温} 2Fe+Al_2O_3$$

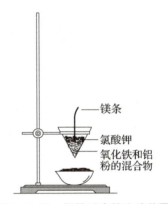

图 2-1-39 铝热反应的实验装置

铝热反应原理可以应用在生产上，例如焊接钢轨等，如图 2-1-40 所示。在冶金工业上也常用这一反应原理，使铝跟金属氧化物反应，冶炼钒、铬、锰等。如：

$$3MnO_2+4Al \xrightarrow{高温} 2Al_2O_3+3Mn$$

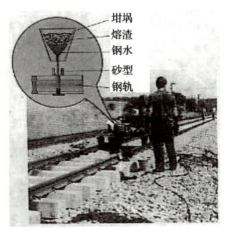

图 2-1-40 铝热反应的应用

3. 铝的重要化合物

由于镁和铝都是较活泼的金属,因此它们都以化合态存在于自然界。

1)氧化铝

氧化铝(Al_2O_3)是一种白色难熔的物质,是冶炼金属铝的原料,也是一种比较好的耐火材料。它可以用来制造耐火坩埚、耐火管和耐高温的实验仪器等。

在学习元素周期律知识时,我们曾做过氧化铝既能溶于酸,又能溶于碱溶液的实验。氧化铝是典型的两性氧化物。新制备的氧化铝既能跟酸起反应生成铝盐,又能跟碱起反应生成偏铝酸盐。反应如下:

$$Al_2O_3 + 6H^+ = 2Al^{3+} + 3H_2O$$
$$Al_2O_3 + 2OH^- = 2AlO_2^- + H_2O$$

2)氢氧化铝

氢氧化铝($Al(OH)_3$)是几乎不溶于水的白色胶状物质。它能凝聚水中悬浮物,又有吸附色素的性能。在实验室里可以用铝盐溶液跟氨水的反应来制取氢氧化铝。

【实验2-1-20】 在试管里放入10 mL 0.5 mol/L $Al_2(SO_4)_3$溶液,滴加氨水,生成白色胶状$Al(OH)_3$沉淀。继续滴加氨水,直到不再产生沉淀为止。过滤,用蒸馏水冲洗沉淀,可得到较纯净的$Al(OH)_3$。取少量$Al(OH)_3$沉淀放在蒸发皿中加热,观察$Al(OH)_3$的分解。

上述反应可以表示如下:

$$Al_2(SO_4)_3 + 6NH_3 \cdot H_2O = 2Al(OH)_3\downarrow + 3(NH_4)_2SO_4$$
$$2Al(OH)_3 \xrightarrow{\triangle} Al_2O_3 + 3H_2O$$

【实验2-1-21】 把上面实验中制得的$Al(OH)_3$沉淀分装在2个试管里,往一个试管里滴加2 mol/L 盐酸,往另一试管里滴加2 mol/L NaOH溶液。边加边振荡,直至沉淀完全溶解。

实验表明,$Al(OH)_3$在酸或强碱溶液里都能溶解。这说明它既能跟酸起反应,又能跟强碱溶液起反应,它是典型的两性氢氧化物。这两个反应可表示如下:

$$Al(OH)_3 + 3H^+ = Al^{3+} + 3H_2O$$
$$Al(OH)_3 + OH^- = AlO_2^- + 2H_2O$$

为什么$Al(OH)_3$具有两性呢?我们可运用平衡移动原理来作简单分析。

$Al(OH)_3$的电离方程式可以表示如下:

$$H_2O + AlO_2^- + H^+ \rightleftharpoons Al(OH)_3 \rightleftharpoons Al^{3+} + 3OH^-$$

$$\text{酸式电离} \qquad\qquad \text{碱式电离}$$

$Al(OH)_3$是一种弱电解质,它电离时生成的H^+和OH^-离子都很少。当向$Al(OH)_3$里加入酸时,H^+立即跟溶液里少量的OH^-起反应而生成水,这就会使$Al(OH)_3$按碱式电离,使平衡向右移动,从而使$Al(OH)_3$不断地溶解。反之,当向$Al(OH)_3$里加入碱时,OH^-立即跟溶液里少量的H^+起反应而生成水,这样就会使$Al(OH)_3$按酸式电离,使平衡向左移动,同样,$Al(OH)_3$也就不断地溶解了。

3)硫酸铝钾

硫酸铝钾($KAl(SO_4)_2$)是由两种不同的金属离子和一种酸根离子组成的化合物,它电离时能产生两种金属的阳离子。反应如下:

$$KAl(SO_4)_2 = K^+ + Al^{3+} + 2SO_4^{2-}$$

十二水合硫酸铝钾（$KAl(SO_4)_2 \cdot 12H_2O$）的俗名是明矾。明矾是无色晶体，易溶于水，溶于水时，发生水解反应，其水溶液显酸性。

明矾水解所产生的胶状的 $Al(OH)_3$ 吸附能力很强，可以吸附水里的杂质，并形成沉淀，使水澄清。所以明矾常用作净水剂。

4. 合金

在工农业生产和日常生活中，我们很少使用纯金属，而主要使用合金。

青铜是人类历史上使用最早的合金，至今已有 3 000 多年的历史。世界上最常见的，用量最大的合金是钢。

合金虽是由两种或两种以上的金属（或金属跟非金属）熔合而成的具有金属特性的物质。但一般来说，合金的性质并不是各成分金属性质的总和。合金具有许多良好的物理、化学或机械性能，在许多方面优于各成分金属。例如，合金的硬度一般比它的各成分金属的大；多数合金的熔点一般也比它的各成分金属的低。合金的化学性质也与成分金属不同，使用不同的原料，改变原料的配比以及改变生成合金的条件等，可以制得具有不同性能的合金。因此，合金在工业上的用途比纯金属更广，如图 2-1-41 所示。表 2-1-10 列出了几种常见的合金的组成、性质和用途。

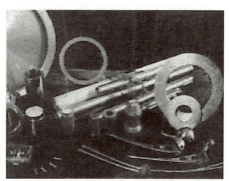

图 2-1-41　合金用途示例

表 2-1-10　几种常见的合金的组成、性质和用途

合金名称	组成	主要性质	主要用途
镁铝合金	含有 10%～30% 的镁	强度和硬度都比纯铝和纯镁大	火箭、飞机、轮船等制造业
硬铝	含铜 4%、镁 0.5%、锰 0.5%、硅 0.7%	强度和硬度都比纯铝大	火箭、飞机、轮船等制造业
合金钢	加入硅、锰、铬、镍、钼、钨、钒、钛、铜、稀土元素等	多种优良性能	用途广泛
锰钢	含锰 9%～14%	硬度和强度很大	制造粉碎机、球磨机、钢轨
黄铜	含锌 20%～36%，常加入少量锡、铅、铝	有良好的强度和塑性、易加工、耐腐蚀	机器零件、仪表和日用品
青铜	含锡 10%～30%	有良好的强度和塑性、耐磨、耐腐蚀	机器零件如轴承、齿轮等
钛合金	含铝 6%、钒 4%	耐高温、耐腐蚀、高强度	用于宇航、飞机、造船、化学工业
金合金	加入银、铜、稀土元素等	有光泽、易加工、耐磨、耐腐蚀、易导电	金饰品、电子元件、钱币、笔尖

资料

24K 金和 18K 金

商店里出售的金首饰，上面都标有 K 数。K 数是表示金的纯度的指标，K 数越高，表示含金量越高，价格也越高。24K 表示含金量达 99.5% 以上，这种金很软，强度也较差；18K 表示含金量为 75% 左右，这种金比纯金的硬度和强度大；有些金笔笔尖是 14K 金（含金58.3%），硬度就更大一些，也更耐磨。

课后实践

一、填空题

1. 在元素周期表中，金属元素位于每一周期的_____。金属原子的最外层电子数一般比较_____，和同周期非金属相比，其原子半径较_____，在化学反应中容易_____电子生成_____，金属发生_____反应，是_____剂。

2. 氧化铝和氢氧化铝既可以与_____反应，又可以与_____反应，它们是典型的_____氧化物和_____氢氧化物。

3. 在氯化镁溶液中滴加少量氢氧化钠溶液，现象为_____，继续加入过量的氢氧化钠溶液，现象为_____；在氯化铝溶液中滴加少量氢氧化钠溶液，现象为_____，继续加入过量的氢氧化钠溶液，现象为_____。钠、镁、铝的氢氧化物的碱性从弱到强的排列顺序为_____。

二、选择题

1. 下列叙述中所描述的物质一定是金属元素的是（　　）。
   A. 易失去电子的物质
   B. 原子最外电子层只有一个电子的元素
   C. 单质具有金属光泽的元素
   D. 第三周期中，原子的最外电子层只有 2 个电子的元素

2. 下列关于镁的叙述中，不正确的是（　　）。
   A. 在空气中燃烧时发出耀眼的白光
   B. 由于镁能跟空气中的氧气反应，所以必须密封保存
   C. 能跟盐酸反应放出氢气
   D. 能与沸水反应放出氢气

3. 下列关于铝的叙述中，不正确的是（　　）。
   A. 铝属于第ⅢA族元素
   B. 铝是地壳里含量最多的金属元素
   C. 在常温下，铝不能与氧气反应
   D. 铝既能溶于酸，又能溶于强碱溶液

1.4 非金属及其化合物

前面我们学习了金属元素的有关知识，知道碱金属是几种在原子结构和元素性质上都具有一定相似性的金属元素。这一节我们将要学习的卤素，则是几种在原子结构和元素性质上都具有一定相似性的非金属元素，包括氟（F）、氯（Cl）、溴（Br）、碘（I）、砹（At）5种元素。

卤素及其化合物的用途非常广泛。例如，我们每天都要食用的食盐，主要就是由氯元素与钠元素组成的氯化物。

1.4.1 氯气

氯在自然界以化合态形式存在。单质氯是在18世纪70年代由瑞典化学家舍勒首先发现并制得的。

1. 氯气的性质和用途

氯气（Cl_2）分子是由2个氯原子构成的双原子分子。在通常情况下，氯气呈黄绿色。在压强为101 kPa、温度为-34.6 ℃时，氯气液化成液氯；将温度继续冷却到-101 ℃时，液氯变成固态氯。

氯气有毒，并有剧烈的刺激性，人吸入少量氯气会使鼻和喉头的黏膜受到刺激，引起胸部疼痛和咳嗽，吸入大量氯气会中毒致死。所以，在实验室里闻氯气气味的时候，必须十分小心，应该用手轻轻地在瓶口扇动，使极少量的氯气飘进鼻孔，如图2-1-42所示。

图2-1-42　闻气体的方法

氯原子的最外电子层上有7个电子，在化学反应中容易结合1个电子，使最外电子层达到8个电子的稳定结构。氯气是一种化学性质很活泼的非金属单质，它具有较强的氧化性，能与多种金属和非金属直接化合，还能与水、碱等化合物起反应。

1）与金属的反应

【实验2-1-22】　用坩埚钳夹住一束铜丝，灼热后立刻放入充满氯气的集气瓶里，如图2-1-43所示，观察发生的现象。然后把少量的水注入集气瓶里，用玻璃片盖住瓶口，振荡。观察溶液的颜色。

可以看到，红热的铜丝在氯气里剧烈燃烧，使集气瓶里充满棕色的烟，这种烟实际上是氯化铜晶体的微小颗粒。这个反应的化学方程式为：

$$Cu + Cl_2 \xrightarrow{\text{点燃}} CuCl_2$$

图2-1-43　铜在氯气里燃烧

氯化铜溶于水后，溶液呈蓝绿色。当溶液的浓度不同时，溶液的颜色有所不同。大多数金属在点燃或灼热的条件下，都能与氯气发生反应生成氯化物。但是，在通常情况下，干燥的氯气不能与铁起反应，因此，可以用钢瓶储运液氯。

讨论

燃烧是否一定要有氧气参加？比较铁、硫、碳等在氧气中的燃烧，以及铜、钠等在氯气中的燃烧，找出共同的特点并由此推论什么叫燃烧。

通过讨论可以知道，燃烧不一定要有氧气参加，任何发光、发热的剧烈的化学反应，都可以叫作燃烧。

2）与氢气的反应

【实验 2-1-23】 在空气中点燃氢气，然后把导管伸入盛有氯气的集气瓶中，如图 2-1-44 所示，观察氢气在氯气中燃烧时的现象。

纯净的氢气可以在氯气中安静地燃烧，发出苍白色火焰。反应生成的气体是 HCl，它在空气里与水蒸气结合，呈现雾状，如图 2-1-44 所示。

图 2-1-44　H_2 在 Cl_2 里燃烧

$$H_2 + Cl_2 \xrightarrow{\text{点燃}} 2HCl$$

在光照条件下，氯气也能与 H_2 发生反应，生成 HCl。

【实验 2-1-24】 把新收集到的一瓶氯气和一瓶氢气口对口地放置，抽去瓶口间的玻璃片，上下颠倒几次，使氢气和氯气充分混合。取一瓶混合气体，用塑料片盖好，在距瓶约 10 cm 处点燃镁条。观察有什么现象发生。

可以看到，当镁条燃烧时产生的强光照射到混合气体时，瓶中的氢气和氯气迅速化合而发生爆炸，把塑料片向上弹起，如图 2-1-45 所示。

图 2-1-45　H_2 和 Cl_2 迅速化合而爆炸

HCl 具有刺激性气味，极易溶于水。HCl 的水溶液叫作氢氯酸，亦称盐酸。

3）与水的反应

氯气溶解于水，在常温下，1 体积水约溶解 2 体积的氯气。氯气的水溶液叫"氯水"，氯水因溶有氯气而呈黄绿色。溶解的氯气能够与水起反应，生成盐酸和次氯酸。

$$Cl_2 + H_2O = HCl + HClO \text{（次氯酸）}$$

次氯酸不稳定，容易分解放出氧气。当氯水受到日光照射时，次氯酸的分解速率加快，如图 2-1-46 所示。

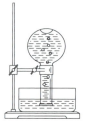

图 2-1-46　氯水在光照下分解

次氯酸是一种强氧化剂，能杀死水里的病菌，所以，自来水常用氯气（在 1 L 水中通入约 0.002 g Cl_2）来杀菌消毒。次氯酸的强氧化性还能使染料和有机色质褪色，可用作棉、麻和纸张等的漂白剂。

【实验 2-1-25】 取干燥的和湿润的有色布条各一条，分别放入两个集气瓶中，然后通入氯气（见图 2-1-47）。观察发生的现象。

可以看到，干燥的布条没有褪色，而湿润的布条却褪色了。

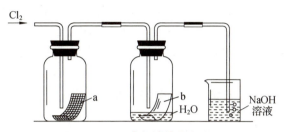

图 2-1-47　次氯酸的漂白作用
a—干燥的有色布条；b—湿润的有色布条

讨论

氯气可以使湿润的布条褪色，却不能使干燥的布条褪色，这个事实说明了什么？

4) 与碱的反应

氯气与碱溶液起反应，生成次氯酸盐、金属氯化物和水。

$$2NaOH+Cl_2=NaClO+NaCl+H_2O$$

次氯酸盐比次氯酸稳定，容易储运。市售的漂粉精和漂白粉的有效成分就是次氯酸钙。工业上生产的漂粉精，是通过氯气与石灰乳作用制成的。

$$2Ca(OH)_2+2Cl_2=Ca(ClO)_2+CaCl_2+2H_2O$$

在潮湿的空气里，次氯酸钙与空气里的二氧化碳和水蒸气反应，生成次氯酸。所以漂粉精和漂白粉也具有消毒作用。

$$Ca(ClO)_2+CO_2+H_2O=CaCO_3\downarrow+2HClO$$

讨论

根据漂白粉的作用原理，说明存放漂白粉时应注意什么问题。

氯气是一种重要的化工原料。氯气除用于消毒、制造盐酸和漂白剂外，还用于制造氯仿等有机溶剂和多种农药。

2. 氯气的实验室制法

在实验室里，氯气可以用浓盐酸与二氧化锰起反应来制取。

【实验 2-1-26】 如图 2-1-48 所示，在烧瓶里加入少量 MnO_2 粉末，通过分液漏斗向烧瓶中加入适量密度为 1.19 g/cm^3 的浓盐酸，缓缓加热，使反应加速进行。观察实验现象。用向上排空气法收集氯气，多余的氯气用 NaOH 溶液吸收。

这个反应的化学方程式是：

$$4HCl(浓)+MnO_2 \xrightarrow{\triangle} MnCl_2+2H_2O+Cl_2\uparrow$$

氯离子的检验

氯气能与很多金属反应生成盐，其中大多数盐能溶解于水并电离出氯离子。在初中化学里，我们

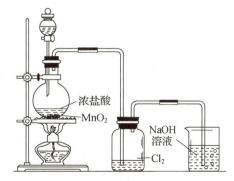

图 2-1-48　在实验室中制取氯气

学过盐酸的鉴别方法，对于可溶性氯化物中的氯离子，也可以采用类似的方法进行检验。

【实验2-1-27】 向分别盛有稀盐酸、NaCl溶液、Na_2CO_3溶液的三支试管里，各加入几滴 $AgNO_3$ 溶液。观察发生的现象。再滴入几滴稀硝酸，有什么变化？

可以看到，三支试管里都有沉淀生成，前两支试管中的白色沉淀不溶于稀硝酸，这是 AgCl 沉淀；第三支试管中的沉淀溶解于稀硝酸，这是 Ag_2CO_3 沉淀。前两支试管里发生的离子反应是相同的，可用同一离子方程式表示：

$$Cl^- + Ag^+ = AgCl \downarrow$$

第三支试管里发生的离子反应是：

$$CO_3^{2-} + 2Ag^+ = Ag_2CO_3 \downarrow$$

Ag_2CO_3 溶于稀硝酸：

$$Ag_2CO_3 + 2H^+ = 2Ag^+ + CO_2 \uparrow + H_2O$$

显然，溶液中如果有 CO_3^{2-} 存在，用 $AgNO_3$ 溶液检验 Cl^- 的实验就会受到干扰。因此，在用 $AgNO_3$ 溶液检验 Cl^- 时，可先在被检验的溶液中滴入少量稀硝酸，将其酸化，以排除 CO_3^{2-} 等的干扰。然后，再滴入 $AgNO_3$ 溶液，如产生白色沉淀，则可判断该溶液中含有 Cl^-。

课 后 实 践

一、填空题

1. 氯的原子结构示意图为_____。在化学反应中氯原子易得_____个电子，形成_____个电子的稳定结构，氯气通常作_____剂。制取氯气时常用_____法，收集多余的氯气用_____吸收。

2. 新制备的氯水显_____色，说明氯水中有_____分子存在。蓝色石蕊试纸遇到氯水后，首先变红，但很快又褪色，这是因为_____。氯水经光照后，黄绿色逐渐消失，并放出无色的_____气，该反应的化学方程式是_____。

二、选择题

1. 下列关于氯气的描述中，正确的是（　　）。

 A. Cl_2 以液态形式存在时可称作氯水或液氯

 B. 红热的铜丝在氯气中燃烧后生成蓝色的 $CuCl_2$

 C. 有氯气参加的化学反应必须在溶液中进行

 D. 氯气有毒

2. 下列物质中，属于纯净物的是（　　）。

 A. 氯水　　　B. 氯化氢　　　C. 液氯　　　D. 漂粉精

3. 下列物质中，不能使有色布条褪色的是（　　）。

 A. 次氯酸钠溶液　　　　B. 次氯酸钙溶液

 C. 氯水　　　　　　　　D. 氯化钙

三、下列说法是否正确？为什么？

1. 氯水的 pH 小于 7。

2. 氯气不能使干燥的有色布条褪色，液氯能使干燥的有色布条褪色。

1.4.2 卤族元素

由于氟、氯、溴、碘等元素在原子结构和元素性质上具有一定的相似性,因此,将它们统称为卤族元素,简称卤素。

在这一节里,我们将从原子结构和元素性质的关系等方面来研究这几种元素。

卤族元素原子的最外电子层上都有 7 个电子,但它们的核外电子层数却各不相同,依氟、氯、溴、碘的顺序依次增多。相应的,它们的原子半径也依氟、氯、溴、碘的顺序依次增大,分别为 0.071 nm、0.099 nm、0.114 nm 和 0.133 nm。如图 2-1-49 所示为卤族元素的原子结构和原子大小示意图。

我们知道,元素的性质与原子的结构有密切的关系。那么,卤族元素原子结构上的这种相似性与递变性,如何反映在元素性质上呢?

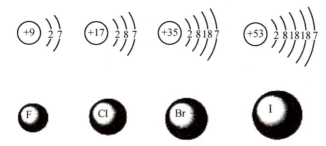

图 2-1-49 卤族元素的原子结构和原子大小示意图

1. 卤素单质的物理性质

卤素在自然界都以化合态形式存在,它们的单质可由人工制得。表 2-1-11 中列出了卤族元素单质的主要物理性质。

表 2-1-11 卤族元素单质的物理性质

元素名称	元素符号	核电荷数	单质	颜色和状态(常态)	密度	熔点/℃	沸点/℃	溶解度(100 g 水中)
氟	F	9	F_2	淡黄绿色气体	1.690 g/L	-219.6	-188.10	与水反应
氯	Cl	17	Cl_2	黄绿色气体	3.214 g/L	-101.0	-34.60	226 cm^3
溴	Br	35	Br_2	深红棕色液体	3.119 g/L	-7.2	58.78	4.160 g
碘	I	53	I_2	紫黑色固体	4.93 g/cm^3	113.5	184.40	0.029 g

从表 2-1-11 中可以看出,卤素的物理性质有较大差别。在常温下,氟、氯是气体;溴是液体;碘是固体。它们的颜色由淡黄绿色到紫黑色,逐渐变深。氟、氯、溴、碘在常压下的沸点和熔点也依次逐渐升高。

【实验 2-1-28】 观察溴的颜色和状态。

溴是深红棕色的液体,很容易挥发,应密闭保存。如果把溴存放在试剂瓶里,则需要在瓶中加一些水，以减少挥发。

【实验2-1-29】 观察碘的颜色、状态和光泽。如图2-1-50所示，将内装碘晶体且预先密封好的玻璃管，用酒精灯微热玻璃管盛碘的一端，观察管内发生的现象。

图2-1-50 碘的升华实验

我们在实验中可以观察到，碘被加热时，不经熔化就直接变成紫色蒸气，蒸气遇冷，重新凝聚成固体。这种固态物质不经液态而直接变成气态的现象，叫作升华。

溴和碘在水中的溶解度较小，但比较容易溶解在汽油、苯、四氯化碳、酒精等有机溶剂中。医疗上用的碘酒，就是溶有碘的酒精溶液。

2. 卤素单质的化学性质

讨论

我们知道，氯的化学性质很活泼，它的原子的最外电子层上有7个电子，在化学反应中容易得到1个电子，形成8个电子的稳定结构。氟、溴、碘原子的最外电子层上也有7个电子，因此，它们的化学性质（如与氢气、水的反应）跟氯有很大的相似性。但是，由于氟、氯、溴、碘原子的核外电子层数依次增多，因此在化学性质上又表现出一定的递变性。

1）卤素与氢气的反应

氟与氢气的反应比氯与氢气的反应剧烈得多，不需要光照，在暗处就能剧烈化合并发生爆炸，且生成的氟化氢很稳定。

$$H_2 + F_2 = 2HF$$

溴与氢气的反应则不如氯与氢气的反应剧烈，在加热至500℃时才能较缓慢地发生反应，生成的溴化氢也不如氯化氢稳定。

$$H_2 + Br_2 \xrightarrow{500℃} 2HBr$$

碘与氢气的反应更不容易发生，要在不断加热的条件下才能缓慢进行，而且生成的碘化氢很不稳定，同时发生分解。

$$H_2 + I_2 \xrightleftharpoons{\triangle} 2HI$$

通常我们把向生成物方向进行的反应叫作正反应，把向反应物方向进行的反应叫作逆反应。像这种在同一条件下，既能向正反应方向进行，同时又能向逆反应方向进行的反应叫作可逆反应。化学方程式里，用两个方向相反的箭头代替等号来表示可逆反应。

从卤素与氢气反应的事实可以看出，氟、氯、溴、碘随着核电荷数的增多、原子半径的增大，它们与氢气反应的剧烈程度逐渐减弱，所生成的氢化物的稳定性也逐渐降低。

2）卤素与水的反应

氯气与水的反应在常温下就能进行，生成盐酸和次氯酸；氟遇水则发生剧烈反应，生成氟化氢和氧气；溴、碘与水反应都可以生成相应的氢卤酸和次卤酸，但溴与水的反应比氯气与水的反应更弱一些；碘与水只能微弱地进行反应。

氟、氯、溴、碘与水反应的剧烈程度也是随着核电荷数的增多、原子半径的增大而减弱的。

3) 卤素单质间的置换反应

在卤素与氢气和水的反应中，已经表现出氟、氯、溴、碘在化学性质上的一些相似性和递变性。现在，再通过卤素单质间的置换反应来比较它们氧化性的相对强弱。

【实验2-1-30】 将少量新制的饱和氯水分别注入盛有 NaBr 溶液和 KI 溶液的试管中，用力振荡后，再注入少量四氯化碳振荡。观察四氯化碳层和水层颜色的变化。

【实验2-1-31】 将少量溴水注入盛有 KI 溶液的试管中，用力振荡后，再注入少量四氯化碳。观察四氯化碳层和水层颜色的变化。这些变化，说明氯可以把溴和碘分别从溴化物和碘化物中置换出来；溴可以把碘从碘化物中置换出来。

上述各反应的化学方程式分别表示如下：

$$2NaBr+Cl_2=2NaCl+Br_2$$
$$2KI+Cl_2=2KCl+I_2$$
$$2KI+Br_2=2KBr+I_2$$

这就是说，在氯、溴、碘这三种元素里，氯的氧化性强于溴；溴的氧化性强于碘。实验证明，氟的氧化性比氯、溴、碘都强，能把氯等从它们的卤化物中置换出来，即氟、氯、溴、碘的氧化性随着核电荷数的增加、原子半径的增大而减弱。

$$\underrightarrow{F_2 \quad Cl_2 \quad Br_2 \quad I_2}_{\text{氧化性逐渐减弱}}$$

从卤素与氢气、水的反应现象，以及卤素单质间的置换反应可以看出，卤素原子结合电子的能力都比较强；都容易得到电子而被还原；它们本身是强氧化剂。所以，卤素是活泼的非金属元素。但是，它们的活动性随着核电荷数的增加及原子半径的增大而减弱。这是由卤素原子的原子核对外层电子的引力不同而造成的。氟的原子半径小，最外层电子受原子核的引力强，它得到电子的能力也很强，因此，氟的氧化性很强；碘的原子半径大，最外层电子受原子核的引力较弱，它得到电子的能力也较弱，因此，碘的氧化性较弱。在卤素中，氟、氯、溴、碘的原子半径依次增大，它们的氧化性也就依次减弱。

碘除了具有卤素的一般性质外，还有一种化学特性，即与淀粉的反应。

【实验2-1-32】 在装有少量淀粉溶液的试管中，滴入几滴碘水。观察溶液颜色的变化。

从这个实验中，我们可以看到淀粉遇碘呈现出特殊的蓝色。碘的这一特性可以用来检验碘的存在。

3. 卤化银和碘化合物的主要用途

卤素的化学性质非常活泼，能与很多单质和化合物反应，因此，含卤化合物的种类非常多。这里只简单介绍几种与日常生活和人体健康有关的卤化银和碘化合物的一些知识。

1）卤化银

【实验2-1-33】 将少量 $AgNO_3$ 溶液分别滴入盛有 NaCl 溶液、NaBr 溶液和 KI 溶液的三支试管中，观察并比较三支试管中发生的现象。再向三支试管中各加入少量稀硝酸，观察有什么变化。

可以看到，在三支试管里分别有白色、浅黄色、黄色的沉淀生成。而且，这三种沉淀都不溶于稀硝酸。

在上述反应中，三支试管里的 Cl^-、Br^-、I^- 分别与 Ag^+ 反应，生成了相应的不溶性卤化银。

$$Cl^-(aq)+Ag^+(aq)=AgCl\downarrow$$
$$Br^-(aq)+Ag^+(aq)=AgBr\downarrow$$
$$I^-(aq)+Ag^+(aq)=AgI\downarrow$$

卤化银都有感光性，在光的照射下会发生分解反应。例如：

$$2AgBr\xrightarrow{光照}2Ag+Br_2$$

卤化银的这种感光性质，常被用于制作感光材料。

照相用的胶卷和相纸上都有一层药膜，其主要成分就是溴化银。在拍照时，胶片上的溴化银即发生分解反应（即我们常说的感光）。用显影剂和定影剂处理后，就可以得到明暗程度跟实物相反的底片。而后使相纸通过底片感光，再经过显影、定影处理，就可得到明暗程度跟实物一致的照片了。

在人工控制气象方面，碘化银起着重要的作用。在必要的情况下，向空中播撒碘化银粉末，可达到人工降水（雨、雪）等目的。

2）碘化合物的主要用途

碘酸钾、碘化钾等含碘的化合物，不仅是我们在实验室中常用的化学试剂，而且也能供给人体必不可少的微量元素——碘。

碘有极其重要的生理作用，在人体中碘的总量为 12～20 mg，其中约 1/2 分布在甲状腺内。甲状腺内的甲状腺球蛋白是一种含碘的蛋白质，是人体的碘库。一旦人体需要时，甲状腺球蛋白就很快水解为有生物活性的甲状腺素，并通过血液到达人体的各个组织。

甲状腺素是一种含碘的氨基酸，它具有促进体内物质和能量代谢、促进身体生长发育、提高神经系统的兴奋性等生理功能。

人体中如果缺碘，甲状腺就得不到足够的碘，甲状腺素的合成就会受到影响，使得甲状腺组织产生代偿性增生，形成甲状腺肿（即我们常说的大脖子病）。甲状腺肿等碘缺乏病是世界上分布最广、发病人数最多的一种地方病。我国是世界上严重缺碘的国家，全国有约四亿多人缺碘。1990 年 9 月，71 个国家的政府首脑签署了《九十年代儿童生存、保护和发展世界宣言》和《行动计划》，把在 2000 年全球消除碘缺乏病作为主要目标。

人体一般每日摄入 0.1～0.2 mg 碘就可以满足需要。在正常情况下，人们可以通过食物、饮水及呼吸摄入所需的微量碘。但在一些地区，由于各种原因，水和土壤中缺碘，食物中的含碘量也较少，造成人体摄碘量少。有些地区由于在食物中含有阻碍人体吸收碘的某些物质，也会造成人体缺碘。

碘缺乏病给人类的智力与健康造成了极大的损害，对婴幼儿的危害尤其严重。因为严重缺碘的妇女，容易生出患有克汀病和智力低下的婴儿。克汀病的患儿身体矮小、智力低下、发育不全，甚至痴呆，即使是轻症患儿也多有智力低下的表现。1991 年，我国政府向全世界做出了"到 2000 年在全国消灭碘缺乏病"的庄严承诺。

为了防止碘缺乏病，各国都采取了一些措施。例如，提供含碘食盐或其他含碘的食品，食用含碘丰富的海产品等，其中以食用含碘食盐最为方便有效。我国政府为了消除碘缺乏病，在居民的食用盐中均加入了一定量的碘酸钾，以确保人体对碘的摄入量。

值得注意的是，人体摄入过多的碘也是有害的，因此，不能认为高碘的食物吃得越多越好，要根据个人的身体情况而定。

拓展阅读

变色玻璃

把溴化银（或氯化银）与微量的氧化铜密封在玻璃体内，当玻璃受到太阳光或紫外线照射时，玻璃体内的溴化银就会分解，产生银原子。银原子能吸收可见光区内的光线，当银原子聚集到一定数量时，吸收就变得十分明显，于是无色透明的玻璃就变成灰黑色。将已变色的玻璃放到暗处时，在氧化铜的催化作用下，银原子又会与溴原子结合成溴化银，溴化银中的银离子不吸收光线，因此，玻璃又会变成无色透明。这就是将其称为变色玻璃的缘故。

用变色玻璃制作窗玻璃，安装在车辆或建筑物上，可自动调节车辆内或室内的光线，使在烈日下透过的光线变得柔和且有阴凉之感。变色玻璃也可用于制作太阳镜片。

 家庭小实验

白纸显字

如图 2-1-51 所示，找一张吸水性好的白纸，用淀粉溶液（也可用米汤或面粉糊代替）在纸上写字或作画。待字迹稍干，字、画就难以辨认了，随即用毛笔或棉花沾少量碘酒涂抹在纸上，纸上原来看不到的文字或图画就会显现出来。

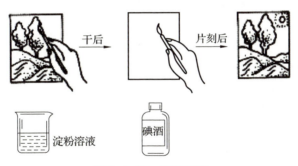

图 2-1-51 白纸显字

课后实践

一、填空题

1. 通常状况下，卤素单质中_____和_____是气体，_____是液体，_____是固体。

2. 卤素原子最外层的电子数都是_____个，在化学反应中卤素原子容易得到_____个电子。在卤化物中，卤素最常见的化合价是_____价。

3. 在卤族元素中，氧化性最强的是_____，原子半径最小的是_____。

4. 在 NaBr 溶液中加入 $AgNO_3$ 溶液，产生_____色沉淀；加入稀 HNO_3 后，沉淀_____；有关反应的离子方程式为_____。沉淀经光照后可以变为_____色，反应的化学方程式为_____。

二、选择题

1. 下列关于卤族元素的说法中，不正确的是（　　）。
   A. 单质的熔点和沸点随核电荷数的增加逐渐升高
   B. 单质的颜色随核电荷数的增加逐渐加深
   C. 单质的氧化性随核电荷数的增加逐渐增强
   D. 氢化物的稳定性随核电荷数的增加逐渐增强

2. 下列物质中，能使淀粉碘化钾溶液变蓝的是（　　）。
   A. 氯水　　　　　　　B. 碘水
   C. KBr　　　　　　　D. KI

3. 下列物质中，在光照下易分解的是（　　）。
   A. 氯水　　　　　　　B. NaBr
   C. KI　　　　　　　　D. AgBr

4. 向含有 NaBr 和 KI 的混合溶液中通入过量的 Cl_2 充分反应。将溶液蒸干，并灼烧所得的物质，最后剩余的固体物质是（　　）。
   A. NaCl 和 KI　　　　B. NaCl、KCl 和 I_2
   C. KCl 和 NaBr　　　D. KCl 和 NaCl

1.4.3　氧和硫

地球是人类可爱的家园，在蔚蓝色的天空下有浩瀚的大海、奇异的山峰、千姿百态的生物……环绕地球的大气中存在着人类生存所必需的氧气。我们在初中已经了解了氧气的一些性质和用途。氧元素位于元素周期表中第二周期的ⅥA族，跟氧同族的元素还有哪些？它们有些什么性质呢？

在这一节里，我们主要学习与氧同属第ⅥA族的硫及其化合物的知识，并用以为例，学习第ⅥA族元素的有关内容，以及环境保护的一些知识。

1.4.4　氧族元素

元素周期表中的第ⅥA族元素又称氧族元素，它包括氧（O）、硫（S）、硒（Se）、碲（Te）、钋（Po）、鉝（Lv）6种元素。

讨论

根据图2-1-52和表2-1-12分析：

1. 氧族元素原子的核电荷数、电子层数及原子半径等是如何变化的。

2. 各元素单质的熔点、沸点、密度等物理性质是怎样变化的。
3. 从氢化物的稳定性来分析各元素的非金属性是怎样变化的。

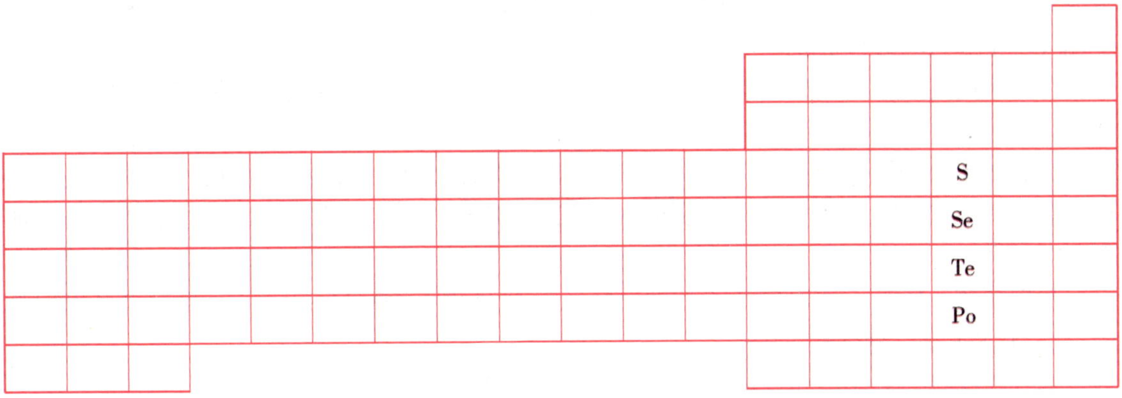

图 2-1-52 氧族元素在元素周期表中的位置

表 2-1-12 氧族元素的性质

元素名称	元素符号	核电荷数	原子结构示意图	化合价	原子半径/nm	单质				氢化物		氧化物	
						颜色	状态	熔点/℃	沸点/℃	密度/(g·cm⁻³)	化学式	稳定性	化学式	最高价氧化物水化物的化学式
氧	O	8	(+8)2 6	-2	0.074	无色	气体	-218.4	-183	1.43（固体）	H_2O	减小	—	—
硫	S	16	(+16)2 8 6	-2 +4 +6	0.102	黄色	固体	112.8	444.6	2.07	H_2S		SO_2 SO_3	H_2SO_4
硒	Se	34	(+34)2 8 18 6	-2 +4 +6	0.116	灰色	固体	217	684.9	4.81	H_2Se		SeO_2 SeO_3	H_2SeO_4
碲	Te	52	(+52)2 8 18 18 6	-2 +4 +6	0.143 2	银白色	固体	452	1 390	6.25	H_2Te		TeO_2 TeO_3	H_2TeO_4

通过讨论，我们可以得出以下结论。氧族元素原子的电子层结构很相似，它们原子的最外电子层都有 6 个电子。氧族元素随着核电荷数的增加，电子层数增多；原子半径逐渐增大；原子核对最外层电子的引力逐渐减弱；使原子获得电子的能力也依次减弱；失去电子的能力依次增强。所以，氧、硫、硒、碲单质的化学性质也随核电荷数的增加而发生变化。它

们的非金属性逐渐减弱；金属性逐渐增强。如氧、硫表现出比较显著的非金属性，硒是半导体，而碲则能够导电。在化学反应里，氧族元素的原子可以从其他原子那里获得2个电子，生成-2价的化合物；它们原子的最外电子层的6个电子，或其中的4个电子一般也可以发生偏移，生成+6价或+4价的化合物。

在元素周期表中，氧族元素位于卤素的左边，所以，非金属性要比同周期卤素的非金属性弱。

从表2-1-12中可以看出，氧、硫、硒、碲单质的物理性质随核电荷数的增加而发生变化。它们的熔点、沸点随着核电荷数的增加而逐渐升高，它们的密度也随着核电荷数的增加而逐渐增大。

我们知道，硫是一种比较活泼的非金属，其氧化物有SO_2和SO_3。SO_3对应的水化物是H_2SO_4，H_2SO_4是一种强酸。

硒、碲也有二氧化物和三氧化物，这些氧化物对应的水化物都是酸。

氧、硫、硒的单质可以直接与氢气化合，生成氢化物。例如，硫与氢气反应时，生成硫化氢：

$$S+H_2 \xrightarrow{\triangle} H_2S$$

氧气与氢气的反应最容易，也最剧烈，生成的化合物也最稳定；硫或硒与氢气则只有在较高的温度下才能够化合，生成的氢化物也不稳定；而碲通常不能与氢气直接化合，只能通过其他反应间接制取碲化氢，生成的氢化物也最不稳定。

氧族元素能与大多数金属直接化合。在生成的化合物中，它们的化合价一般都是-2价。例如，硫与铁反应时，生成硫化亚铁。

1. 臭氧

在自然界中，存在着一种比氧气化学性质还要活泼的游离态氧单质，由于它具有刺激性臭味，因此，被称为"臭氧"。经测定，每个臭氧分子由3个氧原子构成，化学式为O_3。

臭氧和氧气是由同一种元素组成的两种性质不同的单质。像这样由同一种元素形成的几种性质不同的单质，叫作这种元素的同素异形体。金刚石和石墨，就是碳的同素异形体，硫也有多种同素异形体。

在常温、常压下，臭氧是一种有特殊臭味的淡蓝色气体，它的密度比氧气的大，也比氧气易溶于水。液态臭氧呈深蓝色，沸点为-112.4℃，固态臭氧呈紫黑色，熔点为-251℃。

臭氧不稳定，在常温下能缓慢分解生成氧气，在高温时可以迅速分解。

$$2O_3 = 3O_2$$

臭氧具有极强的氧化性，Ag、Hg等在空气或氧气中不易被氧化的金属，可以与臭氧发生反应。

臭氧可用于漂白和消毒。有些染料受到臭氧的强烈氧化作用会褪色，臭氧还可以杀死许多细菌，因此，它是一种很好的脱色剂和消毒剂。

空气中的微量臭氧能刺激中枢神经，加速血液循环，令人产生爽快和振奋的感觉。但当空气中臭氧的含量超过10^{-5}%（体积分数）时，就会对人体、动植物，以及其他暴露在空气中的物质造成危害。

在空气中高压放电就能产生臭氧。

$$3O_2 \xrightleftharpoons{放电} 2O_3$$

例如，打雷时就有臭氧生成。高压电机和复印机在工作时，也会产生臭氧。因此，这些地方要注意通风，保持空气清新。

自然界中的臭氧有 90% 集中在距地面 15~50 km 的大气平流层中，也就是人们通常所说的臭氧层。臭氧层中臭氧含量虽然很少，却可以吸收来自太阳的大部分紫外线。因此，臭氧层可称作人类和生物的保护伞。近年来，臭氧层受到氟利昂①等气体的破坏，这种现象已引起人们的普遍关注，并采取各种措施，保护臭氧层。

知识链接

保护臭氧层

地球上的臭氧含量很少，在接近地面的空气中，臭氧的体积分数不到 10^{-5}%。在大气的平流层中，有一个厚度约 20 km、含量相对较高的臭氧层，它像一个巨大的过滤网，能吸收掉太阳光中大量的紫外线，有效地保护地球上的生物。

20 世纪 80 年代，人们观测到南极上空的臭氧每年 9~10 月急剧减少，形成了"臭氧空洞"。1987 年，科学家发现北极上空也出现了"臭氧空洞"。卫星监测表明，其他一些地区大气中臭氧含量也有所降低。

臭氧层中臭氧含量的减少，将使到达地面的紫外线辐射大量增加，这将严重损害动植物的基本结构，降低农作物产量，危害海洋生命，使气候和生态环境发生变异。强烈的紫外线辐射还能降低人体的免疫功能，诱发皮肤癌、白内障等疾病。

臭氧层被破坏的问题受到人类的普遍关注，科学家们进行了大量的研究工作。为了保护臭氧层，人类采取了共同的行动。签订了《保护臭氧层维也纳公约》《关于消耗臭氧层物质的蒙特利尔议定书》等国际公约，决定减少并逐步停止氟利昂等的生产和使用。

课后实践

一、填空题

1. 氧族元素随着核电荷数的增加，电子层数_____，原子半径逐渐_____，原子核吸引电子的能力依次_____，因此，它们的非金属性依_____的顺序逐渐减弱，金属性逐渐_____。

2. 氧族元素原子的最外电子层都有_____个电子。在化学反应里，氧族元素的原子容易从其他原子获得_____个电子，生成_____价的化合物。氧族元素中，有的还能生成_____价或_____价的化合物。

---

① 氟利昂为一类含有氟和氯的有机物。

二、选择题

1. 下列关于氧族元素性质的叙述中,正确的是（　　）。
   A. 都能生成+6价的化合物　　　　B. 都能与金属直接化合
   C. 原子的最外层电子数都是6　　　D. 都能生成稳定的氢化物

2. 在下列单质中,属于半导体的是（　　）。
   A. O_2　　　　B. S　　　　C. Se　　　　D. Te

3. 下列关于硫的说法中,不正确的是（　　）。
   A. 硫有多种同素异形体
   B. 硫的化学性质与氧气相同
   C. 硫在空气中燃烧时,火焰呈淡蓝色;在氧气中燃烧时,火焰呈蓝紫色
   D. 硫在一定条件下能与某些金属反应,生成金属硫化物

2. 二氧化硫

我们知道,硫在氧气中燃烧生成二氧化硫。二氧化硫有哪些性质和用途？它对人类有危害吗？这些将是我们在这一节中所要学习的主要内容。

1）二氧化硫的性质

二氧化硫是一种无色、有刺激性气味的有毒气体。它的密度比空气大,容易液化（沸点是-10℃）,易溶于水。在常温、常压下,1体积水大约能溶解40体积的二氧化硫。

（1）二氧化硫与水的反应。

【实验2-1-34】 如图2-1-53所示,将一支装满SO_2的试管倒立在滴有紫色石蕊试液的水槽中,观察实验现象。

我们可以看到,装有SO_2的试管倒立在水槽中以后,试管中的水面上升,试管中的液体变成红色。

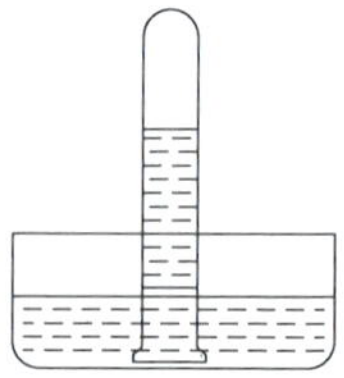

讨论

SO_2溶于水后形成的溶液可以使紫色的石蕊试液变红,此溶液是碱性还是酸性？

图2-1-53 SO_2溶于水

在初中我们学过,酸可以使紫色的石蕊试液变红,因此,二氧化硫溶于水后形成的溶液一定显酸性。事实正是这样,二氧化硫溶于水后,生成了亚硫酸（H_2SO_3）。H_2SO_3只能存在于溶液中,它很不稳定,容易分解成水和二氧化硫。二氧化硫溶于水的反应是一个可逆反应。

$$SO_2 + H_2O \rightleftharpoons H_2SO_3$$

（2）二氧化硫与氧气的反应。

在二氧化硫中,硫的化合价是+4价,因此,二氧化硫既具有一定的氧化性,又具有一定的还原性。例如,二氧化硫与氧气在一定温度和有催化剂存在的条件下,可以反应生成三氧化硫,三氧化硫也会分解成二氧化硫和氧气,因此,这个反应也是一个可逆反应。

$$2SO_2 + O_2 \underset{}{\overset{催化剂}{\rightleftharpoons}} 2SO_3$$

三氧化硫是一种无色固体,熔点（16.8℃）和沸点（44.8℃）都较低。三氧化硫与水

反应生成硫酸（H_2SO_4），同时放出大量的热。
$$SO_3 + H_2O = H_2SO_4$$
在工业生产上，常利用上面两个反应制造硫酸。

（3）二氧化硫的漂白性。

【实验2-1-35】 将 SO_2 气体通入装有品红溶液的试管里，观察品红溶液颜色的变化。给试管加热，如图 2-1-54 所示，观察溶液发生的变化。

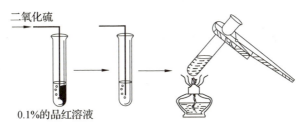

图 2-1-54　SO_2 漂白品红溶液

通过实验我们看到，向品红溶液中通入 SO_2 后，品红溶液的颜色逐渐褪去。当给试管加热时，溶液又变成红色。

这个实验说明，二氧化硫具有漂白作用。工业上常用二氧化硫漂白纸浆、毛、丝、草编制品等。实验现象还告诉我们，用二氧化硫漂白过的有色物质，在一定的条件下还可以恢复原来的颜色。这是由于二氧化硫跟某些有色物质化合生成的无色物质不稳定，容易分解而恢复原来有色物质的颜色。因此，用二氧化硫漂白过的草帽辫日久又渐渐变成黄色。

此外，二氧化硫还能够杀灭霉菌和细菌，可以用作食物和干果的防腐剂。

2）二氧化硫的污染

二氧化硫是污染大气的主要有害物质之一。它对人体的直接危害是引起呼吸道疾病，严重时还会使人死亡。空气中的二氧化硫会部分被氧化成三氧化硫并形成酸雾。空气中硫的氧化物和氮的氧化物随雨水降下就成为酸雨。正常雨水的 pH 约为 5.6（这是由于溶解了二氧化碳的缘故），酸雨的 pH 小于 4.5。

酸雨有很大的危害，它落到地面，能直接破坏森林（图 2-1-55）、草原和农作物，使土壤酸性增强。酸雨还会使湖泊酸化，造成鱼类等死亡。另外，酸雨还会加速建筑物、桥梁、工业设备，以及电信电缆等所用的许多材料的腐蚀。

图 2-1-55　酸雨对森林的影响

空气中的二氧化硫主要来自化石燃料的燃烧，以及含硫矿石的冶炼和硫酸、磷肥、纸浆生产等产生的工业废气。因此，这些废气必须经过处理后才能向大气中排放，如不进行净化处理或回收利用就直接排放到空气中，那么不但浪费硫资源，而且污染空气，给人类造成危害。

家庭小实验

测定雨水的pH

如图 2-1-56 所示，用空饮料瓶改制雨水收集器采集雨水样品，并用 pH 试纸测定雨水的 pH。为了提高测定的准确性，可以同时多设立几处采集点，取平均值。

将实验的方法和结论写成小论文，进行交流。

图 2-1-56　自制雨水收集器

课后实践

一、填空题

1. 通常情况下，SO_2 是一种_____色、_____味、_____毒的_____，它溶于水后生成_____。在相同条件下，生成的_____又容易分解为_____和_____，这样的反应叫作_____。

2. 在 SO_2 中，硫元素的化合价为_____，在发生化学反应时，SO_2 既可以作为_____，也可以作为_____。

二、选择题

1. 下列关于 SO_2 的说法中，不正确的是（　　）。

A. SO_2 是硫及某些含硫化合物在空气中燃烧的产物

B. SO_2 有漂白作用，也有杀菌作用

C. SO_2 溶于水后生成 H_2SO_4

D. SO_2 是一种大气污染物

2. 在下列变化中，不属于化学变化的是（　　）。

A. SO_2 使品红溶液褪色　　　B. 氯水使有色布条褪色

C. 活性炭使红墨水褪色　　　D. O_3 使某些染料褪色

3. 下列气体中，能污染大气，但可以用碱溶液吸收的是（　　）。

A. CO　　　B. Cl_2　　　C. SO_2　　　D. N_2

3. 硫酸　硫酸盐

1）硫酸

硫酸是强电解质，在水溶液中能电离生成 H^+ 和 SO_4^{2-}。

$$H_2SO_4 \xrightarrow{\text{电解}} 2H^+ + SO_4^{2-}$$

讨论

稀硫酸具有哪些酸的通性？举例说明。

除了具有酸的通性外，硫酸还具有其他一些特性。

纯硫酸是一种无色油状液体。浓硫酸的质量分数为98%，沸点是338℃。硫酸是一种难挥发的强酸，易溶于水，能以任意比与水混溶。浓硫酸溶解时放出大量的热。

浓硫酸有强烈的吸水性、脱水性和氧化性。

1. 浓硫酸的吸水性和脱水性

我们知道浓硫酸能吸收空气中的水分。因此，在实验室中常用浓硫酸来干燥不与它起反应的气体。

【实验2-1-36】在三支试管里分别放入少量纸屑、棉花、木屑，再滴入几滴浓硫酸。观察发生的现象。

可以看到，三种物质都发生了碳化，生成黑色的炭。

【实验2-1-37】在200 mL烧杯中放入20 g蔗糖，加入几滴水，搅拌均匀。然后再加入15 mL质量分数为98%的浓硫酸的溶质，迅速搅拌后。观察实验现象。

可以看到蔗糖逐渐变黑，体积膨胀，形成疏松多孔的海绵状的炭。

浓硫酸能按水的组成比脱去纸屑、棉花、锯末等有机物中的氢、氧元素，使这些有机物碳化。

浓硫酸对有机物有强烈的腐蚀性，如果皮肤沾上浓硫酸，则会引起严重的灼伤。所以，当不慎在皮肤上沾上浓硫酸时，不能用水冲洗，而要先用干布迅速拭去，再用大量水冲洗。

2. 浓硫酸的氧化性

我们知道，稀硫酸与铜、木炭等不起反应，那么浓硫酸遇到这些物质会发生什么变化呢？

【实验2-1-38】如图2-1-57所示，在一支试管里加入一小块铜片（约0.1 g），然后再加入3 mL浓硫酸，用装有玻璃导管的单孔胶塞塞好，加热。放出的气体分别通入蓝色石蕊试液和品红溶液中，观察反应现象。把试管里的液体倒入废液缸，在盛有固体剩余物质的试管中加入少量水，观察水溶液的颜色。

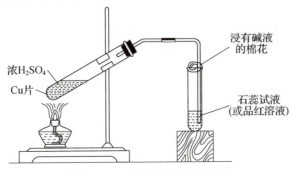

图2-1-57　浓硫酸与铜的反应

实验表明,浓硫酸与铜在加热时能发生反应,放出能使蓝色石蕊试液变红或使品红溶液褪色的气体。反应后生成物的水溶液显蓝色。这说明铜与浓硫酸反应时被氧化成了 Cu^{2+}。

从对实验现象的分析中,我们可以得出这样一个结论:浓硫酸与铜反应生成的气体并不是氢气。实验证明,反应生成的气体是二氧化硫。浓硫酸与铜反应的化学方程式为:

$$2H_2SO_4(浓)+Cu \xrightarrow{\triangle} CuSO_4+2H_2O+SO_2\uparrow$$

在这个反应里,浓硫酸氧化了铜(Cu 从 0 价升高到+2 价),而本身被还原成二氧化硫(S 从+6 价降低到+4 价),因此,浓硫酸是氧化剂,铜是还原剂。

加热时,浓硫酸还能与一些非金属起氧化还原反应。例如,加热盛有浓硫酸和木炭的试管,可以发生如下反应:

$$2H_2SO_4(浓)+C \xrightarrow{\triangle} CO_2\uparrow+2H_2O+2SO_2\uparrow$$

讨论

分析反应中元素化合价的变化情况,指出氧化剂和还原剂。

通过讨论,我们可以知道,在有浓硫酸参加的反应中,浓硫酸是氧化剂,它发生还原反应。

在常温下,浓硫酸跟某些金属,如铁、铝等接触时,能够使金属表面生成一薄层致密的氧化物薄膜,从而阻止内部的金属继续跟硫酸发生反应。因此,冷的浓硫酸可以用铁或铝的容器储存。但是,在受热的情况下,浓硫酸不仅能够跟铁、铝等起反应,还能够跟绝大多数金属起反应。

硫酸是化学工业中最重要的产品之一,它的用途极广,如图 2-1-58 所示。

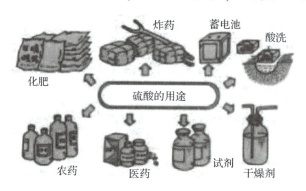

图 2-1-58 硫酸的用途

2)几种硫酸盐

硫酸盐的种类很多,在生产和生活中有很重要的实用价值。我们已经学过硫酸铜、硫酸铵等有关知识,现在,再来学习几种常见的硫酸盐。

(1)硫酸钙($CaSO_4$)。硫酸钙是白色固体。带两分子结晶水的硫酸钙($CaSO_4 \cdot 2H_2O$)叫作石膏。石膏在自然界以石膏矿形式存在。将石膏加热到 150 ℃~170 ℃时,就会失去所含大部分结晶水而变成熟石膏($2CaSO_4 \cdot H_2O$)。熟石膏跟水混合成糊状物后会很快凝固,重新变成石膏。人们用石膏制作各种模型和医疗上用的石膏绷带,就是利用了石膏的这种性质。在水泥生产中也要用石膏来调节水泥的凝结时间。

(2)硫酸钡($BaSO_4$)。天然的硫酸钡叫作重晶石。重晶石是制造其他钡盐的原料。硫酸钡不溶于水，也不溶于酸。因此，在实验室中常利用它的这一性质来检验硫酸根离子的存在。利用它的这种性质以及它不容易被 X 射线透过的性质，医疗上常用硫酸钡作 X 射线透视肠胃的内服药剂，俗称"钡餐"。此外，硫酸钡还可作白色颜料。

 资料

"钡餐"

硫酸钡中的钡是重金属元素，X 射线对它的穿透能力较差，利用这一性质，医疗上用高致密度的医用硫酸钡作为消化系统的 X 射线造影剂进行内腔比衬检查（俗称"钡餐"）。检查前，由病人吞服调好的硫酸钡，作 X 射线检查时，可以明显地显示出硫酸钡在消化系统的分布情况，据此，医生就可作出相应的病理判断。

（3）硫酸锌。带七分子结晶水的硫酸锌（$ZnSO_4 \cdot 7H_2O$）是无色的晶体，俗称皓矾。硫酸锌在医疗上用作收敛剂，它可使有机体组织收缩，减少腺体的分泌。硫酸锌还可作为木材的防腐剂，用硫酸锌溶液浸泡过的枕木，可延长使用时间。在印染工业上用硫酸锌作媒染剂，能使染料固着于纤维上。硫酸锌还可用于制造白色颜料（锌钡白等）。

3. 硫酸根离子的检验

我们在学习离子反应时，知道硫酸或可溶性硫酸盐溶于水时都会产生硫酸根离子，硫酸根离子遇到可溶性钡盐溶液时，生成白色沉淀，那么能否利用这个反应检验硫酸根离子呢？

【实验 2-1-39】 在三支试管里分别加入少量稀硫酸、Na_2SO_4 溶液和 Na_2CO_3 溶液，然后各滴入几滴 $BaCl_2$ 溶液。观察发生的现象。再加入少量稀硝酸，振荡，继续观察并把观察到的现象记录在表 2-1-13 中。

表 2-1-13　检验硫酸根离子的实验

试剂	现象及化学方程式	加入 $BaCl_2$ 溶液	加入稀硝酸
稀硫酸	现象		
	化学方程式		
Na_2SO_4 溶液	现象		
	化学方程式		
Na_2CO_3 溶液	现象		
	化学方程式		

讨论

根据上述实验现象，归纳 SO_4^{2-} 的检验方法。

通过实验和讨论，我们可以得知，能与 Ba^{2+} 反应生成白色沉淀的不一定是 SO_4^{2-}，CO_3^{2-} 等也能与 Ba^{2+} 反应生成白色沉淀，但 $BaCO_3$ 沉淀可以与稀硝酸反应，放出 CO_2。而 $BaSO_4$ 是一种既不溶于水，也不溶于稀硝酸的白色沉淀。

因此，在实验室里检验溶液中是否含有 SO_4^{2-} 时，常常先用稀硝酸把溶液酸化，以排除 CO_3^{2-} 等可能造成的干扰。再加入 $BaCl_2$ 溶液或 $Ba(NO_3)_2$ 溶液，如果有白色沉淀出现，则说

明原溶液中有 SO_4^{2-} 存在。

课后实践

一、填空题

1. 浓硫酸能够用于干燥某些气体，是由于它具有_____性；浓硫酸能使纸片变黑，是由于它具有_____性；浓硫酸可以与铜反应，是由于它具有_____性。

2. 只用一种试剂来鉴别 Na_2SO_4、$AgNO_3$、Na_2CO_3 三种溶液，这种试剂是_____。

二、选择题

1. 下列气体中，既能用浓硫酸干燥，又能用氢氧化钠干燥的是（　　）。
A. CO_2　　　　B. N_2　　　　C. SO_2　　　　D. NH_3

2. 下列金属中，可用于制造常温下盛放浓硫酸的容器的是（　　）。
A. Fe　　　　B. Cu　　　　C. Al　　　　D. Zn

3. 下列关于浓硫酸和稀硫酸的叙述中，正确的是（　　）。
A. 常温时都能与铁发生反应，放出气体
B. 加热时都能与铜发生反应
C. 都能作为气体的干燥剂
D. 硫元素的化合价都是+6价

拓展：探索生活材料

金属材料、无机非金属材料以及各种有机合成材料各有其优势和缺陷。为了克服单一材料存在的问题，满足人类生产和生活对材料越来越多、越来越高的要求，人们尝试将不同类型的材料通过复合工艺组合成新型材料，使其既能保持或发展原来材料的长处，又能弥补它们的不足。迅猛发展的科学技术使这一努力变成了现实，由此产生了复合材料。

"神舟五号"载人飞船穿过大气层时，外壳和大气层摩擦产生几千摄氏度的高温，是什么材料经受了这种考验而使飞船安然无恙呢？运动员在撑杆跳高项目中使用的撑杆极富弹性，你知道它是用什么材料制成的吗？

1.5.1 认识复合材料

交流与研讨

请结合具体实例，讨论各种单一材料的优缺点，完成表2-1-14。

表 2-1-14　单一材料优缺点

材　料	实　例	优　点	缺　点
金属材料	钢铁		
无机非金属材料	普通玻璃		
有机合成材料	塑料		

在撑杆跳高项目中，运动员使用的撑杆的材料，既不是金属材料，也不是有机合成材料。这种材料是将两种或两种以上性质不同的材料经特殊加工而制成的，像这样的材料称为复合材料，如图 2-1-59 所示。复合材料由两部分组成：一部分称为基体，在复合材料中起黏结作用；另一部分称为增强体，在复合材料中起骨架作用。

图 2-1-59　复合材料示例

复合材料既保持了原有材料的特点，又使各组分之间协同作用，形成了优于原材料的特性。例如，金属材料易被腐蚀，有机合成材料易老化、不耐高温，陶瓷材料易破碎，这些缺点都可以通过复合的方式予以改善和克服。

资料在线

人们是怎样想到要制造复合材料的？

木材坚固耐用，可作为建筑材料。它由木质长纤维组成，靠被称为木质素的物质黏结起来。木质长纤维比较柔软，木质素较脆，它们各自都不能承受重压，但这两种物质复合后就构成了强壮的树干。

人们做泥墙时，往泥中掺入禾秸，这样可以提高泥墙的强度。将沙子、碎石与水泥混在一起，其强度比单纯水泥的强度要大得多。人们还把钢筋嵌入混凝土中，制成了更为坚固耐用的钢筋混凝土，用来建造高楼大厦和桥梁等。

其实，人们正是根据这种将不同性质的材料混合在一起，有可能获得性能更佳的材料的想法来制造复合材料的。

第 2 单元 化学

交流与研讨

请同学们讨论：表 2-1-15 给出的基体材料和增强体材料经过一定的混合，得到的复合材料可能具备什么样的性能。在材料与性能之间的预测栏内建立相应的连线。

表 2-1-15 复合材料的性能

复合材料		预测	性能
基体材料的类型	增强体材料的化学组成		
金属	C		耐酸碱、化学稳定性好、强度高、密度小、韧性好
陶瓷	SiO_2		强度高、抗冲击、绝缘性好、耐热度低于 300℃
合成树脂	MgO		耐高温、强度高、导电、导热性好
合成树脂	C		耐 1 600℃ 以上的高温、强度高、密度小

1.5.2 种类繁多的复合材料

组合复合材料的基体材料类型多种多样，增强体又可做成不同的形状，因而复合材料种类繁多。将复合材料按基体分类，可分为树脂基复合材料、金属基复合材料和陶瓷基复合材料。将复合材料按增强体的形状分类，可分为颗粒增强体复合材料、夹层增强复合材料和纤维增强复合材料。

在复合材料这个大家庭中，发展较快、应用较广的是纤维做增强体的复合材料。

1. 两种常用的增强体材料及其应用

1）玻璃纤维

玻璃纤维是将融化的玻璃以极快的速度拉成极细的丝。玻璃本身是脆性材料，但玻璃纤维却柔软如蚕丝，可以像棉花一样纺织。直径为 5~10μm 玻璃纤维，只有头发丝的 1/10 左右，但其拉伸强度却接近高强度钢的拉伸强度，为天然纤维或合成纤维拉伸强度的 5~30 倍。为了节约成本、简化工艺，一般采用直径为 10~20μm 的玻璃纤维，只有在制造一些具有特殊用途的制品，如防火衣、宇航服（见图 2-1-60）和宇宙飞船时才采用直径为 3~5μm 的超细玻璃纤维或中空玻璃纤维，以提高制品的柔软性、减轻制品的重量。

玻璃钢就是一种以玻璃纤维做增强体，合成树脂做基体的复合材料，如图 2-1-61 所示。其已大量用于游乐车、水上滑梯、运输罐、电话亭、餐桌椅等产品的生产，这些

图 2-1-60 宇航服

产品充分发挥了玻璃钢重量轻、强度高、耐水、耐磨、耐振、产品美观及制造方便等特点。玻璃钢在排水管道工程中也得到了广泛的应用。最近几年，越来越多的废水处理系统的管道用玻璃钢制造，一个重要原因是废水所含的腐蚀物质的种类在不断增加、腐蚀作用在不断增强，这就要求管道材料具有更好的耐腐蚀性，玻璃钢便是一种理想的材料。

图 2-1-61　玻璃钢管

交流与研讨

你经常打羽毛球吗？现在的羽毛球拍大多数是碳纤维素球拍，但几年前用的多是铝合金球拍，人们还曾使用过木制球拍。

请同学们讨论：用于制造碳纤维素球拍的材料有哪些优越性？它为什么具有这些优越性？

2）碳纤维

碳纤维主要是由碳元素组成的一种特殊纤维，其含碳量随种类不同而各异，一般在90%以上。碳纤维从外观上看呈暗色，具有许多优异而奇特的性质。它的化学稳定性好，耐酸碱腐蚀，在空气里加热到400℃无明显氧化，在没有氧气的环境里加热到1 500℃，强度也不会下降，有良好的耐低温性能，在-200℃时也不会发脆。

目前制造高尔夫球杆、羽毛球拍、网球拍、钓鱼竿、赛车、赛艇、滑雪板和冲浪板等体育用品，采用的大多数是碳纤维增强复合材料。如图2-1-62所示为玻璃钢球杆。这种复合材料是在合成树脂的基体中加入碳纤维（Carbon Fiber）做增强体，具有韧性好、强度高而重量轻的特点。这种碳纤维素增强复合材料也广泛应用于纺织机械和化工机械的制造，以及医学上人体组织中韧带的制作等。

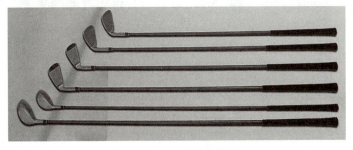

图 2-1-62　玻璃钢球杆

2. 复合材料在航空、航天领域中的应用

在火箭、导弹、卫星、宇宙飞船、航天飞机上，复合材料有着广泛的应用。飞机、火箭的机翼和机身以及导弹的壳体、尾翼中的复合材料，大多数是以纤维为增强体、金属为基体的复合材料。这些材料具有耐高温、强度高、导电性好、导热性好、不吸湿和不易老化等优点。作为增强体的纤维是碳纤维、硼纤维、碳化硅纤维和氧化铝纤维等耐热性能好的纤维。其中应用较多的是铝、镁、钛等密度小的轻金属。

如图2-1-63所示，航天飞机机身使用的隔热陶瓷瓦，是由纤维和陶瓷复合而成的材料制成的。在这种复合材料中，增强体多为碳纤维、碳化硅纤维或氧化硅纤维，基体的主要成分为陶瓷、MgO陶瓷、SiC陶瓷等。纤维增强陶瓷保持了陶瓷的耐高温特性，增强了陶瓷的韧性，使航天飞机能安全地穿越大气层返回地球。

图2-1-63　航天飞机隔热陶瓷瓦

现在，材料的复合正向着精细化方向发展，出现了诸如仿生复合、纳米复合、分子复合、智能复合等新的方法，使复合材料的大家族中增添了许多性能优异、功能独特的新成员。随着科学技术的进步，复合材料展现出不可估量的应用前景。材料科学家普遍认为，当前人类已经从合成材料时代进入了复合材料时代。

 资料在线

木塑复合材料

木塑复合材料是以废旧塑料、木粉（如木屑、竹粉、稻壳、秸秆等）为原料，按一定的比例混合，并添加特制的助剂，经高温、挤压、成型等工艺制成的一种新型复合材料。其性能优良、用途广泛、利于环保，并有广阔的发展前景，值得大力研发推广，如图2-1-64所示。

图2-1-64　木塑复合材料

第 2 章 有机化合物

学习目标

1. 了解有机化合物的结构特点，掌握生活中常见有机物乙醇和乙酸的性质和用途。
2. 了解新型化学清洁能源的发展前景。
3. 掌握糖类、油脂、蛋白质的组成和主要性质，认识其在日常生活中的应用。
4. 关注儿童营养平衡，正确使用药物，促进身心健康。

本章要点

有机化合物的结构特点；乙醇和乙酸的性质和用途；新型清洁化学能源；糖类、油脂、蛋白质的组成和主要性质；关注营养平衡，促进身心健康。

第 2 单元　化学

本章我们将学习有机化合物的知识。世界上绝大多数的含碳化合物，都是有机化合物（简称"有机物"）。有机化合物与人类的关系非常密切，在人们的衣、食、住、行、医疗保健、工农业生产及能源、材料和科学技术等领域中都起着重要的作用。

最早人类只能从动植物体中取得一些糖类、蛋白质、油脂、染料等有机物作为吃、穿、用方面的必需品。后来人们逐步能将从非生物体内取得的物质合成有机物，如合成尿素、醋酸、柠檬酸等。如今人们不但能合成出自然界里已有的许多有机物，而且还能合成出自然界里原来没有的多种多样性能良好的有机物，如合成树脂、合成橡胶、合成纤维、药物、染料和功能材料等。越来越多的人工合成有机物不断充实着人们的物质生活，促进了经济发展和社会进步。

目前，从自然界发现的和人工合成的有机物已超过 3 000 万种，而且新的有机物仍在不断地被发现或合成出来。

有机物的种类为什么如此繁多呢？我们知道碳原子最外层有 4 个电子，在有机化合物中，每个碳原子不仅能与其他原子形成 4 个共价键，而且碳原子与碳原子之间也能相互形成共价键，不仅可以形成单键，还可以形成双键或三键，多个碳原子可以相互结合形成长长的碳链，也可以形成碳环，如图 2-2-1 所示。因此一个有机物的分子可能只含一个碳原子，也可能含有几千甚至上万个碳原子，而含有相同原子种类和数目的分子又可能具有不同的结构。这就是造成碳的化合物种类和数目繁多的主要原因。

组成有机物的元素除碳外，通常还有氢、氧、氮、硫、卤素、磷等。仅含碳和氢两种元素的有机物称为碳氢化合物，又称烃。根据结构的

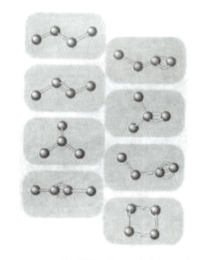

图 2-2-1　4 个碳原子相互结合的几种方式

不同，烃可分为烷烃、烯烃、炔烃、芳香烃等，每一类烃中又各有许多化合物。初中学习过的甲烷就是一种烃。在这一章里，我们将介绍生活中常见的两种有机物和基本营养物质。

2.1　生活中两种常见的有机物

2.1.1　乙醇　醇类

乙醇俗称酒精，是我们比较熟悉的一种有机物。在初中化学里已经学过乙醇的一些性质，这里我们将进一步学习乙醇的化学性质。如图 2-2-2 所示为乙醇分子的比例模型。

乙醇的结构式是：

简写为 CH₃CH₂OH 或 C₂H₅OH。

图 2-2-2　乙醇分子的比例模型

1．乙醇的化学性质

1）乙醇与金属钠的反应

【实验 2-2-1】　大试管里注入 2 mL 左右无水乙醇，再放入 2 小块新切开用滤纸擦干的金属钠，迅速用一配有导管的单孔塞塞住试管口，用一小试管倒扣在导管上，如图 2-2-3（a）所示，收集反应中放出的气体并验纯。确信气体的纯度后，在导管口点燃，观察气体燃烧的现象；然后把一凉的干燥小烧杯罩在火焰上方，如图 2-2-3（b）所示，片刻后可看到烧杯壁上出现水滴，迅速倒转烧杯，向烧杯内注入少量澄清的石灰水，振荡，观察石灰水的变化。

图 2-2-3　乙醇与金属钠的反应

从实验中可以看到，反应放出的气体可在空气中安静地燃烧，火焰呈淡蓝色；烧杯壁上有水滴生成，而且加入烧杯中的澄清的石灰水不变浑浊，这说明反应生成的气体是氢气。在这个反应里，金属钠置换出了羟基中的氢，生成了乙醇钠，反应的化学方程式是：

$$2CH_3CH_2OH+2Na \rightarrow 2CH_3CH_2ONa+H_2\uparrow$$

这个反应类似于水与钠的反应，因此乙醇可以看作是水分子里的氢原子被乙基取代的产物。乙醇与钠的反应比水与钠的反应要缓和得多，这说明乙醇羟基中的氢原子不如水分子中的氢原子活泼。

2）乙醇的氧化反应

乙醇除了燃烧时能生成二氧化碳和水之外，在加热和有催化剂（Cu 或 Ag）存在的条件下，也能与氧气发生氧化反应，生成乙醛：

$$2CH_3CH_2OH+O_2 \xrightarrow[\Delta]{\text{催化剂}} 2CH_3CHO+2H_2O$$

工业上根据这个原理，由乙醇制取乙醛。

3）乙醇的消去反应

我们已经知道，乙醇在有浓硫酸作催化剂的条件下，加热到 170℃ 生成乙烯。其反应的化学方程式是：

$$\underset{\substack{|\\H\ OH}}{\overset{\substack{H\ H\\|\ |}}{H-C-C-H}} \xrightarrow[170℃]{浓\ H_2SO_4} CH_2=CH_2\uparrow +H_2O$$

在这个反应里，每一个乙醇分子脱去一个水分子，显然这个反应属于消去反应。

以上事实说明，羟基比较活泼，它决定着乙醇的主要化学性质。

  阅读资料

乙醇的另一种脱水方式

如果把乙醇和浓硫酸共热的温度控制在140℃，那么乙醇将以另一种方式脱水，即每两个乙醇分子间脱去一分子水。此时，反应生成的是乙醚：

$$C_2H_5-OH+HO-C_2H_5 \xrightarrow[140℃]{浓\ H_2SO_4} \underset{乙醚}{C_2H_5-O-C_2H_5}+H_2O$$

相同的反应物在不同的反应条件下，可能生成不同的产物。可见在化学反应中，控制反应条件是很重要的。

2. 乙醇的工业制法

乙醇的工业制法主要有乙烯直接水化法和发酵法两种。

1）乙烯直接水化法

乙烯直接水化法，就是在加热、加压和有催化剂存在的条件下，使乙烯蒸气与水直接反应，生成乙醇：

$$CH_2=CH_2+H-OH \xrightarrow[加热、加压]{催化剂} CH_3CH_2OH$$

在此法中的原料——乙烯可大量取自石油裂解气，成本低、产量大，这样能节约大量粮食，因此发展很快。

2）发酵法

发酵法制乙醇是在酿酒的基础上发展起来的，在相当长的历史时期内，曾是生产乙醇的唯一工业方法。发酵法的原料可以是含淀粉的农产品，如谷类、薯类或野生植物果实等，也可用制糖厂的废糖蜜，或者用含纤维素的木屑、植物茎秆等。这些物质经一定的预处理后，经水解（用废糖蜜作原料不经这一步）、发酵即可制得乙醇。

发酵液中乙醇的质量分数为6%~10%，并含有其他一些有机杂质，经精馏可得95%的工业乙醇。

3. 乙醇的生理作用

我们知道各种饮用酒中都含有酒精，酒精有加速人体的血液循环和使人兴奋的作用。如图2-2-4所示为乙醇在人体内的代谢过程示意图。

酒精在人体中，不需经消化作用即可直接被肠胃吸收，并很快扩散进入血液，分布至全身各器官，主要是在肝脏和大脑中。酒精在体内的代谢作用，绝大部分发生在肝脏中，在肝脏中的一种酶的作用下，酒精先转化成乙醛（对人体有毒），很快又在另一种酶的作用下，变成乙酸最终分解成二氧化碳和水。

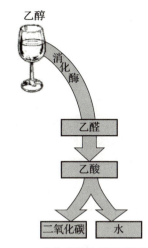

图 2-2-4　乙醇在人体内的代谢过程示意图

酒精在人体内的代谢速率是有一定限度的，当一个人在短时间内大量饮酒时，其中所含的酒精不能及时代谢，就开始在各器官特别是肝脏和大脑内蓄积。这种蓄积会损害人的许多器官，特别是肝脏。对酒精的承受能力，因人而异，一般来说，一个健康成人每天饮酒中的酒精含量不应超过 50 g，这是人体在 24 h 内能够排出的量。青少年处在身体发育时期，饮酒更易造成对身体器官的损害，因此许多国家都明令严禁青少年饮酒。

知识链接

判断酒后驾车的方法

司机酒后驾车容易肇事，因此交通法规禁止酒后驾车。怎样判断驾车人是否为酒后驾车呢？一种科学、简便的检测方法是使驾车人呼出的气体接触载有经过硫酸酸化处理的强氧化剂三氧化铬（CrO_3）的硅胶，如果呼出的气体中含有乙醇蒸气，乙醇会被三氧化铬氧化成乙醛，同时，三氧化铬被还原为硫酸铬。

三氧化铬与硫酸铬的颜色不同，通过颜色的变化，即可知驾车人是否喝了酒。图 2-2-5 是驾驶员正在接受检测。

图 2-2-5　驾驶员正在接受检测

4. 醇类

醇是分子中含有跟链烃基结合着的羟基化合物。根据醇分子里羟基的数目，醇可以分为一元醇、二元醇和多元醇，分子里只含有一个羟基的，叫作一元醇。由烷烃所衍生的一元醇，叫作饱和一元醇，如甲醇、乙醇等，它们的通式是 $C_nH_{2n+1}OH$，简写为 R—OH。乙醇是重要的化工溶剂，广泛应用于医药、涂料、化妆品、油脂等工业；甲醇、乙醇都是重要的化工原料，同时，它们还可用作车用燃料，是一类新的可再生能源。甲醇有毒，饮用约 10 mL 就能使眼睛失明，再多就能使人死亡。

低级的饱和一元醇为无色中性液体，具有特殊的气味和辛辣味道。甲醇、乙醇和丙醇可与水以任意比混溶；含 4 至 11 个 C 的醇为油状液体，可以部分地溶于水；含 12 个 C 以上的醇为无色、无味的蜡状固体，不溶于水。表 2-2-1 中列出了几种饱和一元醇的某些物理性质。

表 2-2-1　几种饱和一元醇的物理性质

名称	结构简式	熔点/℃	沸点/℃	相对密度
甲醇	CH_3OH	-93.9	65.0	0.791 4
乙醇	CH_3CH_2OH	-114.1	78.5	0.789 3
丙醇	$CH_3CH_2CH_2OH$	-126.5	97.4	0.803 5
正丁醇	$CH_3CH_2CH_2CH_2OH$	-89.5	117.2	0.809 8
异丁醇	$(CH_3)_2CHCH_2OH$	-108.0	108.0	0.801 8
正十二醇	$CH_3(CH_2)_{10}CH_2OH$	26.0	255.9	0.830 9
正十六醇	$CH_3(CH_2)_{14}CH_2OH$	50.0	344.0	0.817 6

从表中可以看出，醇的沸点变化情况与烷烃类似，也是随分子里碳原子数的递增而逐渐升高。

分子里含有 2 个或 2 个以上羟基的醇，分别叫作二元醇和多元醇，如乙二醇和丙三醇：

$$\begin{matrix} CH_2\!-\!OH \\ | \\ CH_2\!-\!OH \end{matrix} \qquad \begin{matrix} CH_2\!-\!OH \\ | \\ CH\!-\!OH \\ | \\ CH_2\!-\!OH \end{matrix}$$

乙二醇　　丙三醇

乙二醇和丙三醇都是无色、黏稠、有甜味的液体，乙二醇易溶于水和乙醇；丙三醇吸湿性强，能跟水、酒精以任意比混溶，它们都是重要的化工原料。此外，丙三醇还有护肤作用，俗称甘油。

家庭小实验

自制甜酒酿

称取糯米 1 kg，淘洗干净，用清水浸泡一昼夜，沥干后，蒸熟，冷却到 40 ℃。将 10 g 酒曲（含有糖化酶、酒化酶等催化剂）研成粉末，加入少量冷开水调成浑浊液，分数次加入糯米饭中，搅拌均匀，装入经过开水灭菌的容器中，轻轻压实，再在中间掏一个圆形小洞直至容器底部（以免发酵时中间温度过高，影响反应），然后将容器盖好，放在 30~40 ℃ 的环境中。经过 48 h 后，发酵过程基本完成，即可食用。酿制成功的酒酿香甜可口，且有浓郁酒香。

课后实践

一、填空题

1. 乙醇的结构简式是_____。饱和一元醇的通式是_____。
2. 在甲醇、乙醇、丙三醇这几种物质中,属新的可再生能源的是_____;是饮用酒主要成分的是_____;俗称甘油的是_____;有毒的是_____。
3. 乙醇与浓硫酸共热到170℃,发生_____反应,生成_____。硫酸的作用是_____,反应的化学方程式是_____。

二、选择题

32 g 某一元醇与足量的金属钠完全反应,得到 11.2 L(标准状况)氢气,该醇的分子式是(　　)。

A. CH_3OH　　　　B. C_2H_5OH　　　　C. C_3H_7OH　　　　D. C_4H_9OH

2.1.2　乙酸　羧酸

乙酸又名醋酸,它是食醋的主要成分,是日常生活中经常接触的一种有机酸。

乙酸的分子式是 $C_2H_4O_2$,结构式是:

$$CH_3-\overset{\overset{\displaystyle O}{\|}}{C}-OH$$

简写为 CH_3COOH。乙酸分子的比例模型如图 2-2-6 所示。

图 2-2-6　乙酸分子的比例模型

乙酸从结构上可以看成是甲基和羧基 $-\overset{\overset{\displaystyle O}{\|}}{C}-OH$(或 —COOH)相连而构成的化合物。乙酸的化学性质主要由羧基决定。

1. 乙酸的化学性质

1)乙酸的酸性

我们已经知道,乙酸具有酸的通性,能使紫色的石蕊试液变红,但它的酸性强弱又是怎样的呢?

【实验 2-2-2】 如图 2-2-7 所示,向一盛有少量 Na_2CO_3 粉末的试管里,加入约 3 mL 乙酸溶液,观察有什么现象发生。

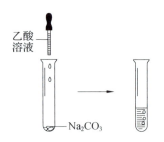

图 2-2-7 乙酸与 Na_2CO_3 的反应

可以看到试管里有气泡产生，这是二氧化碳气体。这说明乙酸的酸性强于碳酸。尽管如此，但它在水溶液里还是只能发生部分电离，仍是一种弱酸。

2）乙酸的酯化反应

在有浓硫酸存在并加热的条件下，乙酸能与乙醇发生反应，生成乙酸乙酯（$CH_3COOC_2H_5$）。

【实验 2-2-3】 在一试管中加入 3 mL 乙醇，然后边摇动试管边慢慢加入 2 mL 浓硫酸和 2 mL 冰醋酸。按图 2-2-8 所示，连接好装置。用酒精灯小心均匀地加热试管 3~5 min，产生的蒸气经导管通到饱和碳酸钠溶液的液面上。在液面上可以看到有透明的油状液体产生，并可闻到香味。

图 2-2-8 生成乙酸乙酯的反应

这种有香味的无色透明油状液体就是乙酸乙酯。反应的化学方程式可以表示如下：

$$CH_3-\overset{O}{\underset{\|}{C}}-OH + H-O-C_2H_5 \underset{\triangle}{\overset{浓 H_2SO_4}{\rightleftharpoons}} CH_3-\overset{O}{\underset{\|}{C}}-OC_2H_5 + H_2O$$

乙酸乙酯是酯类化合物的一种。酸和醇起作用，生成酯和水的反应叫作酯化反应。

酯的一般通式是 RCOOR′，其中 R 和 R′可以相同，也可以不同。酯类广泛存在于自然界。低级酯是有芳香气味的液体，存在于各种水果和花草中，如图 2-2-9 所示。如梨里含有乙酸异戊酯，苹果和香蕉里含有异戊酸异戊酯等。酯的密度一般小于水，并难溶于水，易溶于乙醇和乙醚等有机溶剂。酯可用作溶剂，也可用作制备饮料和糖果的香料。

图 2-2-9 水果、花草中含有具芳香气味的低级酯

在有酸或碱存在的条件下,酯能发生水解反应,生成相应的酸和醇。

【实验2-2-4】 在三个试管里各加入6滴乙酸乙酯。向第一个试管里加蒸馏水5.5 mL;向第二个试管里加稀硫酸(1:5)0.5 mL、蒸馏水5 mL;向第三个试管里加入30%的氢氧化钠溶液0.5 mL、蒸馏水5 mL。振荡均匀后,把三个试管都放入70~80℃的水浴里加热。几分钟后,第三个试管里乙酸乙酯的气味消失了;第二个试管里还有一点儿乙酸乙酯的气味;第一个试管里乙酸乙酯的气味没有多大变化。

实验说明,在酸或碱存在的条件下,乙酸乙酯水解生成了乙酸和乙醇。从上述两个实验可以看出,乙酸乙酯的水解与乙酸的酯化反应是可逆反应。

$$CH_3COOC_2H_5+H_2O \xrightleftharpoons[]{无机酸或碱} CH_3COOH+C_2H_5OH$$

讨论

酯化反应与酯的水解反应的关系如下:

$$RCOOH+HOR' \xrightleftharpoons[水解]{酯化} RCOOR'+H_2O$$

如果要使酯的水解程度大一些,那么是用酸催化好,还是用碱催化好?为什么?

2. 羧酸

像乙酸这样,其分子由烃基与羧基相连构成的有机化合物还有很多,统称为羧酸。根据与羧基相连的烃基的不同,羧酸可以分为脂肪酸(如乙酸)和芳香酸(如苯甲酸C_6H_5COOH)等;根据羧酸分子中羧基的数目,羧酸又可以分为一元羧酸、二元羧酸(如乙二酸HOOC—COOH)和多元羧酸等。

一元羧酸的通式为R—COOH。在一元羧酸里,酸分子的烃基含有较多碳原子的叫作高级脂肪酸(如硬脂酸$C_{17}H_{35}COOH$、油酸$C_{17}H_{33}COOH$)。

由于羧酸分子中都含有相同的官能团——羧基,它们的化学性质很相似,如都有酸性、都能发生酯化反应等。

甲酸(HCOOH)是分子组成最简单的羧酸,俗称蚁酸,它是无色、有刺激性气味的液体,有腐蚀性,能与水混溶。甲酸具有与乙酸类似的酸性,它也是弱酸。

【实验2-2-5】 向一盛有少量碳酸钠粉末的试管里,加入约3 mL甲酸溶液,观察有什么现象发生。

实验证明,甲酸的酸性比碳酸强。

羧酸在自然界广泛存在,是重要的工业原料。

家庭小实验

巧除水垢

如图2-2-10所示,家中烧开水的壶和盛放开水的暖瓶或凉瓶,使用时间长了易结水垢,利用乙酸的酸性可有效除去水垢且不会对容器造成污染。方法是:取少量醋(最好使用醋精)加入需要除垢的容器中,缓慢转动容器使水垢与醋充分接触,浸泡一段时间,再用水清洗即可。如果水垢较厚,则可反复多次转动浸泡,或者多换几次醋并适当增加浸泡时间。

图 2-2-10 巧除水垢

课后实践

一、填空题

1. 羧酸的_____反应的逆反应是_____的水解反应。在无机酸存在下，该水解反应的产物为_____；在碱存在下，该水解反应的产物为_____。酸存在下水解反应的程度_____碱存在下水解反应的程度，这是因为_____。

2. 某有机物的蒸气完全燃烧后生成 CO_2 和 H_2O，反应消耗的 O_2 和生成的 CO_2 均为原有机物蒸气体积的 2 倍（同温同压下）。该有机物的分子式是_____，它可能的结构简式是_____。

二、选择题

1. 可以说明 CH_3COOH 是弱酸的事实是（　　）。

A. CH_3COOH 与水能以任意比混溶

B. CH_3COOH 能与 Na_2CO_3 溶液反应，产生 CO_2 气体

C. 1 mol/L 的 CH_3COONa 溶液的 pH 约为 9

D. 1 mol/L 的 CH_3COOH 水溶液能使紫色石蕊试液变红

2. 下列有关酯的叙述中，不正确的是（　　）。

A. 酸与醇在强酸的存在下加热，可得到酯

B. 乙酸和甲醇发生酯化反应生成甲酸乙酯

C. 酯化反应的逆反应是水解反应

D. 果类和花草中存在着有芳香气味的低级酯

3. 醋酸乙酯在 KOH 溶液催化下水解，得到的产物是（　　）。

A. 乙酸钾　　　B. 甲醇　　　C. 乙醇　　　D. 乙酸

2.2 发展的化学能源

化学反应释放热能、原电池将化学能转化为电能、电解将电能转化为化学能等，是化学

反应为人类提供能源的主要途径。随着科学技术的发展和人们物质生活水平的提高，人们不但对能源的需求量越来越大，而且对使用能源后是否引起污染也更加注意。除热能、电能外，氢能、太阳能、生物质能和燃料电池等属于清洁型能源，而且资源也极为丰富，是理想的未来能源。

2.2.1 氢能

氢是一种洁净的可再生能源。氢能的原料是水，资源不受限制。氢燃烧时反应速度快、发热高。氢的燃烧产物是水，不污染环境，是最干净的燃料，要使氢成为广泛使用的能源，关键是解决廉价制氢技术。

传统的制氢方法是电解水及高压、高温制氢，这都要消耗大量的电能和煤或天然气，消耗的能量比燃烧这种燃料所产生的能量还多。这种费用上的不划算使它只用于专门用途，如推进太空火箭或在航天器中维持燃料电池。

科研人员经过多年研究，寻找出两种较为方便的制氢方法。一是利用太阳光制氢。利用太用光照射到半导体氧化钛表面时，氧化钛产生的电流会使水分解，产生氢气；二是利用光合作用制氢。美国、英国用 1 g 叶绿素每小时可产生 1 L 氢气，转化率高达 75%。

2.2.2 太阳能

太阳能是太阳内部连续不断的核聚变反应过程产生的能量。太阳能既是一次能源，又是可再生能源。它资源丰富，既可免费使用，又无须运输，对环境无任何污染。但太阳能有两个主要缺点：一是能流密度低，二是强度受各种因素（如季节、地点、气候等）影响不能维持常量。这大大限制了太阳能的有效利用。

如图 2-2-11 所示，人们利用太阳能的方法主要有三种：一是太阳能直接转化成热能，如太阳能热水器、太阳灶、太阳能住宅及太阳能温室等；二是太阳能直接转换成化学能，即光化学转换；三是太阳能直接转换为电能，如太阳能电池。

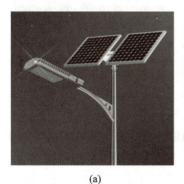
(a)

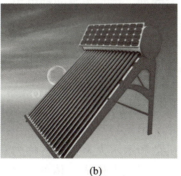
(b)

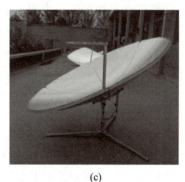
(c)

图 2-2-11　太阳能的利用示例
（a）太阳能路灯；（b）太阳能热水器；（c）太阳能灶

第2单元 化学

2.2.3 生物质能

生物质能是特指蕴藏在生物质中的能量，是太阳能以化学能形式储存在生物中的一种能量形式，它直接或间接地来源于植物的光合作用。生物质是地球上广泛存在的物质，它包括所有动物、植物和微生物。以及由这些生命物质派生、排泄和代谢的许多有机物质。在各种可再生能源中，生物质是独特的，它储存的太阳能更是一种唯一再生的能源，可转化成常规的固态、液态和气态燃料。

目前把生物质能作为新能源来考虑，并不是再去烧固态的柴草，而是将它们转化为可燃性的液态或气态化合物，即把生物能转化为化学能，再利用燃烧放热。农牧业废料、高产作物（如甘蔗、高粱等）、速生树木（如赤杨、刺槐、桉树等），经过发酵或高温热分解等方法可以制造甲醇、乙醇等干净的液体燃料，在世界很多国家都已经出现了用乙醇或含乙醇的汽油做燃料的汽车。

2.2.4 燃料电池

燃料电池是一种化学电池，它将物质发生化学反应时释放的能量直接转换为电能输出，所以被称为燃料电池。从这一点看，它和其他化学电池如锌锰干电池、铅蓄电池等是类似的。但它工作时需要连续地向其供给活物质（起反应的物质）——燃料和氧化剂，这又和其他普通化学电池不大一样。

具体来说，燃料电池是利用水电解逆反应的"发电机"。它由正极、负极和夹在正负极中间的电解质板组成。工作时向负极供给燃料（氢），向正极供给氧化剂（空气）。氢在负极分解成正离子 H^+ 和电子 e^-。氢离子进入电解液中，而电子则沿外部电路移向正极，用电的负载就接在外部电路中的氧同电解液中的氢离子吸收抵达正极上的电子形成水。这就是水的电解反应的逆过程。利用这个原理，燃料电池便可在工作时源源不断地向外部输电，所以也可称它为一种"发电机"。

燃料电池和火电、水电、核电并列，被誉为第四种电力，正在美、日等发达国家崛起并已进入工业规模发电的阶段。

2.3 基本营养物质——人类重要的营养物质

人类为了维持生命与健康，除了阳光与空气外，还必须摄取食物。食物的成分主要有糖类、油脂、蛋白质、维生素、无机盐和水六大类，通常称为营养素。它们和通过呼吸进入人体的氧气一起，经过新陈代谢过程，转化为构成人体的物质和维持生命活动的能量。所以，它们是维持人体的物质组成和生理机能不可缺少的要素，也是生命活动的物质基础。如表2-2-2所示，列出了人体内主要物质含量的数据。

第2章 有机化合物

表 2-2-2　人体内主要物质含量

化合物	占人体质量的百分比/%	化合物	占人体质量的百分比/%
蛋白质	15～18	无机盐	3～4
脂肪	10～15	水	55～67
糖类	1～2	其他	1

　　糖类、油脂和蛋白质都是天然的有机化合物，在自然界分布很广。它们除了供人类食用外，还可以作为工业原料，用来制造纺织品、日用品、药物和某些化工产品等。下面就来学习有关它们的知识。

资料

　　光合作用是世界上涉及物质数量最多的化学反应，据估计，每年由光合作用合成的糖类（主要是淀粉和纤维素）约为 25 亿 t。

2.3.1　葡萄糖　蔗糖

　　糖类是绿色植物光合作用的产物，是动植物所需能量的重要来源。根据我国居民的食物构成，人们每天摄取的热能中大约有 75% 来自糖类。

　　糖类是由 C、H、O 三种元素组成的一类有机化合物。从前曾把糖类叫作碳水化合物，理由是当时发现它们的组成符合通式 $C_n(H_2O)_m$（n 与 m 可以相同，也可以不同）。随着化学科学的发展，现在发现碳水化合物的名称没有正确反映糖类化合物的组成、结构特征。糖类中的氢原子和氧原子的个数比并不都是 2∶1，也并不以水分子的形式存在，如鼠李糖 $C_6H_{12}O_5$；而有些符合 $C_n(H_2O)_m$ 通式的物质也不是碳水化合物，如甲醛 CH_2O、乙酸 $C_2H_4O_2$ 等。所以碳水化合物这个名称虽然仍然沿用，但是早已失去原来的意义。

　　糖类根据其能否水解以及水解产物的多少，可以分为单糖、二糖和多糖等几类。单糖不能水解成更简单的糖；二糖能水解，每摩尔二糖水解后产生 2 mol 单糖；多糖也能被水解，每摩尔多糖水解后可产生多摩尔单糖。

　　单糖中最重要的是葡萄糖；二糖中最重要的是蔗糖和麦芽糖；多糖中最重要的是淀粉和纤维素。本节先学习单糖和二糖。

1. 葡萄糖

　　葡萄糖是自然界中分布最广的单糖。葡萄糖存在于葡萄和其他带甜味的水果里，如图 2-2-12 所示。蜂蜜里也含有葡萄糖。淀粉等食用糖类在人体中能转化成葡萄糖而被吸收，正常人的血液里约含质量分数为 0.1% 的葡萄糖，叫作血糖。

　　葡萄糖的分子式是 $C_6H_{12}O_6$，它是白色晶体，有甜味，能溶于水。

图 2-2-12 含有葡萄糖的水果

【实验2-2-6】 在一支洁净的试管里配制 2 mL 银氨溶液，加入 1 mL 10%的葡萄糖溶液，然后在水浴里加热 3~5 min，观察现象。

【实验2-2-7】 在试管里加入 2 mL 10% NaOH 溶液，滴加 5% $CuSO_4$ 溶液 5 滴，再加入 2 mL 10%的葡萄糖溶液，加热，观察现象。

从【实验2-2-6】可以看到有银镜生成，从【实验2-2-7】可以看到有红色沉淀生成，它是 CuO。

 资料

糖尿病患者的尿中含有葡萄糖，而且病情越重，含糖量越高。因此，可以根据测定尿中葡萄糖的含量来判断患者的病情。从前医疗上曾根据【实验2-2-7】的原理测定患者尿中葡萄糖的含量，现在为了快捷和方便，已改用仪器检测，在家中则可用特制的试纸来检测。

讨论

根据上述实验现象分析，葡萄糖分子中具有什么官能团？葡萄糖具有什么性质？

实验证明，葡萄糖跟醛类一样具有还原性，能发生银镜反应，也能被 $Cu(OH)_2$ 氧化，它的结构简式为：$CH_2OH-CHOH-CHOH-CHOH-CHOH-CHO$，是一种多羟基醛。

葡萄糖是一种重要的营养物质，它在人体组织中进行氧化反应，放出热量，以维持人体生命活动所需要的能量。

$$C_6H_{12}O_6(s) + 6O_2(g) \rightarrow 6CO_2(g) + 6H_2O(l)$$

1 mol 葡萄糖完全氧化，放出约 2 804 kJ 的热量。

葡萄糖用于制镜业、糖果制造业，还可以用于医药工业。葡萄糖可不经过消化过程而直接为人体所吸收，因此，体弱和血糖过低的患者可利用静脉注射葡萄糖溶液的方式来迅速补充营养。

2. 蔗糖 麦芽糖

蔗糖的分子式是 $C_{12}H_{22}O_{11}$。蔗糖为无色晶体，溶于水，是重要的甜味食物。蔗糖存在于不少植物体内，以甘蔗（含糖质量分数为 11%~17%，图 2-2-13）和甜菜（含糖质量分数为 14%~26%）的含量为最高。日常生活中所食用的白糖、冰糖、红糖的主要成分都是蔗糖。

图 2-2-13　甘蔗

【实验 2-2-8】　在两支洁净的试管里各加入 20% 的蔗糖溶液 1 mL，并在其中一支试管里加入 3 滴稀硫酸（1∶5）。把两支试管都放在水浴中加热 5 min。然后向已加入稀硫酸的试管中滴加 NaOH 溶液，至溶液呈碱性。最后再向两支试管里各加入 2 mL 新制银氨溶液，在水浴中加热 3~5 min，观察现象。

用新制 $Cu(OH)_2$ 代替银氨溶液作上述实验，观察现象。

讨论

实验说明蔗糖分子中是否含有醛基？蔗糖溶液加酸并加热后，反应产物中是否含有醛基？

从上述实验可以看出，蔗糖不发生银镜反应，也不能还原 $Cu(OH)_2$，这说明它的分子结构中不含有醛基，因此不显还原性。在硫酸的催化作用下，蔗糖发生水解反应，生成葡萄糖和果糖。

$$\underset{\text{蔗糖}}{C_{12}H_{22}O_{11}} + H_2O \xrightarrow{\text{催化剂}} \underset{\text{葡萄糖}}{C_6H_{12}O_6} + \underset{\text{果糖}}{C_6H_{12}O_6}$$

因此蔗糖水解后能发生银镜反应，也能还原 $Cu(OH)_2$。

麦芽糖的分子式是 $C_{12}H_{22}O_{11}$。麦芽糖是白色晶体（常见的麦芽糖是糖膏），易溶于水，有甜味。麦芽糖分子中含有醛基，因此有还原性。在硫酸等催化剂的作用下，麦芽糖发生水解反应，每摩尔麦芽糖水解生成 2 mol 葡萄糖。麦芽糖可用作甜味食物。通常食用的饴糖（如高粱饴），其主要成分就是麦芽糖。

$$\underset{\text{麦芽糖}}{C_{12}H_{22}O_{11}} + H_2O \xrightarrow{\text{催化剂}} \underset{\text{葡萄糖}}{2C_6H_{12}O_6}$$

如表 2-2-3 所示，为糖的甜度比较。甜度又称比甜度，是一个相对值，通常以蔗糖（非还原糖）为基准物，一般设 10% 或 15% 的蔗糖水溶液在 20℃ 时的甜度为 1.00，其他糖的甜度与之相比较得到。

表 2-2-3　糖的甜度比较

糖类	甜度
蔗糖	1.00
果糖	1.70
葡萄糖	0.74
麦芽糖	0.32

3. 食品添加剂与人体健康

食品添加剂是用于改善食品品质、延长食品保存期、增加食品营养成分的一类化学合成或天然物质。如图 2-2-14 和表 2-2-4 所示，是一些常见的食品添加剂。

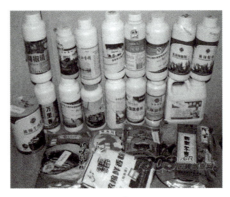

图 2-2-14　食品添加剂

表 2-2-4　一些常见的食品添加剂

类别	功能	品种
食品色素	调节食品色泽，改善食品外观	胡萝卜素（橙红色）、番茄红素（红色）、胭脂红酸（红色）、苋菜红（紫红色）、靛蓝（蓝色）、姜黄色素（黄色）、叶绿素（绿色）、柠檬黄（黄色）
食用香料	赋予食品香味，引人愉悦	花椒、茴香、桂皮、丁香油、柠檬油、水果香精（多种酯类的混合物）
甜味剂	赋予食品甜味，改善口感	各种糖类、糖精（具甜味是蔗糖的 300～500 倍）、木糖醇（可供糖尿病患者食用）
鲜味剂	使食品呈现鲜味，引起食欲	味精（谷氨酸钠）
防腐剂	阻抑细菌繁殖，防止食物腐烂	食盐、糖、醋酸、苯甲酸及其钠盐、山梨酸及其盐、丙酸钙
抗氧化剂	抗氧化，阻止空气中的氧气使食物氧化变质	抗坏血酸（维生素 C）、维生素 E、丁基羟基茴香醚
营养强化剂	补充食物中缺乏的营养物质或微量元素	食盐加碘、粮食制品中加赖氨酸、食品中加维生素或硒、锗等微量元素

什么物质可以作食品添加剂，以及食品添加剂的使用量，卫生部门都有严格的规定。在规定范围内使用食品添加剂，一般认为对人体健康是无害的。但是违反规定，将一些不能作为食品添加剂的物质当作食品添加剂，或者超量使用食品添加剂，均会损害人体健康。

例如，使用一些不能食用的染料给食品染色，或配制饮料，均有可能危害健康或引起食物中毒。又如为了使腌制肉类食品的颜色更为鲜红，超量使用添加剂硝酸盐或亚硝酸盐，将会使肉类食品中产生亚硝胺。它是一种致癌物质，有诱发人体患癌的危险。

课后实践

一、填空题

1. 葡萄糖能发生银镜反应，也能跟新制得的氢氧化铜反应生成红色沉淀。这说明葡萄糖具有_____的性质，分子里含_____官能团。

2. 在葡萄糖、蔗糖和麦芽糖中，不能发生银镜反应的是_____；在硫酸的催化作用下，能发生水解反应的是_____和_____。

二、选择题

1. 下列关于葡萄糖的说法中，错误的是（　　）。

A. 葡萄糖的分子式是 $C_6H_{12}O_6$

B. 葡萄糖是碳水化合物，因为它的分子是由6个C原子和6个 H_2O 分子组成的

C. 葡萄糖是一种多羟基醛，因而具有醛和多元醇的性质

D. 葡萄糖是单糖

2. 下列关于葡萄糖与蔗糖相比较的说法中，错误的是（　　）。

A. 它们的分子式不同，蔗糖的分子式是 $C_{12}H_{22}O_{11}$

B. 它们的分子结构不同，蔗糖分子不含醛基

C. 它们不是同分异构体，但属于同系物

D. 蔗糖能水解，葡萄糖不能

三、计算题

葡萄糖的相对分子质量是180，其中含碳40%，氢6.7%，其余是氧。求葡萄糖的分子式。

2.3.2 淀粉　纤维素

多糖是能水解生成多个分子单糖的糖类。淀粉和纤维素是最重要的多糖，它们的通式是 $(C_6H_{10}O_5)_n$，但它们的分子里所包含的单糖单元（$C_6H_{10}O_5$）的数目不同，即 n 值不同。不仅如此，它们的结构也不相同。

1. 淀粉

淀粉主要存在于植物的种子或块根里，其中谷类含淀粉较多。例如，大米约含淀粉80%，小麦约含70%，马铃薯约含20%。淀粉中含有几百个到几千个单糖单元，也就是说，淀粉的相对分子量很大，从几万到几十万，属于天然有机高分子化合物。

1) 淀粉的性质

淀粉是白色、无气味、无味道的粉末状物质，不溶于冷水，在热水里淀粉颗粒会膨胀破裂，有一部分淀粉溶解在水里，另一部分悬浮在水里，形成胶状淀粉糊，这一过程称为糊化作用。糊化是淀粉食品加热烹制时的基本变化，也就是常说的食物由生变熟。

通常淀粉不显还原性，但它在催化剂（如酸）存在和加热条件下可以逐步水解，生成一系列比淀粉分子小的化合物，最后生成还原性单糖——葡萄糖。

$$\underset{淀粉}{(C_6H_{10}O_5)_n} + nH_2O \xrightarrow{催化剂} \underset{葡萄糖}{nC_6H_{12}O_6}$$

【实验2-2-9】在试管1和试管2里各放入0.5 g淀粉，在试管1里加入4 mL 20%的H_2SO_4溶液，在试管2里加入4 mL水，都加热3~4 min。用碱液中和试管1里的H_2SO_4溶液，把一部分液体倒入试管3。在试管2和试管3里都加入碘溶液，观察有没有蓝色出现。在试管1里加入银氨溶液，稍加热后，观察试管内壁上有无银镜出现。

从上述实验可以看到，淀粉用酸催化可以发生水解，生成能发生银镜反应的葡萄糖。而在没加酸的试管中加碘溶液呈现蓝色，说明淀粉没有发生水解。

我们知道，淀粉是没有甜味的，但为什么在吃米饭或馒头时，多加咀嚼就会感到有甜味？原来淀粉在人体内也进行水解。人们在咀嚼米饭或馒头时，淀粉受唾液所含淀粉酶（一种蛋白质）的催化作用，开始水解，生成了一部分葡萄糖。淀粉在小肠里，在胰脏分泌出的淀粉酶的作用下，继续进行水解。生成的葡萄糖经过肠壁的吸收，进入血液，供人体组织的营养需要。

2) 淀粉的用途

淀粉是食物的一种重要成分，是人体的重要能源。它也是一种工业原料，可以用来制造葡萄糖和酒精等。淀粉在淀粉酶的作用下，先转化为麦芽糖，再转化为葡萄糖。葡萄糖受到酒曲里的酒化酶的作用，转化为乙醇。其反应可以简略表示如下：

$$C_6H_{12}O_6 \xrightarrow{催化剂} 2C_2H_5OH + 2CO_2$$

2. 纤维素

纤维素是构成植物细胞壁的基础物质，因此一切植物中均含有纤维素。各种植物含纤维素多少不一，棉花（图2-2-15(a)）是含纤维素很丰富的植物，其质量分数可达92%~95%，亚麻（图2-2-15(b)）中含纤维素达80%，木材中的纤维素约占木材质量的1/2。

图 2-2-15　富含纤维素的植物
（a）棉花；（b）亚麻

纤维素是一种复杂的多糖，它的分子中大约含有几千个单糖单元，相对分子量为几十万至百万，因此它也是天然有机高分子化合物。纤维素跟淀粉结构不同，性质也有差异。

1）纤维素的性质

纤维素是白色、无气味、无味道，具有纤维状结构的物质，不溶于水，也不溶于一般有机溶剂。

跟淀粉一样，纤维素也不显还原性，可以发生水解，但比淀粉困难，一般需要在浓酸中或用稀酸在加压下才能进行。纤维素水解的最终产物是否具有还原性呢？

【实验 2-2-10】　把一小团棉花或几小片滤纸放入试管中，加入几滴 90% 的浓硫酸，用玻璃棒把棉花或滤纸捣成糊状。小火微热，使成亮棕色溶液。稍冷，滴入 3 滴 $CuSO_4$ 溶液，并加入过量 NaOH 溶液使溶液中和至出现 $Cu(OH)_2$ 沉淀。加热煮沸，观察现象。

从上述实验中可以看到有红色 CuO 沉淀生成，这说明纤维素水解生成了具有还原性的物质。

纤维素水解的最终产物也是葡萄糖：

$$(C_6H_{10}O_5)_n + nH_2O \xrightarrow[\triangle]{催化剂} nC_6H_{12}O_6$$

纤维素分子是由很多单糖单元构成的，每一个单糖单元有 3 个醇羟基，因此纤维素能够表现出醇的一些性质，如生成硝酸酯、乙酸酯等。

2）纤维素的用途

纤维素的用途十分广泛。棉麻纤维大量用于纺织工业。其他一些富含纤维素的物质，如木材、稻草、麦秸、蔗渣等，可以用来造纸。除此之外，纤维素可以用来制造纤维素硝酸酯、纤维素乙酸酯和粘胶纤维等。

纤维素硝酸酯俗名硝酸纤维。工业上把酯化比较完全、含氮量高的纤维素硝酸酯叫作火棉，把含氮量低的纤维素硝酸酯叫作胶棉。火棉可用来制造无烟火药，作为枪弹的发射药；胶棉可用来制造赛璐珞（一种塑料）和油漆。

纤维素乙酸酯俗名醋酸纤维，它不易着火，可用于制造电影胶片的片基，也可作纺织工业原料。

粘胶纤维是植物茎秆、棉绒等富含纤维素的物质，经过氢氧化钠和二硫化碳等处理后，得到的一种纤维状物质。粘胶纤维中的长纤维俗称人造丝，短纤维俗称人造棉，都可供纺织之用。

食物中的纤维素在人体消化过程中也起着重要的作用。

课后实践

一、选择题

1. 下列物质中，属于天然高分子化合物的是（　　）。
   A. 纤维素　　　　B. 蔗糖
   C. 淀粉　　　　　D. 麦芽糖

2. 下列物质中属于还原性糖的是（　　）；能水解且最终产物为两种物质的是（　　）。
   A. $C_6H_{12}O_6$（葡萄糖）　　B. $C_{12}H_{22}O_{11}$（蔗糖）
   C. $(C_6H_{10}O_5)_n$（淀粉）　　D. $(C_6H_{10}O_5)_n$（纤维素）

二、问答题

1. 吃米饭或馒头时，为什么多加咀嚼就会感到有甜味？
2. 淀粉和纤维素有什么用途？
3. 在以淀粉为原料生产葡萄糖的水解过程中，可用什么方法来检验淀粉的水解是否完全？

2.3.3　油脂

油脂是人类的主要食物之一，也是一种重要的工业原料，如图2-2-16所示。我们日常食用的动物油、花生油、菜籽油、豆油、棉籽油等都是油脂。

在室温，植物油脂通常呈液态，叫作油。动物油脂通常呈固态，叫作脂肪。脂肪和油统称油脂。

它们在化学成分上都是高级脂肪酸跟甘油所生成的酯，所以油脂属于酯类。

油脂是热能最高的营养成分，1g油脂在完全氧化（生成CO_2和H_2O）时放出的热量约为39.3 kJ，大约是糖类（约17.2 kJ/g）或蛋白质（约18 kJ/g）的2倍。因此，它是重要的供能物质。正常情况下，每人每日需进食50～60 g脂肪，

图2-2-16　市售的油脂

约能供应日需总热量的20%～25%。人体中的脂肪还是维持生命活动的一种备用能源。一般成年人体内储存的脂肪占体重的10%～20%。当人进食量小、摄入食物的能量不足以支付机体消耗的能量时，就要消耗自身的脂肪来满足机体的需要。这就是人进食少、活动量过大会

造成身体消瘦的原因。

油脂还能溶解一些脂溶性维生素（如维生素 A、D、E、K），因此，进食一定量的油脂能促进人体对食物中含有的这些维生素的吸收。

1. 油脂的组成和结构

油脂是由多种高级脂肪酸（如硬脂酸、软脂酸或油酸等）跟甘油生成的甘油酯。它们的结构可以表示如下：

$$\begin{matrix} & & O & & \\ R_1 & - & C & - O - CH_2 \\ & & O & & | \\ R_2 & - & C & - O - CH \\ & & O & & | \\ R_3 & - & C & - O - CH_2 \end{matrix}$$

结构式里 R_1、R_2、R_3 代表饱和烃基或不饱和烃基。它们可以相同，也可以不相同。如果 R_1、R_2、R_3 相同，这样的油脂称为单甘油酯。如果 R_1、R_2、R_3 不相同，就称为混甘油酯。天然油脂大都是混甘油酯。

2. 油脂的性质

油脂的密度比水小，为 $0.90 \sim 0.95 \text{ g/cm}^3$。它的黏度比较大，触摸时有明显的油腻感。油脂不溶于水，易溶于有机溶剂，工业上根据这一性质，常用有机溶剂来提取植物种子里的油。油脂本身也是一种较好的溶剂。

由于油脂是多种高级脂肪酸甘油酯的混合物，而高级脂肪酸中既有饱和的，又有不饱和的，因此，许多油脂兼有烯烃和酯类的一些化学性质，可以发生加成反应和水解反应。

1）油脂的氢化

液态油在催化剂（如 Ni）存在并加热、加压的条件下，可以跟氢气起加成反应，提高油脂的饱和程度，生成固态油脂。

$$\begin{matrix} C_{17}H_{33}COO-CH_2 & & & C_{17}H_{35}COO-CH_2 \\ | & & \xrightarrow{\text{催化剂}} & | \\ C_{17}H_{33}COO-CH & + 3H_2 & \xrightarrow{\text{加热加压}} & C_{17}H_{35}COO-CH \\ | & & & | \\ C_{17}H_{33}COO-CH_2 & & & C_{17}H_{35}COO-CH_2 \\ \text{油酸甘油酯（油）} & & & \text{硬脂酸甘油酯（脂肪）} \end{matrix}$$

这个反应叫作油脂的氢化，也叫油脂的硬化。这样制得的油脂叫人造脂肪，通常又叫硬化油。工业上常利用油脂的氢化反应把多种植物油转变成硬化油。硬化油性质稳定，不易变质，便于运输，可用作制造肥皂、脂肪酸、甘油、人造奶油等的原料。

2）油脂的水解

在适当条件下（如有酸或碱或高温水蒸气存在），油脂跟水能够发生水解反应，生成甘油和相应的高级脂肪酸（或盐）。例如，硬脂酸甘油酯在有酸存在的条件下进行水解反应，其化学方程式可以表示如下：

$$\begin{array}{l}C_{17}H_{35}COO-CH_2\\C_{17}H_{35}COO-CH\\C_{17}H_{35}COO-CH_2\end{array} +3H_2O \xrightarrow{H_2SO_4} 3C_{17}H_{35}COOH+\begin{array}{l}CH_2-OH\\CH-OH\\CH_2-OH\end{array}$$

硬脂酸甘油酯　　　　　　　　硬脂酸　　　甘油

工业上根据这一原理，可用油脂为原料来制取高级脂肪酸和甘油。

油脂在人体中的消化过程与水解有关。油脂在小肠里由于受酶的催化而发生水解，主要生成脂肪酸和甘油，它们为肠壁所吸收，作为人体的营养。

如果油脂是在有碱存在的条件下水解，那么，水解生成的高级脂肪酸便跟碱反应，生成高级脂肪酸盐。这样的水解反应，叫作皂化反应。例如，硬脂酸甘油酯发生皂化反应，生成硬脂酸钠和甘油。

$$\begin{array}{l}C_{17}H_{35}COO-CH_2\\C_{17}H_{35}COO-CH\\C_{17}H_{35}COO-CH_2\end{array} +3NaOH \longrightarrow 3C_{17}H_{35}COONa+\begin{array}{l}CH_2-OH\\CH-OH\\CH_2-OH\end{array}$$

硬脂酸钠

硬脂酸钠是肥皂的有效成分，工业上就是利用这个反应来制造肥皂。

3. 肥皂和洗涤剂

1) 肥皂的制取

把动物脂肪或植物油跟氢氧化钠溶液按一定比放在皂化锅内加热、搅拌，使之发生皂化反应。反应完成后，生成的高级脂肪酸钠盐、甘油和水形成了混合物。往锅内加入食盐细粒，搅拌，静置，则会使高级脂肪酸钠从混合物中析出，浮在液面，从而跟甘油、食盐水分离，这个过程叫作盐析。集取浮在液面的高级脂肪酸钠，加入填充剂（如松香、硅酸钠等），进行压滤、干燥、成型，就制得成品肥皂。下层液体经分离提纯后，便得到甘油。

2) 肥皂去污原理

肥皂去污是高级脂肪酸钠起作用。从结构上看，它的分子可以分为两部分：一部分是极性的—COONa，或—COO⁻，它可以溶于水，叫亲水基；另一部分是非极性的链状的烃基—R，这一部分不溶于水，叫作憎水基。憎水基具有亲油的性质。在洗涤的过程中，污垢中的油脂跟肥皂接触后，高级脂肪酸钠分子的烃基就插入油滴内。而易溶于水的羧基部分伸在油滴外面，插入水中。这样油滴就被肥皂分子包围起来，如图 2-2-17 所示。再经摩擦、振动，大的油滴便分散成小的油珠，最后脱离被洗的纤维织品，而分散到水中形成乳浊液，从而达到洗涤的目的。

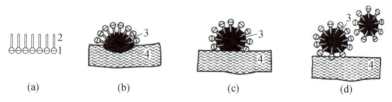

图 2-2-17　肥皂去污示意图
1—亲水基；2—憎水基；3—油污；4—纤维织品

4. 合成洗涤剂

合成洗涤剂是根据肥皂去污原理合成的分子中具有亲水基和憎水基的物质。它分固态的洗衣粉和液态的洗涤剂两大类。如图 2-2-18 所示,为市售的合成洗涤剂示例。它的主要成分是烷基苯磺酸钠或烷基磺酸钠等,如图 2-2-19 所示。根据不同的需要,采用不同的配比和添加剂,可以制得不同性能、不同用途、不同品种的合成洗涤剂。例如,在洗衣粉中加入蛋白酶,可以提高对血渍、奶渍等蛋白质污物的去污能力。

图 2-2-18 市售的合成洗涤剂示例

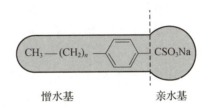

图 2-2-19 合成洗涤剂分子结构示意图

跟肥皂比较,合成洗涤剂有显著的优点:

(1)肥皂不适合在硬水中使用,而合成洗涤剂的使用不受水质限制。因为硬水中的钙、镁离子会跟肥皂生成高级脂肪酸钙、镁盐类沉淀,使肥皂丧失去污能力。而合成洗涤剂在硬水中生成的钙、镁盐类能够溶于水,不会丧失去污能力。

(2)合成洗涤剂去污能力更强,并且适合洗衣机使用。

(3)合成洗涤剂的原料便宜。制造合成洗涤剂的主要原料是石油,而制造肥皂的主要原料是油脂,石油比油脂更价廉易得。

由于合成洗涤剂有上述优点,因此它的发展很快。但是随着合成洗涤剂的大量使用,含有合成洗涤剂的废水大量排放到江河中,造成了水体污染。原因是有的洗涤剂十分稳定,难以被细菌分解,污水积累,使水质变坏。有的洗涤剂含有磷元素,造成水体富营养化,促使水生藻类大量繁殖,水中的溶解氧降低,也使水质变坏。目前,合成洗涤剂导致的水体污染已引起人们极大的关注,并且正在积极研制无磷等新型洗涤剂,以减轻对环境的污染。

课后实践

一、填空题

1. ＿＿＿＿和＿＿＿＿＿统称为油脂,其结构可以表示为＿＿＿＿＿。
2. 用油脂水解的方法制取高级脂肪酸,通常所选择的条件是＿＿＿＿＿＿；若制取肥皂,则选择的条件是＿＿＿＿＿＿。
3. 液态油生成固态油脂,要在＿＿＿＿条件下,用油与＿＿＿＿反应。

二、选择题

1. 下列叙述中,错误的是（　　）。
   A. 油脂属于酯类　　　　　　　B. 某些油脂兼有酯和烯烃的一些化学性质
   C. 油脂的氢化又叫油脂的硬化　D. 油脂是纯净物,不是混合物
2. 油脂皂化后,使肥皂和甘油充分分离,可以采用的方法是（　　）。
   A. 萃取　　　B. 蒸馏　　　C. 结晶　　　D. 盐析

2.3.4 蛋白质

蛋白质广泛存在于生物体内，是组成细胞的基础物质。动物的肌肉、皮肤、血液、乳汁以及发、毛、蹄、角等都是由蛋白质构成的。蛋白质是构成人体的物质基础，它约占人体除水分外剩余质量的一半。许多植物（如大豆、花生、小麦、稻谷）的种子里也含有丰富的蛋白质。一切重要的生命现象和生理机能，都与蛋白质密切相关。如在生物新陈代谢中起催化作用的酶、起调节作用的激素、运输氧气的血红蛋白，以及引起疾病的细菌、病毒，抵抗疾病的抗体等，都是蛋白质。所以说，蛋白质是生命的基础，没有蛋白质就没有生命。

1. 蛋白质的组成

蛋白质是一类非常复杂的化合物，由碳、氢、氧、氮、硫等元素组成，如表 2-2-5 所示。蛋白质的相对分子量很大，从几万到几千万。例如，烟草斑纹病毒的核蛋白的相对分子量就超过 2 000 万。因此，蛋白质属于天然有机高分子化合物。

表 2-2-5 蛋白质的组成

组成元素	质量分数/%
C	53
H	7
O	23
N	16
S	1
P、Fe、Mg、I 等	微量

蛋白质在酸、碱或酶的作用下能发生水解，水解的最终产物是氨基酸。下面是几种氨基酸的例子：

$$\text{甘氨酸} \quad \underset{\underset{NH_2}{|}}{CH_2}-COOH$$

$$\text{丙氨酸} \quad CH_3-\underset{\underset{NH_2}{|}}{CH}-COOH$$

$$\text{谷氨酸} \quad HOOC-(CH_2)_2-\underset{\underset{NH_2}{|}}{CH}-COOH$$

因此，我们说氨基酸是蛋白质的基石。

由于氨基酸的种类很多，组成蛋白质时氨基酸的数量和排列又各不相同，因此蛋白质的结构很复杂。研究蛋白质的结构和合成，进一步探索生命现象，这是生命科学研究中的重要课题。1965 年我国科学家在世界上第一次用人工方法合成了具有生命活力的蛋白质——结晶牛胰岛素，对蛋白质的研究做出了重要贡献。

2. 蛋白质的性质

有的蛋白质能溶于水，如鸡蛋白；有的难溶于水，如丝、毛等。蛋白质除了能水解为氨基酸外，还具有如下性质。

1）盐析

【实验2-2-11】 如图2-2-20所示，在盛有鸡蛋白溶液的试管里，缓慢地加入饱和$(NH_4)_2SO_4$（或Na_2SO_4溶液），观察沉淀的析出。然后把少量带有沉淀的液体加入盛有蒸馏水的试管里，观察沉淀是否溶解。

向蛋白质溶液中加入某些浓的无机盐（如$(NH_4)_2SO_4$、Na_2SO_4等）溶液后，可以使蛋白质凝聚，并从溶液中析出，这种作用叫作盐析。这样析出的蛋白质仍可以溶解在水中，不影响原来蛋白质的性质。因此，盐析是一个可逆的过程。利用这个性质，可以采用多次盐析的方法来分离、提纯蛋白质。

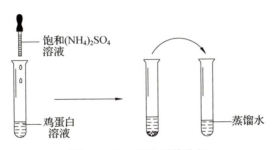

图2-2-20 蛋白质的盐析

2）变性

【实验2-2-12】 在两个试管里各加入3 mL鸡蛋白溶液，给一个试管加热，同时向另一个试管加入少量乙酸铅溶液，观察发生的现象。把凝结的蛋白和生成的沉淀分别放入两个盛有清水的试管里，观察是否溶解。

上述实验说明，蛋白质受热达到一定温度时就会凝结，这种凝结是不可逆的，即凝结后不能在水中重新溶解，我们把蛋白质的这种变化叫作变性。除加热以外，紫外线、X射线；强酸、强碱，铅、铜、汞等重金属的盐类，以及一些有机化合物，如甲醛、酒精、苯甲酸等的作用，均能使蛋白质变性，蛋白质变性后，不仅丧失了原有的可溶性，同时也失去了生理活性。

课后实践

1. 为什么医院里用高温蒸煮、照射紫外线、喷洒苯酚溶液、在伤口处涂抹酒精溶液等方法来消毒杀菌？

2. 为什么生物实验室用甲醛溶液（福尔马林）保存动物标本？

3. 为什么在农业上用波尔多液（由硫酸铜、生石灰和水制成）来消灭病虫害？

知识链接

解毒

当人误食重金属盐类时，可以喝大量牛奶、蛋清或豆浆解毒。原因是上述食品中含有较多的蛋白质，可以跟重金属盐类形成不溶于水的化合物，这样可以减轻重金属盐类对胃肠黏膜的危害，起到缓解毒性的作用。

3）颜色反应

【实验 2-2-13】 如图 2-2-21 所示，在盛有 2 mL 鸡蛋白溶液的试管里，滴入几滴浓硝酸，微热，观察现象。

从上述实验中可以看到，鸡蛋白溶液遇浓硝酸颜色变黄。蛋白质可以跟许多试剂发生特殊的颜色反应。某些蛋白质跟浓硝酸作用会产生黄色。

此外，蛋白质被灼烧时，产生烧焦羽毛的气味。

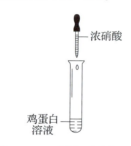

图 2-2-21 蛋白质的颜色反应

3. 蛋白质的用途

蛋白质是人类必需的营养物质，成年人每天要摄取 60～80 g 蛋白质，才能满足生理需要，保证身体健康。

人们从食物中摄取的蛋白质，在胃液中的胃蛋白酶和胰液中的胰蛋白酶作用下，经过水解生成氨基酸。氨基酸被人体吸收后，重新结合成人体所需的各种蛋白质。人体内各种组织的蛋白质也在不断地分解，最后主要生成尿素，排出体外。

蛋白质不仅是重要的营养物质，在工业上也有广泛的用途。动物的毛和蚕丝的成分都是蛋白质，它们是重要的纺织原料。动物的皮经过药剂鞣制后，其中所含的蛋白质就变成不溶于水、不易腐烂的物质，可以加工成柔软坚韧的皮革。

动物胶是用动物的骨、皮和蹄等经过熬煮提取的蛋白质，可用作胶粘剂。无色透明的动物胶叫白明胶，可用来制造照相胶卷和感光纸。阿胶是用驴皮熬制的胶，它是一种药材。

酪素是从牛奶中凝结出来的蛋白质，除用作食品外，还能跟甲醛合成酪素塑料，它可用来制造纽扣、梳子等生活用品。

此外，由蛋白质组成的酶也有广泛的用途。

第2章　有机化合物

知识链接

酶

人体是一个复杂的"化工厂",在这个"化工厂"里同时进行着许多互相协同配合的化学反应。这些反应不能在高温、高压、剧毒、强腐蚀的条件下进行,只能在体温条件下温和地进行。这些反应还要求有较高的速率,而且需要随着环境和身体情况的变化而随时自动地进行精密的调节。如此苛刻的条件是怎样实现的呢?这要靠一类特殊的蛋白质——酶的作用。

酶是具有生物活性的蛋白质,对于许多有机化学反应和生物体内进行的复杂的反应具有很强的催化作用。酶的催化作用具有以下特点:

(1) 条件温和、不需加热。在接近体温和接近中性的条件下,酶就可以起作用。在 $30\sim50°C$ 酶的活性最强,超过适宜的温度时,酶将逐渐丧失活性。

(2) 具有高度的专一性。如蛋白酶只能催化蛋白质的水解反应;淀粉酶只对淀粉起催化作用,如同一把钥匙开一把锁那样。

(3) 具有高效催化作用。酶催化的化学反应速率,比普通催化剂高 $10^7\sim10^{13}$ 倍。

目前,人们已经知道的酶有数千种。工业上大量使用的酶多数是通过微生物发酵制得的,并且有许多种酶已制成了晶体。酶已得到广泛的应用,如淀粉酶应用于食品、发酵、纺织、制药等工业;蛋白酶用于医药、制革等工业;脂肪酶用于使脂肪水解、羊毛脱脂等。酶还可用于疾病的诊断。

课后实践

一、填空题

蛋白质、淀粉、脂肪是三种重要的营养物质,其中_____不是天然有机高分子化合物;这三种物质水解的最终产物分别是:蛋白质→_____,淀粉→_____,脂肪→_____。

二、选择题

1. 欲将蛋白质从水中析出而又不改变它的性质,应加入(　　)。

A. 饱和 Na_2SO_4 溶液　　　B. 浓硫酸

C. 甲醛溶液　　　D. $CuSO_4$ 溶液

2. 下列过程中,不可逆的是(　　)。

A. 蛋白质的盐析　　　B. 酯的水解

C. 蛋白质的变性　　　D. 氯化铁的水解

三、计算题

某蛋白质含有 0.64% 的硫,经测定它的分子里只含有 2 个硫原子,计算这种蛋白质的相对分子量。

拓展：关注营养平衡　促进身心健康

2.4.1 关注营养平衡

近几十年来，我们已经深入地了解了应该如何调整营养，帮助孩子保持健康。我们曾经把蔬菜、谷物和豆类当成辅助食品，一直把肉类和奶制品当成最爱，而且从来不会特别去考虑儿童膳食中所含的脂肪和胆固醇的问题。现在，我们的观念进步了。科学研究清楚表明，蔬菜、谷物、豆类和水果应该唱主角。它们不但为儿童提供了成长所需的营养，而且还不含危害健康的胆固醇和动物脂肪。

方法与步骤

我们当中几乎没有人从小就以蔬菜、谷物和豆类为主要食品，所以我们并不太知道应该如何让饮食搭配完善。下面的步骤可以让事情简单易行。其中一些似乎是基本常识，而另一些内容对你来说可能会很新鲜。但是，其中的每一步都很重要。

（1）西兰花、羽衣甘蓝、菠菜、芥蓝、水田芹、甜菜、大白菜、奶白菜以及其他绿色蔬菜都富含容易吸收的钙、铁和孩子必需的许多维生素。每天的饮食都应该包括2~3份绿叶蔬菜。烹调绿叶菜的时间要短，一两分钟就行了，这样出锅时才会碧绿碧绿的。孩子大一点后，你就可以用少量的海盐给菜调味。但是，如果孩子还很小，对盐的味道还没有感觉，则最好不要往菜里加盐。

（2）蔬菜应当占到膳食比例的25%~30%。新妈妈可以去农贸市场选购蔬菜，要是能够自己种植，那就最好了。来自有机农场、超市的有机食品柜台，或者是当地农贸市场的蔬菜都有一个好处，那就是不含杀虫剂。让孩子打打下手，自己种植蔬菜，是吃到新鲜健康食品的好方法，也是你们共同分享的美好经历。

（3）蔬菜的新鲜品质是好营养的重要标志。冷冻和罐装的蔬菜也能保留大量的营养，而且还可能更便宜。如果新妈妈花一些心思来变换蔬菜的种类和烹调方法，那么蔬菜就不会淡而无味了。正确地烹调蔬菜能够提高孩子的食欲，还会让每顿饭都变得更加诱人。

（4）每顿饭都准备一道以上的蔬菜是有好处的，但是要挑选孩子爱吃的种类。你的孩子可能特别偏爱以某种方式做出来的蔬菜。强迫孩子吃他们不喜欢的蔬菜是不会有长期效果的。最好能不断地变换花样做新的、有趣的蔬菜，这样，你的孩子就会馋得胃口大开。

（5）豆类富含蛋白质、钙和许多其他营养物质，应当成为日常饮食的常规内容，豆腐和天贝都是由大豆制成的，可以做主菜和汤。一顿有豆类和糙米的饭，或者任何豆子和谷物的组合，都能带给孩子大量的蛋白质和纤维质，而且只含有少量的脂肪。

2.4.2 正确使用药物

1. 正确区分处方药与非处方药

处方药：指必须凭执业医师或执业助理医师处方才可调配、购买和使用的药品。这种药通常都具有一定的毒性及其他潜在的影响，用药方法和时间都有特殊要求，必须在医生指导下使用。

非处方药：指患者自己根据药品说明书，自选、自购、自用的药物。这类药毒副作用较少、较轻，而且也容易察觉，不会引起耐药性、成瘾性，与其他药物相互作用也小，在临床上使用多年，疗效肯定。非处方药主要用于病情较轻、稳定、诊断明确的疾病。

处方药一般在医生的指点下用药，且只要遵医嘱，一般不会有大的差错。但对于非处方药，普遍有这样的心理："非处方药，随便吃。"就因为在这种随意思想的驱使下，家长给孩子自行用药时，存在随意增减非处方药的用药量、长期服用非处方药、诊断不明就用非处方药及其多药联用等现象，其实，这样有很大的用药安全隐患。因为人与人之间有个体差异，即使最常见的板蓝根，如果遇到过敏性体质，也会产生严重的不良反应。

郑重提醒各位父母，非处方药≠保险药，它也有禁忌，且任何药用错了都是毒药，今后千万别再有"非处方药，随便吃"的想法了。

非处方药的合理选用和注意事项：首先，家长给孩子自行购买非处方药时，药品说明书需仔细阅读，严格按照说明书用药；其次，父母须不断加强自我诊断知识和安全用药知识；最后，提倡无病不用药。

2. 正确看待成人药品与小儿药品

绝大多数患儿家长把孩子看成缩小版的成人，认为成人用药与小儿用药只是剂量大小的不同，只要注意减量，大人的药是可以用于小儿治病的。殊不知，儿童的组织器官处于不断发育成熟的阶段，神经系统、内分泌系统及许多脏器发育尚不完善，肝、肾的解毒和排毒功能以及血脑屏障的作用也都不健全，有些药物在婴幼儿体内的吸收、分布、代谢及排泄与成人相比有明显差别，所以，在药物使用上，婴儿不同于儿童，儿童更不同于成年人。

建议：孩子生病后，家长最好给孩子选择儿童专用型药剂治疗，如口服液、颗粒剂等。这些药剂不但服用方便，儿童易于接受，服用也相对安全。

3. 理性看待中药材

很多父母认为小儿服用中成药是比较安全的，没有不良反应，往往会掉以轻心。其实，不少中成药也不宜小儿服用。如藿香正气水，因含酒精，故小儿禁用；仁丹因含朱砂，故婴幼儿及儿童忌服；麻仁润肠丸，因其可致泻，儿童不宜长期服用；六神丸中的雄黄，其主要成分为三硫化二砷，遇热易分解氧化，变成有剧毒的三氧化二砷，即俗称的砒霜，其毒害作用可影响到神经系统、消化系统、造血系统和泌尿系统等。因此，婴幼儿最好不用。

还有，中医理论讲究"辨症论治"，同样是一种中成药，对症运用效果十分理想，如果不对症就有可能加重病情或发生不良反应。所以，家长不能凭经验主义，想当然给孩子自行用中成药。

4. 正确给孩子服药

服药前自己阅读药品包装及说明书，严格按照说明书给孩子服用适量的药物；使用专用的滴管、量杯或随药配备的容器给孩子服药，千万别用其他药物的滴管或量杯给孩子喂不同的药物；不要躺着给孩子喂药，以防呛着或窒息；也不要用饮料给孩子服药；同时，注意孩子服药的时间间隔。

第 3 章 化学与自然资源的开发利用

学习目标

1. 理解可持续发展的概念，掌握金属冶炼的方法和原理，海水资源开发利用的方法和原理。
2. 了解石油和煤的综合利用方法和原理，了解大气、水和土壤的污染及防治。
3. 了解农业生产中常用的农药和化肥及其组成和性质，了解肥皂的有效成分、去污原理和常见的洗涤剂，了解精细化学品的特点和用途。
4. 保护环境，从我做起。

本章要点

可持续发展的概念；金属矿物和海水资源的开发利用；石油和煤的综合利用；常用化肥和农药的组成和性质；肥皂的结构和原理；精细化学品的特点和用途；保护环境。

可持续发展是指既满足当代人的需要，又不对后代人满足需要的生存能力构成危害的一种综合性发展。人类在向自然界索取，创造富裕生活的同时，不能以牺牲人类自身生存环境作为代价。人类为了自身及子孙后代的生存，经过许许多多的曲折和磨难，终于从环境与发展相对立的观念中醒悟过来，认识到两者协调统一的可能性，认识到"只有一个地球"，人类必须爱护地球，共同关心和解决全球性的环境问题，并开创了一条人类通向未来的新的发展之路——可持续发展之路。

地球上大自然的物质转化就是一个可持续发展的循环的生态过程，人类的生存和发展离不开自然资源。化学研究和应用在自然资源的合理开发和综合利用中发挥着重要的作用。

3.1 开发利用金属矿物和海水资源

利用化学可以将天然存在的元素转变成人类可利用的物质；利用化学可以开发人类社会发展所需的能源；利用化学可以合成自然界原本没有的物质；利用化学还可以不断地扩大可利用自然资源的范围等。同时，化学对提高资源的利用率也起着非常重要的作用。

3.1.1 金属矿物的开发利用

在自然界中，除了金、铂等极少数金属以游离态存在外，绝大多数金属以化合态的形式存在。化学研究如何合理、高效地利用这些金属矿物，将其中的金属从其化合物中还原出来并用于生产和制造各种金属材料，这一过程在工业上叫作金属的冶炼。

从金属矿物质中提炼金属一般需要经过3个步骤：第一步是除杂质（选矿），提高矿物中有用成分的含量；第二步是冶炼，利用氧化还原反应的原理，在一定条件下，用还原剂把金属矿物中的金属离子还原成金属单质；第三步是精炼，采用一定的方法，提纯金属。

冶炼金属的方法有很多，其实质是用还原的方法，使金属化合物中的金属离子得到电子变成金属原子。由于金属的化学活动性不同，所以金属离子得到电子还原成金属原子的能力不同，因此就必须采用不同的冶炼方法。工业上冶炼金属的一般方法有：热分解法、热还原法和电解法。

1）热分解法

对一些不活泼金属，可以直接用加热分解的方法制得。例如，在金属活动性顺序中，位于氢后面的金属（如 Hg、Ag 等）的氧化物受热就能分解。

$$2HgO \xrightarrow{\triangle} 2Hg+O_2\uparrow$$

$$2Ag_2O \xrightarrow{\triangle} 4Ag+O_2\uparrow$$

2）热还原法

大多数金属的冶炼过程属于热还原法。常用的还原剂有焦炭、一氧化碳、氢气和活泼金属等。例如：

$$MgO+C \xrightarrow{高温} Mg+CO\uparrow$$

$$Fe_2O_3+3CO \xrightarrow{高温} 2Fe+3CO_2$$

$$WO_3+3H_2 \xrightarrow{高温} W+3H_2O$$

$$Cr_2O_3+2Al \xrightarrow{高温} 2Cr+Al_2O_3$$

3）电解法

对于钾、钙、钠、镁、铝等非常活泼的金属采用一般的还原剂很难将它们还原出来，工业上常用电解法冶炼。

$$2Al_2O_3 \xrightarrow{\text{电解}} 4Al + 3O_2\uparrow$$

$$2NaCl \xrightarrow{\text{电解}} 2Na + Cl_2\uparrow$$

课外阅读

湿法冶金

在工业上还有一种冶金的方法叫作湿法冶金。它是利用在溶液中发生的化学反应（如置换反应、氧化还原反应、中和反应、水解反应等）和有关的物理性质，对原料中的金属进行提取和分离的冶金过程。它可用于提取锌、铀及稀土金属等的回收与环境、资源保护方面，地球上的矿物资源是有限的，而且不能再生，随着人们的不断开发利用，矿产资源将越来越少。与此同时，金属制品在使用过程中会被腐蚀或损坏，故需要不断生产新的产品来代替旧的产品，因而每年就会有大量的废旧金属产生，废旧金属是一种固体废弃物，会污染环境。应该怎样解决这类问题呢？最好的办法是把上面的两个问题结合起来考虑，即把废旧金属作为一种资源，加以回收利用。这样做，既减少了垃圾量，防止污染环境，又缓解了资源短缺的矛盾。据计算，回收一个铝饮料罐比制造一个新的铝饮料罐便宜20%，而且可节约95%的能源。回收的废旧金属，大部分可以重新制成金属或它们的化合物，再次利用。废旧钢铁可以用于炼钢，废铁屑等可以用于制铁盐，从电解精铜的阳泥中，可回收金、银等贵重金属；从电影业、照相业、科研单位和医院X光室回收的定影液中，可以提取金属银。

另外，我们必须学会合理开发和利用这些矿物资源，有效地使用金属产品材料，提高金属矿物的利用率，减少金属的使用量。

3.1.2 海水资源的开发利用

1. 海水资源

海洋的面积约占地球总面积的71%，在海洋的底部蕴藏着丰富的矿藏。其中，石油约有1.3×10^2万t，约占全世界可开采量的45%。海水本身也是一个巨大的化学资源宝库，海水的储量约为1.3×10^9亿t，约占地球上总水量的97%。例如，每吨海水中仅含4×10^{-6}g黄金，但海水中黄金的总储量约为5×10^{15}t。按照目前的测定，海水中化学元素的含量差别很大，除氢和氧外，每升海水中含量在1mg以上的元素有Cl、Na、Mg、S、Ca、K、Br、C、Sr、B和F 11种，一般称为"主要元素"，这11种元素加上H、O一起占了海水总量的99%。每升海水中含量在1mg以下的元素，叫"微量元素"或"痕量元素"。在海水中含有80多种元素，这些元素大部分以盐的形式存在，每立方千米的海水中，溶解有3 500万t固体物质，价值10亿美元，其中包括1 980万t食盐、950万t镁、89万t硫、301万t溴、3 t铜、0.3 t银和0.04 t金。按全球13.7亿km^3海水计算，如果把海水中的盐分全部提取出来，其总量约为 $5×10^{15}$ t。若将这些盐平铺在地球的陆地上，则可使陆地增高 150 m。因为这些物质都溶解在海水里，提炼时大多使用化学方法，所以我们称它们为海水化学资源。

海水中几种主要无机盐的离子浓度如表 2-3-1 所示。

表 2-3-1 海水中几种主要无机盐的离子浓度

离子	Cl^-	Na^+	SO_4^{2-}	Mg^{2+}	Ca^{2+}	K^+	痕量元素
质量分数	1.91%	1.06%	0.266%	0.128%	0.04%	0.038%	0.025%

2. 海水资源的综合利用

对于种类繁多，储量丰富的海水化学资源来说，目前提取的物质仅是其中极少的一部分，对很多物质，人们尚未找到提炼它们的有效方法。食盐是从海水中提取量最多的物质。目前全世界每年生产海盐 2 000 万~3 000 万 t，占食盐总量的 1/3。把海水引入盐田，利用日光、风力蒸发浓缩海水，使其达到饱和而让食盐结晶析出来（图 2-3-1）。所得苦卤（海水晒盐析出食盐后的母液）可制得 $MgCl$、KCl、MgO、$MgBr_2$ 等一系列化工产品。

我国海水蒸馏制盐具有悠久的历史，原理如图 2-3-2 所示。目前，从海水中制得的氯化钠除食用外，还用作工业原料，如生产烧碱、纯碱、金属钠以及氯气、漂白粉之类含氯化工产品。从海水中制取镁、钾、溴及其化工产品，是由传统海水制盐工业的发展而来的。海水资源的开发利用，是实现我国沿海地区水资源可持续利用的发展方向。溴是重要的医药工业原料，它在海水中的平均含量极少，但总量高达 92 万 t，占地球上总储量的 99%。陆地矿石中的溴因含量太少而无法开采，所以实际应用中的溴需全部从海水中提取。从海水中提取溴，已有 170 多年的历史。核裂变反应的铀元素，在陆地矿石中的含量很稀少，也主要从海水中提取。通过从海水中提取淡水或从海水中把盐分离出去，都可以达到淡化海水的目的。海水淡化的方法有蒸馏法、电渗析法、离子交换法等。其中蒸馏法的历史最久，技术和工艺也比较完善，但成本较高。因此，海水淡化同化工生产结合、同能源技术结合，成为海水综合利用的重要方向。海水化学资源综合利用技术，就是从海水中提取各种化学元素（化学品）以及将元素进行深加工的技术。主要包括海水制盐、苦卤化工，提取钾、镁、溴、碘、锂、铀及其深加工等，现在已逐步向海洋精细化工方向发展。如图 2-3-3 所示，为海水资源的综合利用联合工业体系示例。

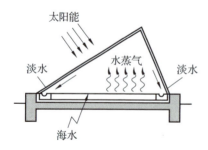

图 2-3-1 太阳能蒸发原理示意图

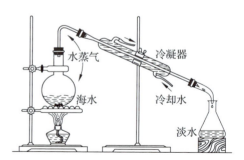

图 2-3-2 海水蒸馏制盐原理示意图

第3章 化学与自然资源的开发利用

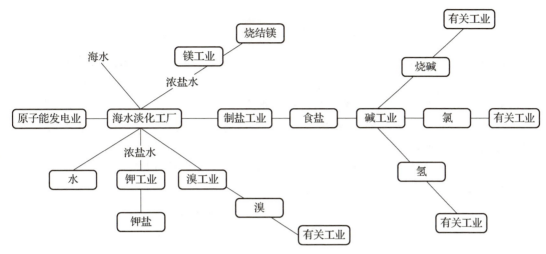

图 2-3-3 海水资源的综合利用联合工业体系示例

 活动与探究

我们知道海带中含有碘元素,怎样通过实验证明海带中确实存在碘元素呢?(提示:海带中的碘元素以碘离子形式存在,H_2O_2 可以将碘离子氧化为碘单质。)

【实验 2-3-1】 从海带中提取碘

从海水中提取碘的流程如图 2-3-4 所示。其具体操作如下:

(1)取 3 g 左右的干海带,把干海带的附着物用刷子刷干净(不要用水洗),用剪刀剪碎后,放入坩埚中。点燃酒精灯,将海带灼烧成灰,停止加热,冷却。

(2)将海带灰转移到小烧杯中,向其中加入 10 mL 蒸馏水,搅拌、煮沸 2~3 min,过滤。

(3)在滤液中滴入几滴硫酸(H_2SO_4,浓度为 3 mol/L),再加入约 1 mL H_2O_2(质量分数为 3%),观察现象。

(4)将溶液分别装入两支试管。在一支试管中加入几滴淀粉溶液,观察现象;在另一支试管中滴加 1 滴四氯化碳(CCl_4),振荡,观察现象。将观察到的现象填入表 2-3-2。

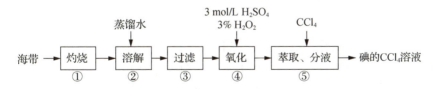

图 2-3-4 海带中提取碘的流程

表 2-3-2 实验现象

操作	滴 H_2SO_4 和 H_2O_2	滴淀粉溶液	滴 CCl_4
现象			

> **课 后 实 践**
>
> 1. 金属的活动性不同，可以采用不同的冶炼方法。一般在金属活动性顺序表中处于_____位置的金属直接用热分解法；对于_____金属，可以用热还原法将金属从其化合物中还原出来，通常使用的还原剂有_____、_____、_____等。
> 2. 常采用电解法冶炼的金属有_____，从海水中提_____叫海水淡化。海水淡化的方法主要有_____。
> 3. 铝能用来冶炼难熔金属（如 Fe、V、Mn 等），这是因为铝有（ ）。
>   A. 两性   B. 良好导电性
>   C. 熔点低   D. 还原性，在反应中放出大量热
> 4. 关于金属元素在自然界存在的情况的叙述中，正确的是（ ）。
>   A. 金属元素仅存在于矿物中
>   B. 金属元素存在于矿物和动物体内，但植物体内不含
>   C. 少数金属元素以游离态存在，大多数金属元素以化合态存在
>   D. 金属元素不仅存在矿物中，动物和植物体内也存在少量金属元素

3.2　资源综合利用　环境保护

3.2.1　石油、煤的综合利用

我们知道，煤和石油是宝贵的地下矿物资源，它们既是当今最主要的能源，又是十分重要的化工原料，可用于制造化肥、塑料、合成橡胶、炸药、染料、医药等。

棕黑黏稠的原油怎样产出汽油、煤油和柴油？黝黑的煤块又怎样产出无色的煤气？这涉及石油的炼制和煤的综合利用问题。

1. 石油的炼制

石油所含元素的主要成分是碳和氢（碳和氢在石油中的质量分数平均为 97%～98%），它是由各种烷烃、环烷烃和芳香烃组成的混合物。石油炼制和加工的主要目的：一方面是将这些混合物进行一定程度的分离，使它们各尽其用；另一方面是将含碳原子多的烃转变成含碳原子较少的烃，以提高石油的利用价值。石油产品已被广泛地应用于国民经济的各个部门。

1）石油的分馏

【实验 2-3-2】　如图 2-3-5 所示，将 100 mL 石油注入蒸馏烧瓶中，再加入几片碎瓷片以防止石油暴沸。然后加热，分别收集 60～150℃ 和 150～300℃ 时的馏分，就可以得到汽油和煤油。

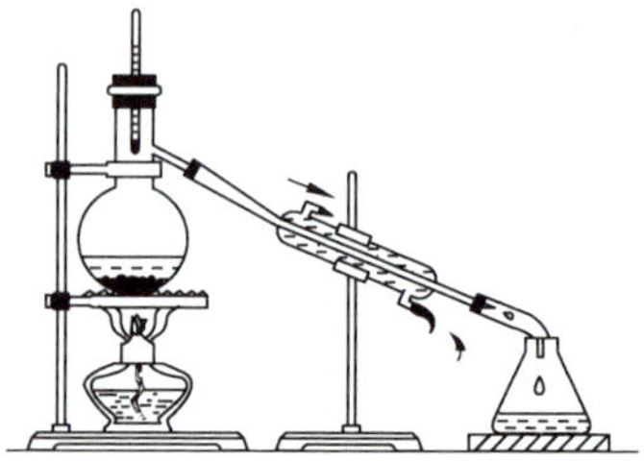

图 2-3-5　实验室蒸馏石油

石油是烃的混合物,故没有固定的沸点。含碳原子数越少的烃,沸点越低。因此,在给石油加热时,低沸点的烃先汽化,经过冷凝后分离出来。随着温度的升高,较高沸点的烃再汽化,经过冷凝后又分离出来。这样不断地加热和冷凝,就可以把石油分成不同沸点范围的蒸馏产物。这种方法就是石油的分馏。分馏出来的各种成分叫作馏分。每一种馏分仍然是多种烃的混合物。

在炼油厂中分馏石油的原理与上述实验是一样的,只是设备大、精度高,能进行连续生产。工业上,分馏石油是在分馏塔内进行的。石油经过分馏及对某些馏分的进一步加工精制,就可以得到一系列石油分馏的产品。图2-3-6所示为石油分馏和裂化的产品及用途示意图。

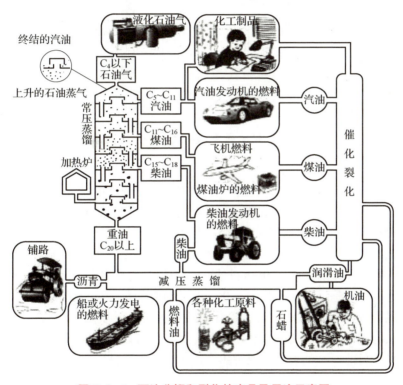

图 2-3-6 石油分馏和裂化的产品及用途示意图

2) 石油的裂化和裂解

石油通过分馏获得的汽油、煤油、柴油等轻质油的产量比较低,仅占石油总产量的25%左右。但社会需求量大的正是这些轻质油,为了提高轻质油的产量,特别是提高汽油的产量,还可以采用裂化的方法从重油中获取轻质油。

裂化就是在一定的条件下,将相对分子量较大、沸点较高的烃断裂为相对分子量较小、沸点较低的烃的过程。例如,在加热、加压和催化剂存在的条件下,十六烷裂化为辛烷和辛烯:

$$C_{16}H_{34} \xrightarrow[\text{加热、加压}]{\text{催化剂}} C_8H_{18} + C_8H_{16}$$
$$\text{十六烷} \qquad\qquad \text{辛烷} \quad \text{辛烯}$$

在催化作用下进行的裂化，又叫作催化裂化。

【实验2-3-3】 按图2-3-7的实验装置，在试管Ⅰ中放入4 g石蜡（可用蜡烛的蜡代替）和3 g粉末状的氧化铝（或无水氯化铝），加热试管Ⅰ。观察石蜡熔化后反应进行的情况。持续加热5~10 min后，观察试管Ⅱ中收集到的液体的颜色，闻它的气味；同时观察试管Ⅲ里$KMnO_4$酸性溶液颜色的变化。

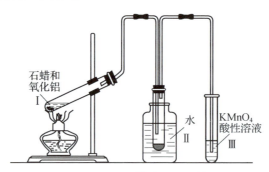

图2-3-7 石蜡的催化重整

取少量试管Ⅱ中的液体，分别滴入盛有$KMnO_4$酸性溶液和溴水的2个试管中。观察$KMnO_4$溶液和溴水颜色的变化。

在上述实验中，可以看到：石蜡加热一段时间后，试管Ⅱ中有无色带有汽油气味的液体生成。同时，试管Ⅲ中的$KMnO_4$溶液的颜色逐渐褪去。这些实验现象说明，在催化剂作用下，石蜡受热裂化生成相对分子量较低的烃，其中有烯烃。

裂解是石油化工生产过程中，以比裂化更高的温度（700~800℃，有时甚至高达1 000℃以上），使石油分馏产物（包括石油气）中的长链烃断裂成乙烯、丙烯等短链烃的加工过程。可见，裂解是一种更深度的裂化。石油裂解的化学过程比较复杂，生成的裂解气是成分复杂的混合气体，除主要产品乙烯外，还有丙烯、异丁烯及甲烷、乙烷、丁烷、炔烃、硫化氢和碳的氧化物等。裂解气经净化和分离，就可以得到所需纯度的乙烯、丙烯等基本有机化工原料。目前，石油裂解已成为生产乙烯的主要方法。

知识链接

液化石油气

城市中许多家庭中烧水、煮饭用的罐装"煤气"，实际上并不是煤气，而是液化石油气。它是石油化工生产过程中的一种副产品，它的主要成分是丙烷、丁烷、丙烯、丁烯等，此外，还有少量硫化氢。液化石油气是通过降温和加压，压缩到耐压钢瓶中的，钢瓶中的压强是大气压强的7~8倍。所以，瓶中储存的液化石油气的量很大，可以使用较长的时间。

液化石油气在空气中达到一定比例时，遇到明火会引起燃烧，甚至爆炸，因此使用时要注意防止漏气。

2. 煤的综合利用

煤可以分为无烟煤、烟煤、褐煤和泥煤等，它们的含碳量不同，如表 2-3-3 所示，发热量也不同，一般含碳量高的，发热量也高。煤除了主要含碳外，还含有少量的氢、氮、硫、氧等元素以及无机矿物质。

表 2-3-3 各种煤的含碳量范围

煤的种类	无烟煤	烟煤	褐煤	泥煤
碳的质量分数/%	80~95	70~85	50~70	约 50

在煤的综合利用过程中，人们最为关注并一直致力于研究的问题是：如何提高煤燃烧的热效率，如何解决燃煤引起的污染以及如何分离提取煤中的化学原料。目前，已有实用价值的办法主要是煤的干馏和煤的气化、液化。

1）煤的干馏

在很长一段时间里，煤只是作为一种燃料为人们所利用，到 18 世纪末，德国、英国已能在工业上进行煤的干馏以制取煤气，接着又从煤炼焦的副产品中回收煤焦油。人们通过对煤气和煤焦油的进一步利用，认识到煤除了可以用作燃料外，还是重要的化工原料。

【实验 2-3-4】 如图 2-3-8 所示，将烟煤粉放入铁管（或瓷管）中，隔绝空气加强热。观察有什么现象发生。待玻璃管尖嘴处有气体逸出时，点燃该气体。

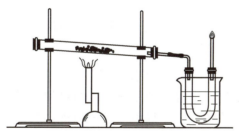

图 2-3-8 煤的干馏实验

煤粉受到强热后，有气体生成。这些气体经过冷却，一部分在 U 形管中凝结，并分为两层，上层为澄清、透明的水溶液，下层为黑褐色黏稠的油状物——煤焦油。另一部分没有凝结的气体可以点燃，这种气体叫作焦炉气。反应完毕后，留在铁管中的黑灰色的固体物质叫作焦炭。显然，在上述实验里，煤发生了分解。

这种将煤隔绝空气加强热使其分解的过程，叫作煤的干馏，也叫煤的焦化。

工业上炼焦的原理与上述实验的原理基本相同。将煤粉放在隔绝空气的炼焦炉中加热，煤分解得到焦炭、煤焦油、焦炉气、粗氨水和粗苯等。这些产物可用于生产化肥、塑料、合成橡胶、合成纤维、炸药、染料和医药等。煤干馏的主要产品和用途如表 2-3-4 所示。

表 2-3-4 煤干馏的主要产品和用途

干馏	产品	主要成分	主要用途
出炉煤气	焦炉气	氢气、甲烷、乙烯、一氧化碳	气体燃料、化工原料
	粗氨水	氨、铵盐	氮肥
	粗苯	苯、甲苯、二甲苯	炸药、染料、医药、农药、合成材料
煤焦油		苯、甲苯、二甲苯	
		酚类、萘	染料、医药、农药、合成材料
		沥青	筑路材料、制碳素电极
焦炭		碳	冶金、合成氨造气、电石、燃料

2）煤的气化和液化

煤燃烧时不仅产生我们所需的能量，同时还会生成大量的二氧化硫、氮的氧化物、碳的氧化物和烟尘等污染物。

为了减少煤燃烧时对环境造成的污染，人们一方面采取措施，改进燃煤技术、改善燃煤质量和排烟设备；另一方面，设法把煤转化成清洁的燃料。煤的气化和液化就是使煤变成清洁能源的有效途径，与此同时煤的燃烧效率等也得到了提高。

煤的气化是把煤中的有机物转化为可燃性气体的过程。煤气化的主要化学反应是碳和水蒸气的反应。

$$C(s)+H_2O(g)\xrightarrow{高温}CO(g)+H_2(g)$$

这是一个吸热反应，所需热量一般由同时进行的碳的燃烧反应来提供。

$$C(s)+O_2(g)\xrightarrow{点燃}CO_2(g)$$

碳燃烧时既可以使用空气，也可以使用氧气，但得到的煤气的成分、热值及用途都不同，分别叫作低热值气和中热值气。中热值气在适当催化剂的作用下，又可以转变成高热值气。

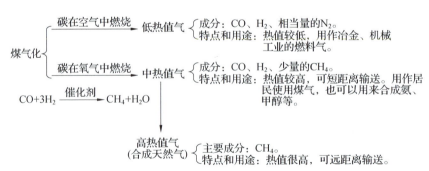

煤的液化是把煤转化成液体燃料的过程。把煤与适当的溶剂混合后，在高温、高压下（有时还使用催化剂），使煤与氢气作用生成液体燃料。这是把煤直接液化的一种方法。煤还可以进行间接液化。就是先把煤气化成一氧化碳和氢气，然后再经过催化合成，得到液体燃料。例如，煤气化后得到的一氧化碳和氢气，可以用来合成甲醇。甲醇可以直接用作液体燃料。将甲醇掺到汽油中可以代替一部分汽油，作为内燃机的燃料。甲醇还可以进一步加工

成高级汽油。如图 2-3-9 所示，为煤间接液化的前景示意图。

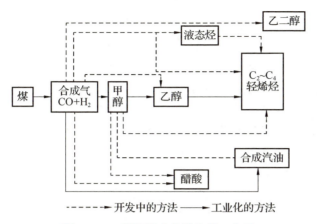

图 2-3-9　煤间接液化的前景示意图

如图 2-3-10 所示，我国是世界上最大的耗煤国家，但占总量 70% 的煤都被直接烧掉，既浪费了资源，又污染了环境。因此，积极开展煤的综合利用是十分重要的。

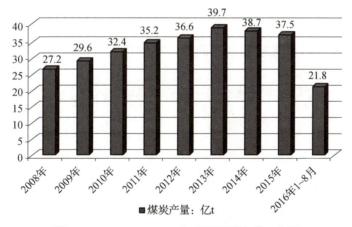

图 2-3-10　2008—2016 年我国原煤产量示意图

课后实践

一、填空题

1. 石油主要含有_____元素，是由_____组成的混合物。

2. 石油的裂化就是在一定的条件下，将_____较大、_____较高的烃断裂为_____较小、较低的烃的过程。石油的裂解是在比裂化温度_____的条件下，使_____链分子的烃断裂为各种_____链分子的气态烃和少量液态烃的过程。石油裂解的主要产物是_____等不饱和烃。

二、选择题

1. 下列石油的炼制和加工过程中,属于化学变化的是(   )。
   A. 常压分馏　　　B. 减压分馏　　　C. 裂化　　　D. 裂解
2. 下列有关石油加工的叙述中,不正确的是(   )。
   A. 石油分馏所得的馏分仍是混合物
   B. 石油裂化的原料是石油分馏产品,包括石油气
   C. 石油裂化的主要目的是获得更多汽油等轻质油
   D. 石油裂解的原料是石油分馏产品,包括石油气
3. 下列物质中,没有固定沸点的是(   )。
   A. 1-己烯　　　B. 苯　　　C. 汽油　　　D. 1-丁炔
4. 下列物质中,作为燃料燃烧时对空气无污染的是(   )。
   A. 汽油　　　B. 煤　　　C. 沼气　　　D. 氢气

3.2　环境保护

环境问题是当前国际上普遍关心的问题。保护环境,就是保护人类赖以生存的物质基础。

本节只简单介绍与化学关系最密切的一些有关环境的问题。

3.2.1　大气污染及防治

当大气中某些有毒、有害物质的含量超过正常值或大气的自净能力时,就发生了大气污染,如图 2-3-11 所示。

大气污染物主要有颗粒物、硫的化合物、氮的化合物、碳的氧化物、碳氢化合物、含卤素化合物、放射性物质等。

大气污染是怎样引起的呢？18 世纪中叶,随着工业的不断发展,大量有害物质被排放到大气中,使空气的质量逐渐下降。200 多年来,特别是 20 世纪中叶以来,工业和交通运输迅速发展,城市人口高度集中,工厂排放出的浓烟,汽车、火车、轮船、飞机等排放出的大量有害气体和粉尘等,造成了大气污染的日益加重。

大气污染造成的危害是多方面的,它既危害人体健康,又影响动植物的生长,破坏建筑材料,严重时还会改变世界的气

图 2-3-11　大气污染

候。例如，使气候变暖、破坏臭氧层、形成酸雨等。

由于大气污染会造成严重的后果，所以世界各国都采取了各种措施保护大气。我国政府对环境问题非常重视，颁布了《中华人民共和国大气污染防治法》等法律法规，为环境保护提供了法律依据。

大气污染的防治要采取综合治理的措施。主要包括：调整能源结构、合理规划工业发展和城市建设布局、运用各种防治污染的技术、制定大气质量标准、加强大气质量监测、充分利用环境自净能力等。

3.2.2　水污染及防治

水是一种宝贵的自然资源，是人类生活、动植物生长和工农业生产不可缺少的物质。如图 2-3-12 所示。

据报道，地球上约有 $1.36×10^9$ km³ 的水，主要分布于海洋、冰川、地表、地下，以及大气中。人类使用的水，基本上都是淡水，而地球上的可供人类利用的淡水仅占地球总水量的 0.65% 左右。随着工农业生产的发展，用水量迅速增加，淡水资源日趋紧张。同时，工农业生产使部分水源遭到污染，加剧了水源短缺的矛盾。

由于人类活动排放的污染物（如工业废水、生活污水、农田排水、垃圾渗漏等），使水和水体的物理、化学性质发生变化或使生物群落组成发生变化，从而降低了水体使用价值的现象叫作水污染。

水污染物种类繁多，主要有重金属、酸、碱、盐等无机物，耗氧物质，石油和难降解的有机物，此外，还有洗涤剂等。

图 2-3-12　保护水资源示意图

防止水污染的根本措施是控制污水的任意排放。污水应经处理后再排放。污水处理的方法很多，一般可归纳为物理法、生物法和化学法。各种方法都各有其特点和适用条件，往往需要配合使用。

3.2.3　土壤的污染及防治

土壤是大地表面具有一定肥力、能够生长植物的疏松表层，是重要的环境因素之一。随着生产的发展，土壤也越来越多地承受着来自各方面的污染。由于土壤中的微生物、土壤中的化学反应以及生长在土壤中的植物能分解某些污染物，土壤对污染物具有净化能力。土壤中污染物的积累和净化是同时进行的。如果进入土壤的污染物的数量超过了土壤的净化能力，就会引起土壤质量下降，这种现象叫作土壤污染。引起土壤污染的物质主要有城市污水、工业废水、生活垃圾及工矿企业固体废弃物、化肥、农药等。此外，大气沉降物、牲畜排泄物、生物残体也是重要的土壤污染源。

防治土壤污染的最根本措施是控制和减少污染物的排放,如制止任意排放工业废气、废水和生活污水,加强工矿企业固体废弃物及城市垃圾的处理和利用等。

课后实践

一、选择题

1. 下列气体中,会对大气造成污染的是（　　）。
   A. O_2　　　　　B. N_2　　　　　C. SO_2　　　　　D. NO_2

2. 下列做法中,不会造成大气污染的是（　　）。
   A. 燃烧含硫的煤　　B. 焚烧树叶　　C. 燃烧 H_2　　D. 燃放烟花爆竹

3. 下列做法中,不能妥善解决环境污染问题的是（　　）。
   A. 把污染严重的企业迁到农村
   B. 回收、处理废气、废水、废渣等,减少污染物排放
   C. 采用新工艺,减少污染物排放
   D. 人人都重视环境问题,设法减少污染物

二、问答题

1. 什么是大气污染?大气污染有哪些危害?
2. 了解学校附近大气和水污染的情况,有哪些污染源,并了解污染物的种类和治理情况。根据调查的情况提出治理污染的设想。写成小论文与同学进行交流。

3.3 化学与技术的发展

像硫酸、纯碱、烧碱、普通化肥以及乙烯、苯等产品,一些可以直接用于农业以及纺织、食品、制革等其他工业中,一些则作为生产其他化学产品的原料。除了这些生产量较大的大宗产品外,还有一类产量小、品种多、功能专项、技术含量和附加值高的精细化学品,如医药、农药、表面活性剂等,是对原料进行深加工、精加工获得的产品。各种性能优异、用途广泛的精细化学品得到迅速发展,节省了资源、能源,技术含量高、附加值高的精细化工成为当今化学工业发展战略转移的重点,其所占比例也成为衡量一个国家化学工业发展水平的重要指标之一。

3.3.1 化肥和农药

施用化学肥料是保障农作物增产的重要措施,它为解决快速增长的人口的吃饭问题建立了不可磨灭的功勋。农药（杀虫剂、除草剂和杀菌剂）可以杀灭与我们争夺粮食的害虫,消灭与作物争夺营养的杂草以及锈蚀种子和作物的霉菌,挽回农作物的损失,在农业生产和粮食储藏中得到了广泛的应用。此外,在林业、畜牧业和控制危害人类健康的传染病等方面,农药也同样做出了重要的贡献。

1. 化肥为农作物补充必要的营养元素

思考与交流

化肥主要为农作物补充哪几种元素？请分别举出几种化肥，并写出它们的化学式。

> ### 知识链接
>
> ### 土壤
>
> 土壤是农业最根本的生产资源，自古人类就通过给土壤施肥以提高产量，但直到19世纪才开始对土壤进行科学研究，以科学的方法调整和改善土壤的结构。1840年德国化学家李比希出版《化学在农业和植物生理学上的应用》一书，首创植物的矿物质营养学说。现代科学认为，高等植物必需的大量元素有6种：碳、氧、氢、氮、磷、钾；中量元素有8种：铁、锰、锌、铜、硼、氯、钼、镍。另外，钠和硅也是某些高等植物所必需的。
>
> 农业生产中，大量施用的化肥主要是氮肥、磷肥和钾肥。磷肥和钾肥主要以它们的天然矿物为原料生产。
>
> 磷肥以磷矿石（$Ca_5(PO_4)_3F$）为原料，经过硫酸处理，使之变成植物可以吸收的可溶性磷酸盐——过磷酸钙（主要成分是$Ca(H_2PO_4)_2·H_2O$和$CaSO_4$），简称普钙，它是目前使用最广泛的磷肥。
>
> 另一种常用的磷肥是钙镁磷肥（主要成分是$Ca_3(PO_4)_2$和$Mg_3(PO_4)_2$），它是一种缓效的多元复合肥。另外，从炼钢废渣中可以生产钢渣磷肥。
>
> 除了我们熟知的用草木灰作钾肥外，农业上常用的钾肥主要有氯化钾、硫酸钾和硝酸钾等，产自固态钾盐矿、液态钾盐卤以及工农业含钾的副产品和废料等。

思考与交流

青海省柴达木盆地有许多富含钾、锂、镁等的盐湖，其中察尔汗盐湖是我国最大的钾盐生产基地，如图2-3-13所示。

图2-3-13 察尔汗盐湖

（1）钾石盐是生产钾盐的主要资源，其主要成分为氯化钠和氯化钾，工业上通常采用溶解性结晶法分离得到氯化钾。想一想，这是利用了什么原理？

（2）察尔汗盐湖的百万吨钾肥工程成为我国西部开发的标志性工程。请你查阅有关资料，分析当地的自然条件给钾盐生产带来了哪些有利和不利因素？

农业生产中用量最大的氮肥，不能像磷钾肥那样可以从地壳中储量丰富的无机盐中获得。如尿素、硝酸铵和碳酸氢铵等，大多以合成氨生产的氨为原料生产。例如：

尿素的生产原理是将氨与二氧化碳反应生成氨基甲酸铵，再使氨基甲酸铵脱水得到尿素：

$$2NH_3 + CO_2 \xrightarrow{\text{加压、加热}} \underset{\text{氨基甲酸铵}}{H_2NCOONH_4}$$

$$H_2NCOONH_4 \xrightarrow{\text{加热}} \underset{\text{尿素}}{H_2NCONH_2} + H_2O$$

硝酸铵的生产原理是利用氨催化氧化得到硝酸（工业生产硝酸的方法），再跟氨反应生产硝酸铵：

$$4NH_3 + 5O_2 \xrightarrow{\text{Pt-RH，高温}} 4NO + 6H_2O$$

$$2NO + O_2 == 2NO_2$$

$$3NO_2 + H_2O == 2HNO_3 + NO$$

$$NH_3 + HNO_3 == NH_4NO_3$$

实验表明，氮、磷、钾等元素在植物体内能够产生相互促进作用，可使植物生长发育均衡，复合肥料对植物的肥效优于单一肥料，所以农业生产中也使用各种复合肥料，如铵磷复合肥、硝磷复合肥等。根据土壤营养情况，也可以将单一肥料自行配合使用。

实践活动

查阅有关资料，了解我国化肥生产是否能够满足目前农业生产的需要？氮、磷、钾肥生产结构是否合理？针对目前的状况提出你的建议。

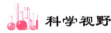

玻璃微肥

农作物生长除了需要氮、磷、钾等大量元素外，还需要铁、锰、锌、铜、硼等微量元素，含有这些微量元素的酶和维生素是作物体内营养物质形成和新陈代谢不可缺少的部分。玻璃微肥的生产原理是将作物所需的微量元素固定在玻璃细分颗粒中，由于玻璃微溶于水，微量元素就可以从玻璃中缓慢释放出来。实际生产中选用废玻璃、粉煤灰、炼钢炉渣和矿石等为原料生产玻璃微肥。玻璃微肥具有不易被雨水冲洗、肥效时间长、不污染环境等特点，在充分利用固体废弃物方面更具有优势。

2. 农作物的保护神——农药

世界上每年因病害、虫害、草害所造成的粮食损失占总产量的30%～40%。如图2-3-14所示，为危害作物的病虫害示例。化学防治在综合防治中占有重要地位。为寻找高效、低毒、低残留的农药，克服害虫产生的抗药性，需要不断地研究和发现新物质来解决这些问题。

第3章 化学与自然资源的开发利用

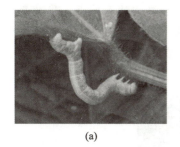

(a)　　　　　　　　　　　(b)　　　　　　　　　　　(c)

图 2-3-14　危害作物的病虫害示例
(a) 棉铃虫；(b) 菜豆 炭疽病；(c) 马铃薯 晚疫病

1）杀虫剂与虫害的防治

防治虫害的方法很多。人类很早就凭经验发现和使用一些天然物质防治虫害，如燃烧艾蒿、烟草等驱除害虫。只是在化学作为科学出现以后，才开始真正使用化学方法防治害虫。使用杀虫剂的化学防治法是目前最常用的方法。图 2-3-15 所示为燃放烟剂农药防治林业害虫示例。

图 2-3-15　燃放烟剂农药防治林业害虫示例

按照化学组成和结构，常用的杀虫剂主要包括有机氯类、有机磷类、氨基甲酸酯类、拟除虫菊酯类化合物等。

天然产物和无机物等属于人类最早使用的第一代农药，有机氯、有机磷、氨基甲酸酯等有机合成农药为第二代农药，拟除虫菊酯和特异性农药等则是人类开发和利用的第三代农药。

思考与交流

农药经历了含砷、硫的无机物，到含氟、氯的有机物，再发展到含磷有机物，人们在不断寻找高效、低毒、低残留的杀虫剂。查找这些元素在周期表的位置，比较它们非金属性的强弱，这对你有哪些启发？

第三代农药具有了高效、低毒、低残留的特点，其中凝结着化学工作者大量的艰辛劳动。例如：拟除虫菊酯类农药是在对天然除虫菊（图 2-3-16）进行分离、提纯和结构分析等大量的研究基础上，确定了 6 种有效成分后人工合成得到的。它们克服了天然产物种植条件限制、有效成分含量低、价格昂贵、见光易分解等缺点，部分产品可以进入居室满足人们卫生使用的要求。再如，特异性农药是在研究昆虫内分泌系统和激素的基础上，将激素这样的微量化学物质分离或人工合成其类似物质得的药剂。它们改变了农药通过中毒作用杀死害虫的传统观念，而用微量的激素物质干扰害虫的生长、发育、繁衍或影响害虫的行为、习性来保护作物。因此，第三代农药也被称为"环境友好农药"。

图 2-3-16　除虫菊中含有的除虫菊酯是一种天然杀虫剂

2）病害和草害的防治

大多数农作物的病害是由真菌引起的，只有少数病害是由细菌和病毒等引起的。历史上曾发生过农作物病害造成的巨大灾难，如 1845—1847 年在爱尔兰，一种由真菌引起的晚疫病侵袭了该地区的主要粮食作物马铃薯，造成 75 万人因饥饿而死，有几十万人被迫逃荒。世界上每年病害所造成的作物损失约占总产量的 10%。

最早使用的杀菌剂有石灰、硫黄及它们的混合物硫合剂。1882 年，由于偶然发现硫酸铜和石灰的混合物（波尔多液）可以防止葡萄和霜霉病，使法国大西洋南岸的小城波尔多名声大噪，这些无机化合物至今仍然在农作物和果树的保护中发挥着重要的作用。喷洒在作物表面的波尔多液可以形成一层薄膜而阻止病菌的侵入，但对进入植物体内的菌丝则无能为力。后来，人们发明了可以进入植物体内的内吸性杀菌剂，它们与保护性杀菌剂相互配合，使防病效果大大增强。

农田中的大量杂草，不仅与作物争夺阳光、空气和水分等，还会引起病虫害在作物中蔓延。为了控制杂草，可用犁或锄等将杂草翻入地下，这种传统方法费时、费事，农忙季节一旦除草不及时，还容易造成草荒而导致巨大损失。化学除草剂（除莠剂）可以杀死杂草而不伤害作物，不仅节省了大量的劳动力，而且有利于农业的机械化发展及耕作栽培技术的更新。

3）化肥、农药的合理使用与环境保护

虽然化肥和农药对农业、牧业的增产起着重要作用，但使用不当也会给人类和环境带来一定的危害，有时甚至是严重的危害。

资料卡片

农药施用后，会在作物、土壤以及其他环境中剩余微量农药及其代谢作物残留。如果人或其他高等动物长期食用残留农药达到一定浓度的食物，就会使农药在体内慢慢累积引起慢性中毒。农药残留及其危害主要有两种途径。第一，使用药剂对农作物的直接作用以及农作物对土壤等环境中残存农药的吸收。例如，在接近收获期施用过多、过浓的农药，会造成农产品中残留农药的过量。农药对作物的这种污染取决于农药本身的化学性质、加工剂型以及施药时间和方式等，也与农作物的品种、特性有关；第二，通过食物链造成的富集。

农药主要用于对有害生物的防治，但它们对周围生物群落的影响是广泛而复杂的。例如，农药可能会破坏害虫与天敌之间的生态平衡，造成害虫数量增加；蜜蜂等传粉昆虫帮助多种植物授粉，对农业增产起着重要作用，但蜜蜂对农药很敏感，农田用药如不注意，就会引起蜜蜂的大量死亡；家蚕吞食农药污染的桑叶后，易引起急性中毒和慢性中毒。再如，农药除了部分着落于作物上，大部分落入土壤中而发生吸附、转移和降解等一系列相互影响的过程。其中降解过程是农药在土壤中发生变化、危害消失的主要途径；而吸附过程可造成土壤和作物的农药残留；转移过程可使农药进入大气、附近水域地下水，毒害水生生物和污染水源等。

合理使用化肥，除了要考虑土壤酸碱性、作物营养状态等因素外，还必须根据化肥本身的化学性质进行科学施用。例如，硫铵易被植物吸收，能被土壤保持不易流失，故适用于雨水充沛的地区；而硝铵吸水性强，容易流失，适用于气候比较干燥的地区，但其受热或经撞击却易发生爆炸，因此，常将它与其他肥料混合使用。不合理施用化肥也会影响土壤的酸碱性和土壤结构，例如，长期使用硫铵会造成土壤酸性增强，土壤板结。另外，由于化学肥料大都易溶于水，不合理地施用不仅会造成浪费，而且过量的化肥会随着雨水流入河流和湖泊，造成水体富营养化，产生水华等污染现象。

3.3.2 表面活性剂　精细化学品

肥皂、洗衣粉是我们熟悉的日用化学品，由于它们都含有表面活性剂，因此可以用来去掉油污。在本节中，我们将以表面活性剂、化学药物等为例，认识精细化学品及其生产特点。

1. 肥皂可以用来去油污

早在古代人们就知道用一些天然物来洗涤衣物，最早使用的是草木灰和天然碱。后来人们偶然地发现了肥皂。你知道肥皂为什么可以去油污吗？

1）肥皂的去污原理

肥皂的去污示意图如图 2-3-17 所示。肥皂的化学成分为高级脂肪酸的钠盐或钾盐。当肥皂溶于水时，能解离成 RCOO⁻ 和 Na⁺ 或 K⁺，RCOO⁻ 中具有极性的 COO⁻ 部分易溶于水而不易溶于油，成为亲水基；非极性的—R 部分不易溶于水而易溶于油，成为亲油基或憎水基。肥皂的分子结构示意图如图 2-3-18 所示。

图 2-3-17　肥皂的去污示意图
1—亲水基；2—憎水基；3—油污；4—纤维织品

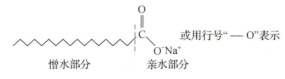

图 2-3-18　肥皂的分子结构示意图

2）科学探究

（1）在烧杯中加入一定量的水，取一枚针放在一片滤纸上并将它们一起轻轻放在水面上，观察现象；用滴管滴加肥皂水，观察这枚针在水面的变化。

（2）在盛有少量水的试管中滴加几滴植物油，振荡后静置，观察水与油的混溶情况；在水与油的混合液中加入适量的肥皂水，振荡后静置，观察水与油的混溶情况。

（3）结合图 2-3-17 和图 2-3-18，用自己的语言描述肥皂的去污过程。

（4）肥皂通常在软水中的去污效果好，但在硬水中和在酸性环境中的洗涤效果不好。这是为什么？

在洗涤衣物时，浸泡、搓洗和漂洗等过程，使肥皂、油污与水之间发生润湿、乳化和起泡三种主要变化而达到去污的目的。当肥皂与水相遇时，亲水基一端溶于水，亲油基一端则溶于油，肥皂的两亲性将互不相溶的水与油联系起来。润湿作用使附着在衣物或器皿的油污易于分散到水中；乳化作用使油污在水中被肥皂乳化形成小滴，加之同性电荷的排斥作用，使油污脱离附着物而悬浮于水中；起泡作用使油污和其他固体污垢更易被吸附而脱离附着物。

2. 肥皂的生产原理

油脂是制造肥皂的主要原料之一，它广泛地存在于动物的脂肪和植物的籽实中。在化学组成上，油脂是由直链高级脂肪酸和甘油（丙三醇）所形成的脂类。制造肥皂的另一种重要原料是烧碱。虽然肥皂发现已经有 2 000 多年的历史，但肥皂工业还是从纯碱的工业生产方法发现以后才发展起来的。

肥皂的制造原理是酯类的水解，即酯类在酸性（或碱性）条件下发生水解反应，生成相应的酸（或盐）和醇。

【实验 2-3-5】

实验室制造肥皂：

（1）在一个干燥的蒸发皿中加入 8 mL 植物油、8 mL 乙醇和 4 mL NaOH 溶液（质量分数为 30%），在不断搅拌下，给蒸发皿中的液体微微加热，直到混合物变稠。观察现象。

（2）继续加热，直到把一滴混合物加入水中表面不再形成油滴（或者直到油脂全部消失）时为止。

（3）将盛有混合物的蒸发皿放在冷水中冷却。稍等片刻，向混合物中加入 20 mL 热蒸馏水，再放入冷水中冷却，然后加入 25 mL NaCl 饱和溶液，把固态物质（可向其中加入 1~2 滴香料）挤干，并把它压制成条，晒干即得肥皂。

根据上述实验室制皂的原理，试将肥皂的生产工艺流程用简图表示出来。

工业上，通常将油脂跟碱（如 NaOH）共热水解成肥皂和甘油，加入食盐使肥皂析出，与甘油分离，再经过调和、冷凝、切块、成型等工序制成肥皂。因此，酯类在碱性条件下的水解反应也通称为皂化反应。例如，硬脂酸甘油酯的皂化：

$$\begin{matrix} C_{17}H_{35}COO-CH_2 \\ | \\ C_{17}H_{35}COO-CH \\ | \\ C_{17}H_{35}COO-CH_2 \end{matrix} + 3NaOH \rightarrow 3C_{17}H_{35}COONa + \begin{matrix} CH_2-OH \\ | \\ CH-OH \\ | \\ CH_2-OH \end{matrix}$$

硬脂酸甘油酯　　　　　　　硬脂酸钠　　　　甘油
　　　　　　　　　　　　（肥皂的有效成分）

肥皂的质量与所选用的油脂和碱有很大关系，例如，用棕榈油、椰子油制成的肥皂，溶解度大、坚硬而脆；用棉籽油、菜籽油制成的肥皂硬度低、难以成型。所以，一般需要对油脂进行精制和调配。用 KOH 代替 NaOH 可以得到液体肥皂。在肥皂生产中，还要加入填充料、抗氧剂、香料、着色剂和杀菌剂等。市场上种类繁多的香皂、透明皂和药皂等可以满足生产、生活的不同需要。

思考与交流

从原料、分子组成和结构、洗涤特性和生物降解性等方面比较肥皂与合成洗涤剂的优点和缺点。

3. 精细化学品及其生产特点

除了农药、表面活性剂（肥皂、合成洗涤剂）外，精细化学品还有许多。按照精细化学品用途，一般分为医药、农药、染料和颜料、涂料、黏合剂、表面活性剂、催化剂、食品和饲料添加剂、塑料、合成纤维和橡胶用添加剂等。

1）精细化学品具有品种多、批量小、产值高等特点

从精细化学品的分类可以看出，精细化学品的品种极其繁多，在工农业生产和日常生活中的应用非常广泛。以表面活性剂为例，我们可以从市场上品种繁多的洗涤用品感受到表面活性剂所具有的一些生产和应用特点。在工农业生产中也是如此，表面活性剂在日用化妆品、食品、皮革、石油燃料、造纸和制药等很多工业和农业中均有广泛应用。由于表面活性剂实际用量很少，却能显著降低水与空气或其他物质的界面张力，可以大大提高工业生产的效率，提高产品的质量和性能，因此表面活性剂素有"工业味精"之称。

2）精细化工具有技术密集、附加值高等特点

技术密集，附加值高的特点，主要体现在精细化学品研发阶段投资高、生产工艺流程长、原料多、反应复杂和条件要求严格等方面，还具有技术保密性强、专利垄断性强等特点。例如，药物是人类同疾病作斗争的重要武器，医药工业已经成为具有巨大的社会效益和经济效益的产业。从天然药物分离和提取有效成分，到设计和制造新的药物，化学合成药物大约占有人类用药的 50%，在医药工业上化学制药一直处于主导地位。

拓展：保护生存环境

对于保护环境，实现可持续发展，需要做的事情实在太多了。许多事情当然必须由国家和政府来做，比如控制二氧化碳的排放量、禁止使用氟利昂等。但是，有些事情却与我们每一个人有关。那么如何做到从我做起，保护环境呢？下面几条是我们每个人都应该做到的。

第一，必须遵守有关禁止乱扔各种废弃物的规定，把废弃物扔到指定的地点或者容器内，特别是不要乱扔废电池，因为一节废电池中所含的重金属，如果流到清洁的水中，那么它造成的污染是非常严重的。

第二，在学习中，要尽量节省文具用品，杜绝浪费。例如，铅笔是用木材制造的，浪费铅笔就等于毁灭森林。

第三，应该尽量避免使用一次性饮料杯、泡沫饭盒、塑料袋和一次性筷子，用陶瓷杯、

纸饭盒、布袋和普通竹筷子来替代，这样就可以大大减少垃圾的产生。

第四，虽然泡泡糖是小朋友们十分喜爱的糖果，但是，千万不要乱扔咀嚼后的胶基，因为它会到处乱粘。在吃的时候，可以先将它的包装纸收好，用来包裹吐出来的胶基，然后，再将它扔到废物箱内。

第五，不要随意捕杀野生动物，尤其不要吃人类的益友——青蛙，因为1只青蛙1年内大约能吃掉1.5万只昆虫，其中主要是害虫。

第六，要爱护花草树木，不破坏城市绿化，并且积极参加绿化植树活动。

第七，离开房间时，关上电灯并且拔掉电视、音响、计算机等的电器插头。

第八，即使在最寒冷的地方，也没有必要使室温超过18℃，如果你觉得冷，则可以多穿一点衣服。

第九，尽可能用节能灯代替普通灯泡，尽管它的价格相对贵一些，但它的耗电量只是普通灯泡的一小部分。

第十，用密闭容器代替塑料包装物来储藏食物。

第十一，购买饮料尽可能选择可回收再利用的罐装饮料。

第十二，请携带自己的购物袋去购物，以避免使用不可回收利用、不可降解的塑料袋。

第十三，节约用水。如在刷牙时，关闭水龙头。

第十四，园丁应施用有机肥料，如混合肥和粪肥，避免使用杀虫剂和除草剂，因为它们会渗入泥土，危害水源。

第十五，开车时减速行驶，这样耗油量小，还可降低二氧化碳的排放量。

第十六，尽量以步代车或骑自行车。无论是过去、现在，还是未来，也无论是家庭、国家，还是世界，环境永远是我们的朋友，善待朋友，就是善待我们自己。

课后实践

"绿水青山就是金山银山"，保护环境我能做什么？

第 3 单元

生物

第 1 章 植物王国

学习目标

1. 了解植物世界的成员组成和分类。
2. 理解植物的生活环境，在生物圈中的作用及与人类的关系。
3. 掌握植物分类的方法和被子植物分科举例等基本知识。
4. 学会将所学知识应用于幼儿园的教学和环境创设中。
5. 激发生态保护意识。

本章要点

植物的主要类群及其特征；被子植物的分类及分科举例；幼儿园的绿化和美化。

1.1 植物的主要类群

地球上的植物，目前已知的有 50 多万种。它们既有共同的特征，又有各自的特点，可以分为两大类群：孢子植物和种子植物。孢子植物主要包括藻类植物、苔藓植物和蕨类植物，种子植物主要包括裸子植物和被子植物。

1.1.1 孢子植物

孢子植物是能产生孢子的植物的总称，主要包括藻类植物、苔藓植物和蕨类植物。细胞内含有叶绿素或其他色素，能进行光合作用；一般生活在水中或阴暗潮湿的环境。

1. 藻类植物

1）常见的藻类植物

藻类植物种类繁多，目前已知的有 3 万多种。有些藻类植物的细胞里含有大量的叶绿素，植物体呈绿色，叫绿藻，如衣藻（图 3-1-1）、水绵；有些藻类植物细胞里除了叶绿素以外，还有大量的叶黄素和胡萝卜素，叶黄素中以墨角藻黄素含量最大，掩盖了其他色素，藻体呈褐色，叫褐藻，如海带（图 3-1-2）；还有些藻类植物体内藻红素占优势，藻体呈现红色，叫红藻，如紫菜（图 3-1-3）；另有一些藻类植物细胞里含有藻蓝素，叫蓝藻，如颤藻（图 3-1-4）。蓝藻是最古老的单细胞植物。

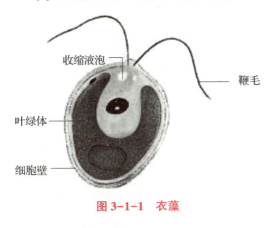

图 3-1-1　衣藻

图 3-1-2　海带

图 3-1-3　紫菜

图 3-1-4　颤藻

2）藻类植物的主要特征

藻类植物大都生活在水中，少数生活在陆地上的阴湿处。细胞里有叶绿素，都能进行光合作用，生活方式为自养。结构简单，没有器官分化。

3）藻类植物的意义

藻类在光合作用中释放氧气，可用于环境治理，可作为水生动物的饲料；藻类营养价值高，可供人类食用，可作为药用，如红藻中的鹧鸪菜可作为驱除蛔虫的特效药；藻类还是许多工业的原料，如琼胶可和糖一起制成软糖，和淀粉一起制成包糖用的糯米纸。

知识链接

裙带菜

裙带菜属海藻类的植物,在欧美一些国家经常被称为"海中的蔬菜"。裙带菜是微量元素和矿物质的天然宝库,含有十几种人体必需的氨基酸、钙、碘、锌、硒、叶酸和维生素A、B、C等矿物质。裙带菜含钙量是"补钙之王"牛奶的10倍,含锌量是"补锌能手"牛肉的3倍。除了自然繁殖以外,现在已开始人工养殖。

2. 苔藓植物

1) 常见的苔藓植物

苔藓植物有2万多种,是一群小型的多细胞的绿色植物。小的肉眼不易看清楚,大的也不过十几厘米。苔藓植物包括苔类和藓类两大类。

苔类。最常见的是地钱,它具有绿色扁平的叶状体,叶状体前部分叉,好像我国古代的钱币,故得名,如图3-1-5所示。叶状体的腹面生有假根。地钱成片地生长在阴暗的地表和墙壁上。

藓类。藓类中常见的是葫芦藓,如图3-1-6所示,它生于有机质丰富、略带碱性的湿土上及墙角砖缝间。它具有茎和叶,茎直立,叶又小又薄呈长舌形。葫芦藓的茎和叶里没有输导组织,吸水能力不强,所以植株长得十分矮小,高1~3 cm。茎基部生有短而细的假根,假根主要起固定植物体的作用。葫芦藓是雌雄同株的植物。

图3-1-5 地钱

图3-1-6 葫芦藓

2) 苔藓植物的主要特征

苔藓植物多生活在阴湿的环境中。简单的种类为扁平的叶状体,比较高等的种类已有假根、茎、叶的分化,但其中没有维管组织。其生活方式为自养。

苔藓植物是高等植物中最低等的陆生植物,代表着从水生植物进化到陆生植物的过渡类型。

3) 苔藓植物对于自然界的意义

成片的苔藓植物对于林地、山野的水土保持具有一定的作用。

苔藓植物的叶大都只有一层细胞,二氧化硫等有毒气体可以从背、腹两面侵入叶细胞,所以苔藓植物对于二氧化硫等有毒气体非常敏感,故可把苔藓植物用于环境监测。

有的苔藓植物可用于医药领域,如金发藓有清热解毒的作用。

3. 蕨类植物

1）常见的蕨类植物

目前已发现的蕨类植物有 1 万多种。它们有的在地表匍匐或直立生长，有的长在石头缝隙或石壁上，有的附生或缠绕攀附在树干上，也有少数种类生长在海边、池塘、水田或湿地草丛中。蕨类植物绝大多数是草本植物，极少数种类如桫椤，能长到几米至十几米高。

在森林和山野的阴湿环境中，蕨类植物的茎通常长在地下，地面以上是羽状的复叶，在叶片的背面，常常生有褐色的斑块隆起，这就是蕨类的孢子囊。其中，比较常见的是铁线蕨（图 3-1-7）、卷柏（图 3-1-8）和肾蕨（图 3-1-9）等。

2）蕨类植物的主要特征

蕨类植物具有真正的根、茎、叶，不具有花，植株比较高大。蕨类植物具有明显的世代交替，无性生殖产生孢子，而有性生殖的受精过程离不开水。所以，多数蕨类植物都生活在阴湿的环境中，生活方式为自养。

3）蕨类植物的经济意义

蕨的嫩叶可供食用；卷柏、贯众（图 3-1-10）等可供药用；肾蕨等蕨类植物形态优美，有观赏价值；生长在水田和池塘中的满江红，是一种优良的绿肥；古代的蕨类植物的遗体埋藏在地下，经过漫长的年代，变成了煤。

图 3-1-7 铁线蕨

图 3-1-8 卷柏

图 3-1-9 肾蕨

图 3-1-10 贯众

1.1.2 种子植物

我们常见的花草树木,平时吃的粮食、瓜果蔬菜,绝大多数都是结种子的,并且是由种子发育成的,这些植物统称为种子植物。种子植物根据种子的结构可以分为裸子植物和被子植物。

1. 裸子植物

1)常见的裸子植物

我国是裸子植物种类最多、珍稀种类最多、资源最丰富的国家,有"裸子植物之乡"之称。常见的裸子植物有:

银杏。银杏又叫白果树、公孙树,如图 3-1-11 所示,是我国特产的孑遗植物,为高大的落叶乔木,雌雄异株。叶呈扇形,具分叉的脉序。种子核果状,椭球形,长 2.5~3.5 cm。外种皮肉质,被白粉,熟时淡黄色,俗称"白果",有微毒,入药有润肺止咳的功效。银杏树形优美,是优良的园林绿化树和行道树种。

苏铁。苏铁又叫铁树,如图 3-1-12 所示,常绿乔木,叶集生茎顶,为大型羽状复叶,质地坚硬,裂片有一中肋,边缘向下卷曲。"花"(孢子叶球)亦顶生,种子核果状。主要产于我国的南方,现普遍栽培观赏,寿命可长达 2 000 年。

侧柏。侧柏也叫扁柏,如图 3-1-13 所示。常绿乔木,分布广,喜光,生长缓慢。侧柏的小枝扁平,直展,成一个平面,两面相似。叶小,鳞形。

图 3-1-11 银杏

图 3-1-12 苏铁

图 3-1-13 侧柏

2)裸子植物的主要特征

裸子植物的种子外面没有果皮包被,种子裸露在外面。裸子植物主根强大,根系庞大,均为木本植物,且多为乔木,叶形和叶的解剖特点显示出对干旱和寒冷等环境条件的抵抗能力。受精作用已经摆脱了水的束缚。种子中的胚外面包着种皮。这些均表明,裸子植物适应陆生生活。现存的裸子植物近 800 种。

3)裸子植物的意义

我国裸子植物的种类,约占全世界的一半。我国的银杉、水杉等是举世闻名的珍稀裸子植物,现已列为一级保护植物。

裸子植物的经济意义突出。裸子植物大都是高大的乔木,是构成我国北方森林的重要树种,也是各地常见的绿化树种。松树、杉树、侧柏的木材坚固,不易腐烂,是应用广泛的建筑材料。此外，从松树的树脂中可以提取松节油和松香，供工业和医药上使用。

2. 被子植物

目前已知的被子植物有 20 多万种，占地球上植物总数的一半以上。被子植物是植物界最高级、种类最多、分布最广的类群。它们形态各异，花果繁茂，把地球装扮成了繁花似锦、硕果累累的美好世界。

被子植物的主要特征有：

具有根、茎、叶、花、果实和种子，胚珠外面有子房壁包被着。因种皮外面有果皮包被而得名。

受精过程不需要水，受精方式是双受精，即两个精细胞同时进入胚囊以后，一个精子与卵细胞结合，形成受精卵，另一个与两个极核结合，形成受精极核。受精卵发育成胚，受精极核发育成胚乳。

多数具有导管，导管由于横壁的消失而成为植物体内上下畅通的管道。

同藻类植物、苔藓植物和蕨类植物相比，被子植物抵抗干旱和其他不良条件的能力更强，因而更适于在陆地上生活。

1.2 被子植物的分类

1. 植物分类的方法

为了研究清楚植物间的亲疏关系，更好地开发和利用植物资源，有必要对植物进行分门别类。植物分类的方法有人为分类法和自然分类法两种，我们通常使用的植物分类方法是自然分类法。自然分类法是以植物的外部形态结构为依据，以植物之间的亲疏关系作为分类标准，将相同点多的植物分为一类的分类方法。例如，将小麦、水稻和大豆做比较，小麦和水稻在形态结构等方面的相同点比较多，于是就认为它们的亲缘关系较近。相比较而言，小麦和大豆的相同点比较少，于是就认为它们的亲缘关系较远。随着科学的发展，自然分类法也得到了生理学、生物化学、遗传学和古生物学等学科的密切配合，从而更加完善。

2. 植物分类的单位

植物分类的单位，从大到小依次是界、门、纲、目、科、属、种。

种又叫物种，是分类学上的基本单位，也是各级单位的起点。同种植物个体具有一定的形态特点和生理特性，以及一定的自然分布区域，因此亲缘关系最密切。分类单位越小，其中所包括的植物的共同特征就越多，亲缘关系就越近。

3. 植物的命名法

不同的国家语言文字各不相同，同一国家不同地区对同一植物的称谓也各不相同，为了便于各国学者的学术交流，必须对植物按一定规则来统一命名。瑞典的博物学家林耐于 1753 年提出了双名法：用两个拉丁词作为一种植物的名称，第一个词是属名（名词），第二个词为种加词（形容词），后边再加上命名人的姓氏或姓氏缩写（命名人的姓氏或姓氏缩写的第一个字母要大写）。这是国际上统一的名称，称为学名，这种命名的方法，叫作双名法。例如，林耐命名水稻为 *Oryza sativa* L.，第一个词 *Oryza* 是属名，是水稻的古希腊名，是名词；第二个词 *sativa* 是种加词，是栽培的意思，是形容词，后面大写的"L"，是命名人林耐的缩写。

知识链接

林奈

瑞典著名植物学家林奈（Carolus Linnaeus，1707-1778）受父亲的影响，对树木花草有异乎寻常的爱好。他把时间和精力大部分用于到野外去采集植物标本及阅读植物学著作上。

林奈在乌普萨拉大学任教授期间潜心研究动植物分类学，在此后的 20 余年里，共发表了 180 多种科学论著，在其著作《自然系统》中首先提出了以植物的生殖器官进行分类的方法，提出自然分类系统。《植物种志》一书用他新创立的"双名命名法"对植物进行统一命名。林奈的植物分类方法和双名制被各国生物学家所接受，生物研究的混乱局面也因此被他调理得井然有序。他的工作促进了植物学的发展，林奈是近代植物分类学的奠基人。

4. 被子植物的分科举例

1）葫芦科

目前已知的葫芦科植物有 800 多种，我国有 130 多种。葫芦科包括各种瓜类。

黄瓜 草质藤本，卷须不分枝，叶掌状 5 浅裂，雌雄同株，雄花叶腋簇生，雌花单生，花萼 5 裂，花冠 5 深裂，雄蕊 5 枚，两两合生，1 枚分离，瓠果（子房与花托共同发育而成的浆果）外面具刺或光滑，为重要的瓜果蔬菜，如图 3-1-14 所示。

南瓜 叶浅裂，卷须分枝，雄蕊完全结合呈柱状，原产地为亚洲南部，种子药用或食用，果为夏季蔬菜，如图 3-1-15 所示。

除黄瓜和南瓜外，葫芦、西瓜和甜瓜等也都属于葫芦科。葫芦科的主要特征：草质藤本，茎上有卷须；单性花；瓠果。

图 3-1-14 黄瓜

图 3-1-15 南瓜

2）豆科

目前已知的豆科植物有 13 000 多种，我国有 1 300 种，很多是人们熟悉的蔬菜和油料植物。

豌豆 一年生植物，两性花，花萼基部连合，上部分成 5 个裂片，花瓣 5 枚，大小和形状都不相同（上部的 1 枚叫作旗瓣，两侧的 2 枚叫作翼瓣，下部的 2 枚叫作龙骨瓣），花冠像蝴蝶，叫作蝶形花冠；二体雄蕊（雄蕊 10 枚，9 枚合生，1 枚分离），果实是荚果，如图 3-1-16 所示。

合欢树 一种常见的落叶乔木，奇数羽状复叶，花白色，蝶形花冠，雄蕊 10 枚，荚果一般不裂开，如图 3-1-17 所示。

图 3-1-16 豌豆

图 3-1-17 合欢树

除豌豆和合欢树外，蚕豆、大豆、绿豆和紫藤等也都属于豆科。

豆科的主要特征：花冠多为蝶形花冠；雄蕊多为二体雄蕊；特有的荚果。

3）十字花科

目前世界上已知的十字花科植物有 3 000 多种，我国有 300 多种，多为蔬菜。

大白菜 又叫作结球白菜，是我国北方地区秋冬季节的重要蔬菜。是二年生的草本植物，有短缩的茎，上面长有一片片的叶，宽大的叶层层包卷起来，形成一个硕大的叶球。春天，短缩茎上长出花轴，叫作抽苔。大白菜的蔓上长有很多侧枝，侧枝上开花、结果。花呈黄色，十字形花冠；四强雄蕊（雄蕊 6 枚，四长两短）；果实是角果（由两个心皮的雌蕊发育而来，种子着生在中间的假隔膜上，成熟时，沿两条缝线裂开），如图 3-1-18 所示。

白萝卜 一年生或二年生的草本植物，肥大直根，花白色或紫色，十字形花冠，四强雄蕊，雌蕊 1 枚；果实是角果，如图 3-1-19 所示。

图 3-1-18 大白菜

图 3-1-19 白萝卜

除大白菜和白萝卜外，卷心菜、荠菜、雪里蕻和榨菜等也都属于十字花科。

十字花科的主要特征：多为草本；特有的十字花冠，四强雄蕊；果实是角果。

4）菊科

菊科是被子植物中种类最多的一个科，世界上有 80 000 多种，我国有 2 000 多种。菊科植物中包括许多种经济植物、观赏植物和药用植物。

向日葵　一年生直立的草本植物，如图 3-1-20 所示，茎可高达 1~3 m，一般不分枝，上面生有粗毛，叶心形。向日葵的花着生在极度短缩而膨大的花轴上，形成头状花序（花轴缩短并膨大，上面密生许多无柄花）。花序下部有许多绿色的苞片组成的总苞，花序的外层是不结实的舌状花，内层是管状花，管状花内雄蕊 5 枚。聚药雄蕊（花丝分离，花药合生），雌蕊 1 枚，果实是瘦果（果实瘦小，里面一粒种子，果皮、种皮易分离），为重要的油料植物。

蒲公英　多年生草本植物，如图 3-1-21 所示，叶基生，头状花序，花黄色，瘦果具长喙，分布在全国各地，全草可入药。

图 3-1-20　向日葵

图 3-1-21　蒲公英

除向日葵和蒲公英外，茼蒿、瓜叶菊、苦荬菜等也都属于菊科。

菊科的主要特征：多为草本植物；特有的头状花序，聚药雄蕊；果实是瘦果。

5）蔷薇科

目前世界上已知的蔷薇科植物有 3 300 多种，我国有 1 000 多种，有许多是重要果树和观赏植物。

月季　世界各地广泛栽培的一种观赏植物，如图 3-1-22 所示。它四季常开，花容秀美，被人们誉为"花中皇后"。月季是一种低矮直立的小灌木，叶是复叶，小叶 3~7 片。月季的花，萼片 5 枚，花瓣 5 枚或多枚，深红色至淡红色，也有白色的。萼片、花瓣和雄蕊都着生在杯状花托的边缘，果实是蔷薇果（一种聚合瘦果）。

桃　小乔木，叶长圆状披针形，花单生，粉红色，核果（外果皮薄，中果皮肥厚，可食用，内果皮坚硬，包在种子外面）。主要产于长江流域，桃仁、花和枝条均可入药，如图 3-1-23 所示。

除月季和桃外，玫瑰、蔷薇、梨、梅、草莓、杏等也都属于蔷薇科。

蔷薇科的主要特征：多为伞房花序；特有的蔷薇状花冠，花被 5 枚，雄蕊多枚，雌蕊 1 枚或多枚，具花托。

图 3-1-22 月季

图 3-1-23 桃

6）杨柳科

目前世界上已知的杨柳科植物有 600 多种，我国有 300 多种，有许多种是植树造林的重要树种。

毛白杨 高大落叶乔木。在我国，毛白杨主要分布在温带地区。毛白杨的树干直，树皮灰绿至灰白色，叶三角状卵形。叶片的上表面呈暗绿色，有光泽；幼时叶背密被灰白色绒毛，单叶互生，具托叶，如图 3-1-24 所示。毛白杨是雌雄异株的植物，柔荑花序（花单性，常无花被，开花后花序脱落），呈下垂状。早春先叶开花，花序成熟后脱落下来，无花被，雄蕊 2 枚至多枚，雌蕊 1 枚，柱头一般 2 裂；果实是蒴果（由两个或多个心皮组成的复雌蕊发育而来，成熟后有多种开裂方式），种子很小。春末，长有白毛的种子随风飘舞，通常叫作"杨花"。

垂柳 高大落叶乔木，在我国，垂柳主要分布在长江流域和江南的平原地区。枝细长下垂，随风摆动，姿态优美，叶狭披针形，雌雄异株，柔荑花序，早春先叶开花，蒴果，种子细小，生有丝状白毛。春末，长有白毛的种子随风飘舞。俗称"柳絮"，多用于河堤造林树种或作行道树，如图 3-1-25 所示。

图 3-1-24 毛白杨

图 3-1-25 垂柳

杨柳科的主要特征：木本；雌雄异株；柔荑花序，先叶开花；蒴果，种子小，有长毛。

7）禾本科

目前世界上已知的禾本科植物有 10 000 多种，我国有 1 200 多种，包括许多重要的粮食作物。

小麦　一年生或二年生的草本植物，茎上有明显的节，节间中空，叶片狭长，由叶片和叶鞘组成，叶鞘包茎。一个麦穗是由许多个小穗组成，每个小穗的基部有 2 片颖片，内有 3~9 朵花，一般只有 2~3 朵能够结出果实，雄蕊 3 枚，雌蕊 1 枚，有二裂的羽状柱头，果实为颖果（果皮、种皮愈合在一起，不易分离），如图 3-1-26 所示。

水稻　一年生草本，茎秆直立，空心，有节。叶片狭长而坚韧，叶鞘具有茸毛，颖果，如图 3-1-27 所示。

除小麦和水稻外，玉米、粟（小米）、高粱等也都属于禾本科。

图 3-1-26　小麦

图 3-1-27　水稻

禾本科的主要特征：多为草本，有明显的节，茎常中空，叶由叶片和叶鞘组成，花有内稃、外稃各一片，雄蕊 3 枚或 6 枚，雌蕊 1 枚，颖果。

8）百合科

百合科植物属单子叶植物，目前世界上已知的有 3 500 多种，分布全球各地，但以温带和亚热带最为丰富，我国有 560 多种。百合科中既有名花，又有良药，有的还可以食用。主要的属有葱属、菝葜属、百合属、沿阶草属、黄精属、天门冬属、贝母属等。知母属、鹭鸶兰属、白穗花属等为中国特有。常见的有葱、韭菜、百合等。

百合科的主要特征：多年生草本，少亚灌木或乔木状，直立或攀援；具根状茎、块茎或鳞茎；蒴果或浆果，少坚果。

1.3　幼儿园的绿化和美化

幼儿园是幼儿活动和生活的主要场所之一，为幼儿创设一个优美、整洁、舒适、安全的家，创设一个与幼儿教育相适应的环境是至关重要的。新《幼儿园工作规程》第六章《幼儿园的园舍、设备》第三十五条规定：幼儿园应当有与其规模相适应的户外活动场地，配备必要的游戏和体育活动设施，创造条件开辟沙地、水池、种植园地等，并根据幼儿活动的需要绿化、美化园地。幼儿园的绿化与美化，也是幼儿园环境创设的重要组成部分。

1.3.1 绿化的种类

幼儿园的绿化以自然为主，要高低错落，轮廓多变。植被要以常绿为主，适当栽种一些四季分明的树木，并点缀不同季节的各种花卉，这样就能营造出颇具特色的幼儿园户外环境。绿化分自然绿化、美化绿化和活动绿化3种。

1. 自然绿化

自然绿化是通过人工栽种一些无须人为刻意修剪的植物（多以大型植物为主）来实现的。自然绿化可以丰富户外空间层次，消除户外空间的空旷和虚无感，营造浓密绿意，增添大自然气氛，给人以自然的感受。

2. 美化绿化

美化绿化是按照合理的布局栽种并定期修剪低矮的铺地植物，如绿化带、草坪等，这些都起着分割各自区域与保护的作用。应力求形成户外绿化植物的高低对比，在视觉上增强空间的层次感，从而提升环境的亲和力，促进幼儿对环境的亲切感受。

3. 活动绿化

活动绿化主要指用盆栽的四季花卉点缀和丰富户外环境，使幼儿园户外环境四季有变化，月月有新意，时刻有鲜花盛开。这样有利于满足幼儿对环境新、奇、趣的感受，有助于他们了解和认识各种花卉植物的生长规律及特征，丰富他们的情感，提高审美能力。

1.3.2 绿化美化的原则

幼儿园环境的绿化和美化应遵循的原则：冬季有青、春季有花、夏季有荫、秋季有果；苗木的栽种应在早春或晚秋进行，这样更容易成活；有毒的带刺的尽量避免种植。具体应从以下几个方面入手：

1. 科学性原则

科学性原则是指在尊重植物生态习性的基础上，为缓解环境恶化的现状，结合生态学原理而形成的原则。在植物配置中，应根据本地区气候条件及植物的生态习性，合理化选择植物种类，精心配置。这样不仅使植物适应性强，成活率高，而且能够反映地方特色和文化底蕴。

2. 人性化原则

人性化原则是指处理人与植物、人与环境之间的关系，追求三者之间的和谐。幼儿园的植物配置应考虑幼儿的年龄特点，幼儿一般喜爱鲜艳的色彩、鲜明的主题和生动的形象。同时从安全角度考虑，2016《托儿所、幼儿园建筑设计规范》指出：绿地内不应种植有毒、带刺、有飞絮、病虫害多、有刺激性的植物。

3. 艺术性和协调性原则

艺术性和协调性原则是指植物配置要统一、协调、对称、均衡和具韵律感。在植物配置过程中，整体与局部的协调统一显得尤为重要，每一个景观、每一块绿地都应突出主题，可以按照两侧对称或辐射对称进行植物配置。通过和谐的空间布置达到感观上的对称，使人舒适愉快。采用同种植物的等距离排列、不同植物的相间排列，或人工修剪绿篱时可以剪成水平状、垛状或波浪状，从而使植物配置错落有致，具有一定的韵律。

1.3.3 植物配置的方法

1. 层次分明、疏密有度

植物配置时要层次分明，讲求疏密有度，师法自然，避免人工之态。乔木、灌木和花草植物相接、相依、相嵌、相助，富有层次，林冠起伏，疏密相间，搭配协调。植物、背景及其他景物应相互呼应，以取得艺术构图上的完整性。

2. 景色季节相应变化

在植物配置过程中，突出一季景观的同时，兼顾其他三季，形成"春季繁花似锦、夏季绿意盎然、秋季叶色多变、冬季银装素裹"的景观，使人们在不同季节欣赏到不同的景色。

3. 合理应用围合空间

植物围合空间可分为开敞型空间、半开敞型空间、覆盖型空间和封闭型空间等几种形式。不同的地形、不同的组团绿地应选用不同的空间围合。

4. 应用透视、变形等原理进行植物配置

人们对于景观的最直接感受是通过视觉来获得的，视觉效果的方式主要是靠对植物材料的选择来实现的，不同的植物如乔木、灌木、花草等起到了不同的视觉效果。这就要求我们在植物配置时，认真地去了解和掌握更多的表现形式如透视、变形等，创造出适时、适地的植物景观，满足观赏者的视觉审美要求。

1.3.4 对幼儿园进行绿化和美化时选择的植物

1. 树木

落叶树：悬铃木、柳树、白杨树、槐树、榆树、桑树、枣树、枫杨、水杉、银杏、樱花、泡桐、桃树、乌桕、合欢、龙爪槐、柿子和石榴等。

常绿树：广玉兰、樟树、红叶李、桂花、湿地松、柏、海桐和雪松等。

树的布局：

1）常绿树最好多于落叶树，这样夏季绿树成荫，秋冬季节也是到处绿色，给人一种生机盎然的感觉。

2）幼儿园进门处，最好对称地种植高大、雄伟、树形优美的雪松、黑松，再配上对称的雌雄银杏树、挺拔的水杉，营造一种奋发向上的气氛。

3）落叶树与常绿树相间种植，这样到秋冬季节色调仍是平衡的。

4）高大树种不宜种在贴近活动室的地方，以免影响室内采光，但也不能离活动室太远，以便于夏季幼儿在树下游戏。

5）如果各年龄班的活动室是固定的，那么可在各班教室的旁边种植本班科学活动需要认识的树木，这样既便于观察，又不影响其他班上课。

2. 花卉

春季花卉：迎春花、绣球花、杜鹃、梅花、月季、桃花、紫荆、三色堇和沿阶草等。
夏季花卉：牵牛花、凤仙花、金盏菊、半枝莲、太阳花、栀子花、荷花和紫薇等。
秋季花卉：鸡冠花、一串红、美人蕉、大丽菊、石蜡红、茉莉花、菊花和桂花等。
冬季花卉：腊梅、水仙、瓜叶菊和羽衣甘蓝等。

3. 攀援茎植物及其他

攀援茎植物：金银花、紫藤、葡萄、茑萝、凌霄和爬山虎等。
草坪：一般种植狗牙根草、结缕草、野牛草和地毯草等。
奇特的植物：含羞草、仙人掌、吊兰、文竹和猪笼草等。
中草药：板蓝根、车前草、枸杞子、何首乌和蒲公英等。
水生植物（用不太大的缸种植）：莲、慈菇和荸荠等。

拓展：生物贴画制作

为了丰富学生的生活，开展粘贴画活动制作，可以培养学生的动手实践能力，使学生获得成就感，激发其想象力，提高学习兴趣。粘贴画就是用各种生活中容易找到的材料，这些材料都具有各自不同的外表和质地（例如，植物的根、茎、叶、花、果实、种子、纸片、布丁、蛋壳、羽毛等），通过我们的想象，结合美术创作图案，将选择的材料粘贴在图案上，组成美妙的、具有特殊意义的美工作品。

根据使用的材料，将粘贴画分为植物种子粘贴画、树叶粘贴画、蛋壳粘贴画、毛线粘贴画等。

下面介绍几种常见的用生物组织材料制作粘贴画的方法，供大家参考。

一、种子粘贴画的制作

1. 准备材料

（1）三合板一块，大小根据画幅而定。

（2）各种种子：如胡椒子、葵花子、扁豆、小麦、亚麻子、菜籽、绿豆、蚕豆和豌豆（也可依据实际情况作些改动）等种子若干。建议首先把种子用杀虫剂和甲醛浸泡后晒干，然后裹上防腐胶水。

（3）工具：镊子、胶水、塑料、刮刀、工具刀、清漆、画笔、铅笔、案板、纸、多媒体课件和范画等。

2. 制作过程

（1）确定画幅尺寸，设计图案。若你不善于绘画，则可选定一个图，然后取一张与画幅同样大小的纸，将它与选定的图案作同样数目的方格等分，据原图方格中的线条，将其准确地画到纸上。方格等分的程度越细，则准确程度越高。

（2）把画有图案的纸覆在三合板上，用图钉或胶带纸固定，再用笔将图案重重地描绘一遍，使之在板上留下清晰的线条。

（3）根据种子不同的外观和质地，进行总体构思，确定种子所安排的各个部分。种子一般选不易烂的，不要选较圆或表面易脱落或极凹凸不平的，那样粘不稳，易掉，有些种子可用刀劈开使用，劈开后要重新进行防腐处理，如葵花子等。

（4）在板上涂少许胶水，用刮刀均匀地铺开，再按照由上而下的顺序向各部分填放种子。根据种子的大小而定，大粒的用手或镊子，小粒的可用纸做的漏斗均匀地撒在规定部位。种子全部填放完后，用手把种子按牢，等胶水稍干后修整一下，除去多余的种子。

（5）等胶水晾一个晚上，便可喷涂清漆，最好是薄薄地涂上几层。漆干后，一幅美妙的种子粘贴画便完成了。你可以稍加装饰，挂在墙上，或压在玻璃台板下。

（6）种子等粘贴画的放置保存中要定期检查，防止种子脱落、发生霉变、被虫叮咬等，发现这些现象要及时进行补充、晾干和使用杀虫剂等处理。

二、树叶粘贴画的制作

树叶的粘贴画同种子的粘贴画大体相似，由于选择的材料是树叶，因而有一些不同的地方，下面就不同的地方进行简单的描述。

1. 树叶的采集与保存

（1）树叶的采集要先考虑其形状的变化。例如，多菱形的枫树叶、圆形的桦树叶、长形的楸树叶及椭圆的胡枝子叶等，都应采集，以保证图案结构的多样化。

（2）树叶的采集还要考虑颜色的多样性。

（3）树叶的采集要系列化，即每一种形状、颜色的树叶都能形成从小到大逐个渐进的序列。这样能保证制作时有充分选择的余地。同时也要收集一些花叶、花籽与梗等。

（4）采集树叶的同时要携带一定数量的吸水纸或废报纸，如果有纸张粗糙的旧书或杂志也可以。边采集边将树叶展平后摆放到吸水纸中。带回来以后用重物压紧，并且每天翻动两次，约1周待树叶干透以后，分类夹放好就可以用了。

2. 树叶的选用与粘贴

（1）工具：普通白纸若干张，镊子一个，胶水一瓶，剪刀、小刀、多媒体课件、树叶和范画等。

（2）构思画面：粘贴前先选择适合画面需要的树叶，树叶一定要选择薄的，因为厚的树叶很难贴牢。用镊子轻轻地夹放到画稿上摆成基本图案。经过精心设计摆放，认为达到了画面要求时就可以按照先后次序，用胶水将树叶放贴到预先设计好的白纸位置上。由于胶水比较黏，所以要准备好餐巾纸，在树叶贴到纸上后用餐巾纸迅速把多余的胶水轻轻擦干净。

（3）个性化创意：在完成了所有的粘贴后，还需要画上自己想画的东西，例如一条鱼、一些水草，再加几个圈圈在上面。

（4）成功完成：在图案之上再蒙上一层薄纸后渐渐地展平，用同白纸大小的薄木板轻压树叶，放到一边，待胶水干透后一幅画就完成了。注意不要重压，否则树叶容易破裂。

3. 画面处理的方法

（1）一种树叶的多次利用。利用树叶可以做很多风景、动物、器物的粘贴画。但是，一个画面的好坏，主要取决于树叶的形状与颜色的选择、搭配。同种大小、颜色不同的树叶在一起搭配粘贴能表现很多的内容。同时要兼顾树叶之间颜色的对比，色度的黑、白、灰。主体部分的色彩不宜太鲜艳，细节部分的色彩可鲜艳一些，这样交错搭配，画面就会比较协调。例如，如果要准备粘贴一幅"孔雀开屏"的画面，则可以选择绿色的柳树叶叠放成扇状，在孔雀屏空隙处摆放两层红与黄的柳树叶，正面放一叶浅黄色的柳树叶做孔雀的身体，用叶梗做孔雀的腿，这样，一只向每一位参观者展示自己风姿的绿孔雀就完成了。如果想粘贴一幅"葡萄"的画面，则可以用大小不同、颜色不同的树叶相互叠放后形成硕果累累画面后，由两片大菱形作葡萄叶完成整幅画面。

（2）多种树叶的组合。随着画面内容的不同，有些物体需要不同形状的树叶去完善，如要贴一幅"金鱼戏水"的画面，金鱼的身体部用浅色的长圆形树叶，尾巴用红绿相间的枫叶，用外层红、里层黑的花籽作眼睛，金鱼就惟妙惟肖了。画面下边用蕨草做水草，上边用松针叶贴几条代表水平面。从画面上看，好像一条色彩斑斓的金鱼在水中悠然自得地嬉游。

（3）花叶、花籽、花梗的使用。花叶、花籽、花梗往往能完成很多特殊的画面。例如，想要贴一幅"小麦"的画面，主要是用草籽左右交错粘贴后用柳叶做麦叶，草梗做麦秆。给人一种颗粒饱满、丰收在望的景象。

要注意的是，树叶粘贴画的季节性较强，宜选择金秋的时节，不失时机地备下充足的粘贴材料。制作好的粘贴画示例如图3-1-28所示。

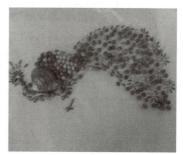

图3-1-28　制作好的粘贴画示例

三、蛋壳粘贴画的制作

1. 原料工具

蛋壳两个、水彩笔或者爆米花笔、剪刀、纸板、胶水、镊子、卡纸。

2. 方法步骤

（1）鸡蛋壳两个洗净晾干，特别是蛋壳内的薄膜要撕去。

（2）剪下合适大小的卡纸一张，把图形复制到彩色卡纸上。用彩色水笔勾边。

（3）用镊子把蛋壳压碎，蛋壳的裂纹可大可小，根据具体的图案而定。

（4）把蛋壳用小毛笔蘸胶水粘贴在卡纸上图形内，不同的部位可以用不同颜色的蛋壳粘贴，边缘一定要对齐。胶水要涂得厚，但不要涂太大面积。

（5）给蛋壳碎片上色，修饰。最后用电吹风吹干，加上镜框，一幅漂亮的装饰画就好了。当然，你也可以发挥你的想象力，做出更漂亮的粘贴画来。蛋壳粘贴画的示例如图3-1-29所示。

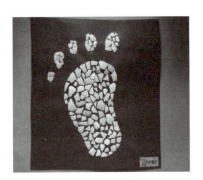

图 3-1-29 蛋壳粘贴画示例

课后实践

1. 收集我国珍稀植物的图片和文字等资料，举办一次以"保护植物——我们最亲密的朋友"为主题的班会。

2. 以合作探究的学习方式，选择附近的幼儿园进行考察，利用所学的绿化美化知识，写一篇当地幼儿园绿化的调查报告。

3. 自己设计图案，制作3种粘贴画各一幅。

4. 认识校园内的植物并制作分类标签。

第 2 章 动物世界

学习目标

1. 了解动物世界的基本组成成员和进化地位。
2. 掌握各类动物的主要特征，并能进行简单分类。
3. 认识各类动物门的常见动物。
4. 举例说出常见动物的经济价值或危害。
5. 增强爱护动物和保护环境的意识。

本章要点

无脊椎动物中各门动物和脊椎动物各纲动物的主要特征；常见动物及其经济意义；野生动物资源及其保护。

2.1 动物的主要类群

动物广泛地分布在地球上，是生物界中最庞大的一类，已经知道的动物大约有 150 万种。科学家们根据各种动物的形态和特征，把动物分成两大类：一类是无脊椎动物；另一类是脊椎动物。其中，无脊椎动物约有 100 万种。

无脊椎动物的身体内没有由脊椎骨组成的脊柱，主要类群包括原生动物、腔肠动物、扁形动物、线形动物、环节动物、软体动物和节肢动物。

2.1.1 原生动物门

原生动物是动物界中最低等、最原始的单细胞动物。

原生动物门大约有 3 万种动物，其中大多数种类生活在有水的环境中，少数种类寄生在其他生物体内。常见的原生动物有草履虫（图 3-2-1）、变形虫（图 3-2-2）和疟原虫等。

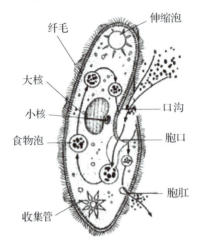

图 3-2-1　草履虫

图 3-2-2　变形虫

1. 代表动物：草履虫

草履虫生活在有机质丰富、不大流动的淡水中。它们的身体微小，必须用显微镜才能够看得清楚。通过显微镜观察，我们可以看到草履虫的形状像一只倒转的草鞋，前端较圆，后端较尖。整个身体由一个细胞构成。构成草履虫的这个细胞实际上是一个能独立生活的动物体，它能够完成消化、呼吸、排泄、对刺激的反应等一切生理活动。草履虫身体的前端和后端，各有一个伸缩泡。伸缩泡有一个固定的小孔与体表相通，伸缩泡周围有一些呈放射状的收集管。收集管与伸缩泡交替地舒张和收缩。当收集管收缩时，伸缩泡舒张，这时水和含氮废物被注到伸缩泡中；当收集管舒张时，伸缩泡收缩，这时水和含氮废物就会从小孔排到体外。

2. 原生动物门的主要特征

身体微小；结构简单；整个身体是由一个细胞构成的。

3. 原生动物与人类的关系

有些种类对人类直接有害，如疟原虫引起疟疾、痢疾内变形虫使人患"阿米巴痢疾"（也叫赤痢）等；而有些种类是浮游生物的组成部分，成为鱼类的自然饵料，海洋和湖泊中的浮游生物是形成石油的原料；有些种类是探测石油矿的标志，如孔虫、放射虫。

2.1.2 腔肠动物门

腔肠动物是最低等的多细胞动物，大约有 9 000 种。少数种类生活在淡水中，如水螅（图 3-2-3），大部分种类生活在海洋里，如水母（图 3-2-4）、海葵（图 3-2-5）和珊瑚等。

图 3-2-3　水螅

图 3-2-4　水母

图 3-2-5　海葵

1. 代表动物：水螅

水螅生活在缓流而富有水草的河渠中，以水蚤等小动物为食。水螅的体壁是由外胚层和内胚层两层细胞构成的，在内、外胚层之间还有一层没有细胞结构的中胶层。由体壁围绕成的空腔叫作消化腔，消化腔与口相通。食物在水螅体内有两种消化方式：细胞外消化和细胞内消化。胚层的许多细胞能够将消化液分泌到消化腔中，食物在消化腔里进行细胞外消化；内胚层的一些细胞能够把食物微粒包进细胞里，进行细胞内消化。不能消化的食物残渣，由口排出体外。水螅的生殖方式有出芽生殖和有性生殖两种。

2. 腔肠动物门的主要特征

生活在水中；身体呈辐射对称；体壁由内胚层、外胚层和中胶层构成；体内有消化腔；身体有口无肛门。

3. 腔肠动物与人类生活的关系

海蜇经加工后可以食用，含有人体需要的多种营养成分，尤其含有人们饮食中所缺的碘，是一种重要的营养食品；珊瑚虫分泌的石灰质物质，堆积构成了珊瑚礁。珊瑚礁不仅可以形成岛屿、加固海岸，还为海底的鱼类等海洋生物提供重要的栖息场所和庇护地。

 ## 2.1.3　扁形动物门

世界上已知的扁形动物有 1 万多种，它们分布在海水、淡水和湿土中。有的营自由生活，如涡虫（图 3-2-6）；有的营寄生生活，如猪肉绦虫（图 3-2-7）、血吸虫（图 3-2-8）等。

图 3-2-6　涡虫

图 3-2-7　猪肉绦虫

图 3-2-8　血吸虫

1. 代表动物：涡虫

涡虫栖息在溪流中的石块下，以水生生物和小动物的尸体为食。身体长 1~1.5 cm。背面灰褐色；腹面颜色较浅，并密生纤毛，身体有耳突；背腹扁平，形状像柳叶，涡虫身体的前端呈三角形，两侧耳突有感知嗅觉和味觉的作用。头部背面有两个黑色的眼点，能够辨别光线的强弱，涡虫的口在身体腹面后端近三分之一处，口与身体后端之间有一个生殖孔，但是没有肛门。

涡虫的身体有明显的背、腹和前、后之分，是左右对称的动物。与辐射对称的动物相比，左右对称的动物能够较快地运动、摄食和适应外界环境的变化。

涡虫的再生能力很强。如果将涡虫的身体切为数小段，那么经过一段时间后，在适宜的条件下，每一小段都能生长发育成一个完整的涡虫。

2. 扁形动物门的主要特征

身体左右对称；背腹扁平；有3个胚层；有口，无肛门。

3. 扁形动物与人类生活的关系

大多数扁形动物寄生在人和动物体内，如华支睾吸虫、血吸虫、绦虫。这些寄生虫的消化器官很简单，有的甚至没有专门的消化器官，靠获取寄主体内的养料生活。人或动物若是食用了生的或未煮熟的被感染的鱼虾，也会被感染。在我国南方部分地区流行的血吸虫病是由日本血吸虫感染引起的。人若是进入含有钉螺的水域，就很可能被感染。

2.1.4 线形动物门

世界上已知的线形动物有9 500多种，其中大多数是寄生在人、家畜和农作物体内的寄生种类，也有少数营自由生活的种类。蛔虫（图3-2-9）、蛲虫（图3-2-10）和钩虫（图3-2-11）等都是常见的线形动物。

图3-2-9 蛔虫

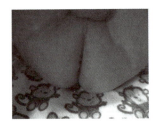
图3-2-10 蛲虫

图3-2-11 钩虫

1. 代表动物：蛔虫

蛔虫寄生在人的小肠内，是最常见的人体寄生虫。蛔虫的身体细长，活的成体乳白色或淡红色。蛔虫不仅身体的前端有口，并且在身体的后端有肛门。蛔虫具有适宜寄生生活的许多特点，体表有角质层，能够防止人体消化液的侵蚀，具有保护作用；消化管的结构简单，适于吸食人体小肠内半消化的食物；生殖器官发达，生殖能力强，雌虫每天可以产卵约20万粒，受精卵对环境的适应力强。

2. 线形动物门的主要特征

身体细长，呈圆柱形；体表有角质层，消化管的前端有口，后端有肛门。

3. 线形动物与人类的关系

蛔虫病和蛲虫病都是常见的肠道寄生虫病，对人、家畜造成严重的危害。在生活中由于不注意饮食卫生而导致。因此，应该做好预防工作。首先要养成良好的个人饮食卫生习惯。生吃的蔬菜、水果要洗干净，不要喝不清洁的生水，饭前及便后要洗手。其次，一定要管理好粪便，防止虫卵的传播，减少人体患病的机会。

知识链接

蛔虫病

蛔虫病主要是因儿童吞食了蛔虫卵所致，感染途径是通过污染的手或食入不洁的饮食所致。轻者可无明显症状，重者食欲不振、恶心、呕吐、或喜食异物，面黄形瘦，间歇性脐周疼痛等表现，有些患儿面部出现淡色白斑、巩膜出现兰色斑点，有的可出现荨麻疹、皮肤瘙痒、血管神经性水肿，以及结膜炎等症状。

2.1.5 环节动物门

环节动物都是比较高等的无脊椎动物。环节动物的种类，已知的有 8 700 多种。由于它们的身体是由许多相似的体节组成的。土壤中的蚯蚓（图 3-2-12），水里的蚂蟥（蛭）（图 3-2-13），都是人们常见的环节动物。环节动物大多数在海水、淡水和土壤中，营自由生活，少数营寄生生活。

图 3-2-12 蚯蚓

图 3-2-13 蚂蟥

1. 代表动物：蚯蚓

蚯蚓生活在潮湿、疏松、富含有机质的土壤中。蚯蚓白天在土壤中穴居，以泥土中的有机物为食，夜晚爬出地面，取食地面上的落叶。蚯蚓的身体呈长圆筒状，由许多体节构成。蚯蚓的整个身体好像是由内、外两条管子套在一起，外面的管子由体壁包围而成，里面的管子是消化管。体壁和消化管之间的空腔是体腔，体腔被隔膜分成许多个小室，体腔内有蚯蚓专有的消化系统、循环系统、神经系统和生殖系统。

2. 环节动物门的主要特征

身体由许多体节组成；有体腔，体腔由隔膜分成许多小室。

3. 环节动物与人类生活的关系

某些环节动物，如沙蚕，可作为鱼、虾的食饵。蛭的唾液中有防止血液凝固的物质——蛭素。在医学上可以利用提取到的蛭素，生产抗血栓药物。蚯蚓在土壤中活动，可以疏松土壤，且它排出的粪便中含有丰富的氮、磷、钾等养分，能够提高土壤肥力；蚯蚓的身体富含蛋白质，是优良的蛋白质饲料。

2.1.6 软体动物门

软体动物的种类很多，已知的有10万多种，分布非常广泛，常见的种类有蜗牛（图3-2-14）、河蚌（图3-2-15）和乌贼（图3-2-16）、章鱼（图3-2-17）等。

图 3-2-14　蜗牛

图 3-2-15　河蚌

图 3-2-16　乌贼

图 3-2-17　章鱼

1. 代表动物：蜗牛

蜗牛生活在陆地上，通常栖息在温暖而阴湿的环境中，常常在墙角、草地、菜叶上活动。以植物的茎、叶作为食物，常取食农作物的嫩茎、叶片和幼芽。在寒冷的冬季或炎热干燥的夏季，蜗牛能够分泌黏液，将壳封闭，不吃不动，在枯叶或瓦砾堆中进行冬眠或夏眠。蜗牛身体的表面有一个螺旋形的贝壳，壳内贴着一层外套膜，外套膜包裹着柔软的身体。蜗牛身体的软体部分可以分为头、腹足和内脏团三部分。蜗牛的头部有两对伸缩自如的触角。前面的一对比较短，能够触探土壤和食物，有触觉的作用；后面的一对比较长，顶端有眼，能够辨别光线的明暗，并且有嗅觉的作用。蜗牛的腹足是蜗牛的运动器官，很宽大，且肌肉发达，蜗牛爬行时将腹足紧贴在附着物上，靠腹足的波状蠕动而缓慢爬行。腹足的腹面前端有一个腺体，叫作足腺。足腺能够分泌黏液，使腹足经常保持湿润，以免爬行时受到损伤。因此，在蜗牛爬过的地方，总是留下一条黏液的痕迹。蜗牛的口在头部的腹面，适于在爬行时取食。口里有颚片和齿舌。齿舌上有许多倒生的角质小齿，可以伸出口外，刮食植物的茎和叶。

蜗牛在爬行时，在贝壳口的右侧外套膜的边缘处会露出一个圆形的小孔，这个小孔叫作呼吸孔，能够不断地开闭，这是蜗牛与外界进行气体交换的开口。

蜗牛是雌雄同体、异体受精的动物。两只蜗牛之间可以互相受精。完成受精数日以后，受精卵就由位于头部前端右侧的生殖孔排出体外。受精卵产出后埋在土中，借土壤中温暖而潮湿的条件自行孵化。

知识链接

蜗牛的"功"与"过"

蜗牛以植物的茎、叶为食，主要取食植物的幼芽和嫩叶，因此蜗牛对农田、菜园和果园危害很大。但是，由于蜗牛肉是一种高蛋白、低脂肪的食品，不少地方开展了对蜗牛的人工养殖。蜗牛体内含有多种酶，应用现代科学技术可以从蜗牛体内提取"蜗牛酶"。蜗牛酶能代替纤维素酶、果胶酶等较贵重的药品，在细胞学和遗传学研究中起重要作用。蜗牛还可以做中药材，具有清热利尿的功能，能够治疗肿瘤、痔疮、脱肛、喉咙肿痛等疾病。蜗牛的药用价值在我国著名的医药书籍《本草纲目》中有记载。此外，用蜗牛贝壳磨成的粉还是很好的矿物质料。

2. 软体动物门的主要特征

身体柔软；有外套膜；身体的表面有贝壳或者具有被外套膜包被的内壳。

3. 软体动物与人类生活的关系

软体动物中有很多成为人工养殖的对象。中国是水产养殖大国，其中贝类产量位居世界首位。很多贝类可以食用，如牡蛎、鲍、扇贝等。这些贝类的肉质不仅味道鲜美，而且富含多种维生素和蛋白质，且脂肪含量低，具很高的营养价值。有些软体动物可以做中药材，如鲍的壳（石决明）、乌贼的壳（海螵蛸）等。有些软体动物的贝壳形状独特。有美丽的光泽和色彩，这些贝壳可以做成工艺品。珍珠是名贵的药材，也是高级装饰品。有些软体动物对人类有害，如钉螺是日本血吸虫的中间寄主，与血吸虫病的传播有关。

2.1.7 节肢动物门

节肢动物门是动物界中种类最多、数量最大的一门，是最高级的无脊椎动物。现存种类 120 多万种，占动物界已知种数的 4/5，主要包括昆虫纲、甲壳纲、蛛形纲和多足纲。这门动物广泛分布在海洋、河流和陆地上，与人类的关系十分密切。常见的种类有蝗虫（图 3-2-18）、蜜蜂、蝴蝶、虾（图 3-2-19）、螃蟹、蝎（图 3-2-20）和蜘蛛（图 3-2-21）等。

节肢动物里的昆虫类

图 3-2-18　蝗虫

图 3-2-19　虾

图 3-2-20　蝎

图 3-2-21　蜘蛛

1. 代表动物：蝗虫

蝗虫的身体由许多体节构成，体表坚硬，可以明显分为头部、胸部和腹部三部分。头部呈卵圆形，比较坚实，长有 3 个单眼和 1 对复眼，单眼辨别光线强弱和光源方向，复眼不仅能辨别物体的大小、形状、远近，还能辨别颜色，是蝗虫的主要视觉器官。头部还有一对丝状触角，能灵活摆动，是触觉和嗅觉器官。头部下方有一个咀嚼式口器，适于咀嚼动植物组织和其他固体物质。蝗虫的胸部由 3 个体节构成，分别是前胸、中胸和后胸。每个胸节的腹面都生有一对胸足，前足和中足适于爬行，后足特别发达，适于跳跃。在中胸和后胸各有一对翅膀，前翅革质，后翅膜质，是蝗虫的飞行器官。腹部有 11 个体节，在第 1 节两侧有 1 对半月形薄膜，是蝗虫的听觉器官，能感知声音。每节的两侧各有 1 各小孔，叫气门，是蝗虫呼吸时气体出入身体的门户。

2. 节肢动物门的主要特征

身体由很多体节构成，并且分部；体表有外骨骼；足和触角都分节。

3. 节肢动物与人类生活的关系

很多节肢动物如虾、蟹等可供食用，为人类和其他海洋生物提供了优质的动物蛋白；蜜蜂等昆虫为地球上几十万种开花植物传播花粉；蝎、蜈蚣、蝉蜕等可以入药，治疗疾病。有的可用于科研，例如果蝇是非常经典的科研实验材料。

知识链接

吃螃蟹小常识

螃蟹含有丰富的蛋白质及微量元素，肉质鲜嫩，是深受人们喜爱的一种食品，吃螃蟹应注意以下几点。

1. 吃死螃蟹会中毒

当螃蟹垂死或已死时，体内会产生一种有毒的物质——组胺，当人体摄入一定量的组胺后，会出现脸红、头晕、心慌、胸闷和呼吸窘迫等症状。随着螃蟹死亡时间的延长，体内积累的组胺越来越多。即使螃蟹煮熟后，这种毒素也不易被破坏。因此，千万不要吃死螃蟹。

2. 吃蒸煮熟透的螃蟹

螃蟹的鳃部和肌肉等处寄生着肺吸虫，生吃、腌吃或醉吃螃蟹，都有可能会感染肺吸虫。肺吸虫进入人体后，会刺激或破坏肺组织，引起咳嗽，甚至咯血，如果侵入脑部，则会引起瘫痪。所以，吃蒸煮熟透的螃蟹才是卫生安全的。蒸煮螃蟹时要注意，在水开后至少还要再煮 20 min 才可能把螃蟹体内的致病微生物和寄生虫杀死。

2.2 脊椎动物

脊椎动物代表着动物界中的高等类群。现存脊椎动物有约 44 000 种，包括鱼纲、两栖纲、爬行纲、鸟纲和哺乳纲。

脊椎动物显著的特征是身体背部有脊椎。脊椎及体内其他骨骼构成了脊椎动物复杂的骨骼系统，起支撑身体和保护内脏的作用。

2.2.1 鱼纲

全世界已知的鱼类有 2 万多种，是脊椎动物中种数最多的类群，我国有 2 000 多种。鱼类都生活在有水的环境中，它们的形态结构和生理特点都是与水中生活相适应的。鲫鱼（图 3-2-22）、鲤鱼（图 3-2-23）、鳙鱼和鲢鱼等是常见的淡水鱼类。

图 3-2-22　鲫鱼

图 3-2-23　鲤鱼

1. **代表动物：鲫鱼**

鲫鱼常栖息在江河、湖泊和池塘里，以水生植物和动物为食物。身体左右侧扁，呈梭形，分头、躯干、尾三部分，体表覆盖有鳞片，鳞片表面有一层黏液，可以保护身体，游泳时可以减少阻力。背部深黑色，腹部灰白色，黑色和白色是适应环境的保护色。鲫鱼的头部前端有口，眼在头部的两侧，没有眼睑，不能闭合，视力很弱，只能看到近处的物体。眼的前面有两个鼻孔，不能进行呼吸，只有嗅觉作用。鲫鱼没有外耳，但有内耳，藏在头骨里，能够感知身体平衡，并有听觉作用。鲫鱼还有一种特殊的感觉器官——侧线，位于身体的两侧，能测定方向和水流。

鲫鱼的运动方式是游泳。身体上有鳍，鱼鳍的主要作用是保持身体的平衡，同时控制运动的方向。

鲫鱼体腔有一个白色的鱼鳔。里面充满气体，是调节身体密度的器官，可以使鱼停留在不同的水层。身体中有脊柱，有强大的支持和保护脊髓和内脏的作用。鲫鱼的呼吸器官是鳃。鲫鱼的循环系统包括心脏和血管，心脏由一个心房和一个心室组成。没有保温结构，体温随外界环境温度的变化而变化，属于变温动物。雌雄异体，在水中完成受精。

鲫鱼经过人工养殖和选育，可以产生许多新品种，例如金鱼就是由此产生的一种观赏鱼类。

实践探究

饲养金鱼

以玻璃缸和水族箱作为容器，便于观赏。饲养金鱼对水质的要求很高：若用泉水、井水、自来水则必须将水放在阳光下晒1~2天；水中必须含有足够的氧，每隔2~3天换一次水或使用增氧机；及时清除水中残饵等。金鱼是杂食性鱼，成鱼最好的饵料是鱼虫、水蚯蚓、水蚤和孑孓；也可喂饭粒、面包屑、饼干等，但要控制投饵量，切忌喂油腻的食物。每天投食量要根据金鱼的大小和数量确定。夏秋季节，金鱼代谢旺盛、食量大，可以多投些；冬季的投饵量应减少；水温低于5℃，金鱼会进入冬眠状态，就不用再投饵了。

2. 鱼纲的主要特征

鱼类终生生活在水中，体表一般有鳞。鱼的躯干与头连接紧密，没有明显的界线，形成流线型。皮肤富有黏液腺，黏液可以增强保护机体，同时减少鱼类在水中游动时的阻力。鱼类用鳃呼吸，用鳍游泳。

2.2.2 两栖纲

两栖动物是一类既能在水里又能在陆上生活的最原始的脊椎动物，既有能适应陆地生活的新性状，又有从鱼类祖先继承下来的适应水的性状，至今已生存了几百万年，大多分布在较潮湿的热带或亚热带，为变温动物。绝大多数两栖类是有益的，主要是消灭农田害虫，也可做药用或食用。常见的两栖动物有青蛙（图3-2-24）和蟾蜍（图3-2-25）。

图3-2-24　青蛙

图3-2-25　蟾蜍

第2章 动物世界

1. 代表动物：青蛙

青蛙生活在稻田、沟渠和池塘边。身体的背面黄绿色，腹面白色，有黑色的斑纹，背面两侧还各有一条纵的黄金色的褶皱。青蛙的身体表面皮肤是裸露的，没有鳞片和其他覆盖物。皮肤能分泌大量的黏液，皮肤内有丰富的血管，有辅助呼吸的作用，这是对陆地生活的一种适应。

青蛙的身体分为头、躯干、四肢三部分，没有颈和尾，呈三角形，前端比较尖，游泳时可以减少水的阻力。头部的前端有一对鼻孔，是嗅觉器官。头部的上面两侧，各有一个大而突出的眼睛，蛙眼有眼睑，对于活动着的物体感觉非常敏锐，眼睛后面有鼓膜，可感知声波，是听觉器官。青蛙的前肢短小，可支撑身体，后肢发达，趾间有蹼，既能跳跃也能划水。

青蛙的呼吸系统由鼻孔、鼻腔、口腔、喉头气管室和肺组成。肺适于在陆地呼吸。雄蛙的口角两旁生有一对鸣囊，鸣囊对声带发出的声音有共鸣作用，因此，雄蛙的鸣叫声很嘹亮。这是雄蛙与雌蛙不同的特征之一。

青蛙的心脏有左心房、右心房和一个心室。青蛙的身体表面缺少专门的保温结构，体温不能恒定，所以青蛙是变温动物。入冬后，青蛙就钻入水边的泥土中进行冬眠。

青蛙虽然能在陆地上栖息，但它的生殖和发育却没有摆脱水的束缚，青蛙的产卵、排精、受精以及受精卵的孵化等都需要在水中进行。由受精卵孵化出来的幼体叫作蝌蚪。蝌蚪的外部形态和内部结构都非常像鱼，经过一段时间，蝌蚪开始长出四肢，尾和鳃逐渐消失，肺逐渐形成，发育成幼蛙。这种发育称变态发育，是在水中完成的。

知识链接

保护青蛙和蟾蜍

青蛙是动物中的"跳远能手"，也是"捕食害虫的能手"。无论是能飞的螟蛾、善跳的蝗虫，还是钻入棉桃里的棉铃虫、隐藏在洞穴中的蝼蛄，都是青蛙的捕食对象。据统计，每只青蛙每天要吃掉大约60只害虫，一年可以吃掉大约1万只害虫。因此，青蛙又有"田园卫士"的美称。青蛙这种惊人的捕食能力与它的口腔结构特点有关。青蛙的口腔宽阔，舌又长又宽，表面布满大量的黏液，能够从口腔里突然翻出口外，把昆虫粘住。青蛙的上颌和口腔上方有很多细小的牙齿，可以防止昆虫从口腔里逃出去。蛙是人类消灭农业害虫的助手，我们应该保护好大自然中的青蛙。保护青蛙，一定要严禁人们捕杀，禁止随意捕捞蛙卵或蝌蚪，还应该保护好青蛙和蝌蚪生活的水域环境，防止农药、化肥等污染水域。

蟾蜍，又名癞蛤蟆，和青蛙相比，它的身体比较大，皮肤上有许多瘤状凸起，能分泌毒液。蟾蜍的眼睛后有一对大型毒腺，毒腺分泌毒液，可以制成中药蟾酥，有强心、利尿、解毒和消肿的作用。蟾蜍的跳跃能力远不如青蛙，但食量比青蛙大许多。蟾蜍主要以蜗牛、蛞蝓、蚂蚁、蚊子、孑孓、蝗虫为食，是农业害虫的天敌，我们应该加以保护。

2. 两栖纲的主要特征

幼体生活在水中，用鳃呼吸；有的成体生活在陆地上，也能生活在水中，主要用肺呼吸；皮肤裸露，能够分泌黏液，有辅助呼吸的作用；具有五趾型四肢；卵生，变温动物。

2.2.3 爬行纲

爬行动物是第一批真正摆脱对水的依赖而征服陆地的变温脊椎动物，可以适应各种不同的陆地生活环境。常见种类有壁虎（图3-2-26）、蛇（图3-2-27）、龟（图3-2-28）、鳄、蜥等。

图3-2-26 壁虎　　　　　图3-2-27 蛇　　　　　图3-2-28 龟

1. 代表动物：壁虎

壁虎常栖息在石缝、墙洞或屋檐下，是昼伏夜出的动物，白天躲藏在阴暗、僻静的角落里，黄昏以后开始出来活动。它们常常攀缘在天花板、门窗的上面，捕食蚊、蝇、蛾等昆虫。壁虎捕食昆虫的动作十分敏捷，当小昆虫飞过时，它们就迅速地伸出宽而长的舌头，将小昆虫粘住，送入阔大的口中。一个晚上一只壁虎可以吃掉几十只昆虫。可见壁虎是对人类有益的动物。

壁虎的体色通常呈灰白色或暗灰色，上面有暗色带形斑纹。壁虎的皮肤表面很干，上面还覆盖有颗粒状的细鳞，这样就减少了体内水分的蒸发，使壁虎适于在陆地上生活。

壁虎的身体分为头、颈、躯干、四肢和尾五部分。壁虎的颈部明显，头部能较灵活地转动，适于在陆地上寻找食物和发现敌害。壁虎背腹扁平，四肢短小，不能把身体从地面上完全支撑起来，因此，运动时腹部贴着地面，依靠四肢的活动和躯干部、尾部的弯曲摆动而向前爬行。因而，被称为爬行动物。

壁虎只靠肺的呼吸作用就能够满足身体对氧气的需要。因此，壁虎完全适于在陆地上呼吸。壁虎的心脏由左心房、右心房和一个心室组成。心室里已经有了一个不完全的隔膜，这样就减轻了动脉血和静脉血的混合程度，提高了血液输送氧气的能力。壁虎的身体没有保温的结构，不能保持恒定的体温，所以壁虎属于变温动物。

壁虎是雌雄异体的动物。雌雄个体通过交配，在雌壁虎体内完成受精作用。卵外包有卵壳，对卵有保护作用，卵里含有较多的养料供卵发育用。可见，壁虎的生殖和发育完全摆脱了对水生环境的依赖，从而成为真正的陆生脊椎动物。

蛇 是穴居的爬行动物，世界上现存的蛇类约有2 500种，我国大约有170种。蛇常栖息在树林、草丛和石缝间，捕食昆虫、蛙、鸟和鼠等动物。蛇的身体细长，分为头、躯干和尾三部分，没有明显的颈部，体表覆盖着角质的鳞片，防止体内水分蒸发。

> **知识链接**
>
> **毒蛇与无毒蛇的区别**
>
> 1. 毒蛇一般头大颈细，头呈三角形，尾短而突然变细，体表花纹比较鲜艳。
> 2. 无毒蛇一般头呈钝圆形，颈不细，尾部细长，体表花纹多不明显。
> 3. 毒蛇与无毒蛇最根本的区别是：毒蛇具有毒牙，牙痕为单排，无毒蛇的牙痕为双排。

巴西龟 头较小，吻钝，头、颈处具黄绿相镶的纵条纹，眼后有 1 对红色斑块。背甲扁平，每块盾片上具有圆环状绿纹，腹甲淡黄色，具有黑色圆环纹，似铜钱。

2. 爬行纲的主要特征

身体已明显分为头、颈、躯干、四肢和尾部。颈部较发达，可以灵活转动；体表被角质的鳞片或甲覆盖；用肺呼吸；心室里有不完全的隔膜；体内受精；卵表面有坚韧的卵亮；体温不恒定。

2.2.4 鸟纲

世界上已知的鸟类大约有 9 200 种，广泛地分布在地球上，中国已知的鸟类大约有 1 184 种，是世界上鸟类最多的国家之一。

鸟类是适应于陆地和飞行生活的高等脊椎动物，常见的鸟类有家鸽（图 3-2-29）、燕（图 3-2-30）和猫头鹰等。

图 3-2-29 家鸽

图 3-2-30 燕

1. 代表动物：家鸽

家鸽的身体分为头、颈、躯干、尾和四肢五部分。除了喙和足以外，全身被覆羽毛。家鸽的头部较小，略呈球形。头部的前端生有角质的喙，鼻孔位于上喙的基部，嗅觉器官不发达。家鸽的视觉十分灵敏，听觉也很发达。

家鸽的颈部较长，弯曲自如，躯干部呈纺锤形，前肢特化成翼。尾部很短，着生长而宽的尾羽，在飞翔时起舵的作用。

家鸽的口腔中没有牙齿，大肠较短，不能储存粪便，粪便随时排出体外。没有膀胱，不能储存尿液。骨骼轻而坚固，这些都有利于减轻体重。家鸽有一对比较发达的海绵状肺和数对气囊。出入气囊的空气都要经过肺，因此，家鸽每呼吸一次，肺内可以进行两次气体交换，特称双重呼吸。双重呼吸能够保证鸟类在飞行时得到充足的氧气。此外，气囊还有减轻身体密度、减少飞行时内脏器官之间的摩擦和散热降温的作用。

家鸽的心脏分为左心房、右心房和左心室、右心室，因此，动脉血和静脉血是完全分开的，有体循环和肺循环两条循环路线。

家鸽由于呼吸作用旺盛，血液循环系统发达，故血液输送氧的能力很强。家鸽的羽毛有保温作用，气囊有散热作用，可以调节身体的温度，因此体温比较高，并且能够保持恒定。高而恒定的体温，使鸟类增强了对生活环境的适应能力。

家鸽有发达的大脑和小脑。发达的小脑对控制和调节飞行有重要作用。

生殖和发育　为了减轻体重，雌家鸽体内右边的卵巢和输卵管已经退化，这也是对飞行生活的一种适应。雌、雄鸽进行交配，完成体内受精。卵外有硬壳，经雌、雄鸽交替孵卵，孵化出雏鸽。雏鸽必须靠亲鸽用鸽乳哺育才能长大。

2. 鸟纲的主要特征

有喙无齿；被覆羽毛；前肢变成翼；骨中空，内充空气；心脏分四腔；用肺呼吸，并且有气囊辅助呼吸；体温恒定；卵生。

2.2.5　哺乳纲

哺乳动物是全身被毛、体温恒定、胎生和哺乳的脊椎动物，也是动物中最高等的类群。最常见的有家兔（图 3-2-31）、猫、犬、牛、羊、鼠（图 3-2-32）、鲸、鹿、猴、猿等。

图 3-2-31　家兔

图 3-2-32　鼠

1. 代表动物：家兔

家兔是草食性小家畜，常以菜叶、野草和萝卜等作为食物。家兔至今仍保留野生祖先的昼伏夜出的生活习性，在夜间十分活跃，采食频繁。家兔在白天很安静，常常闭目睡眠。家兔胆小，怕惊扰，汗腺不发达，不适应热和潮湿的环境。因此，饲养家兔的环境应安静、清洁、干燥和凉爽。

家兔体表被有光滑柔软的毛，有保温的作用。身体分为头、颈、躯干、四肢和尾五部分。头部的口有柔软的上下唇，上唇中央有纵裂。眼有上下眼睑和瞬膜，有保护眼球的作用。听觉发达，长而大的耳廓能够转向声源的方向，准确地收集声波。家兔前肢短小，后肢强大，适于跳跃。指、趾端有爪，适于掘土。这些灵敏发达的感官、迅速奔跑和跳跃的运动能力，有利于逃避敌害和摄取食物。

家兔的体腔被肌肉质的膈分隔成胸腔和腹腔两部分。膈是哺乳动物特有的结构，在呼吸时起重要作用。

家兔的消化系统发达，牙齿分化为门齿和臼齿。消化管长，盲肠粗大。既提高了哺乳动物摄取食物的能力，又提高了对营养物质的吸收效率。

家兔的心脏与家鸽的一样，也是由左、右心房和左、右心室组成的，有体循环和肺循环两条血液循环路线。因此，家兔的动脉血和静脉血是完全分开的，循环系统输送氧气的能力很强。由于输氧能力强，体内产生的热量多，同时又有保温和调节体温的结构，因此，家兔的体温能够保持恒定。

家兔的生殖发育特点是胎生和哺乳。胎生是指受精卵在母体子宫内发育成胚胎，胚胎逐渐发育成胎儿，胎儿从母体中生出。哺乳是指出生后的幼体依靠母体的乳汁而生活。胎生和哺乳为胚胎和幼体的发育提供了良好的条件，如充足的营养、恒温的环境、不容易受到伤害等，因而大大提高了后代的成活率。

2. 哺乳纲的主要特征

体表被毛；牙齿有门齿、臼齿和犬齿的分化；体腔内有隔，用肺呼吸；心脏分为四腔；体温恒定；大脑发达；胎生；哺乳。

2.3 野生动物资源及其保护

动物与人类的生活有着非常密切的关系。我们学习动物学知识，就是为了更好地利用动物资源，使之为人类造福。长期以来，由于人们对野生动物资源的利用不合理等原因，野生动物资源正在减少，不少物种资源已经枯竭，因此，保护野生动物资源是全人类所面临的重要课题。

2.3.1 野生动物与人类的关系

野生动物是自然界的重要组成部分，在维持生态平衡方面有着重要作用。很多动物是有害动物的天敌，例如，家燕、啄木鸟等消灭害虫；猫、蛇等捕食鼠类。很多昆虫能够传授花粉。有些动物能够传播种子，例如，苍耳、鬼针草等植物的果实黏附在哺乳动物身上，从而得以传播。土壤中生活的原生动物、环节动物等有改良土壤、提高土壤肥力的作用。

动物体内蛋白质含量、营养价值比植物高得多，因此，在日常饮食中一定需要摄取一定量的动物性食物。野生动物中不少种类是人类的美味佳肴，例如，脊椎动物中的野兔、野鸭、蛇、乌龟、蛙、黄鳝；无脊椎动物中的田螺、毛蚶、虾、蟹等。

野生动物能为工业生产提供大量的原料。野鸭等鸟类的羽毛可以作御寒服的填充物。鲸类体内的油脂在工业上被用作高级润滑油。

许多动物可作药材，例如，全蝎、蜈蚣等都是动物性药材。

动物是医学研究的主要实验对象，例如，猕猴、黑猩猩等常用作医学和心理学的实验模型。在仿生学研究方面，许多动物给人们以宝贵的启示。飞机、雷达、潜水艇和"响尾蛇"导弹等武器装备的研究制造就受到了鸟类飞行、蝙蝠定位、鱼类游泳和响尾蛇等发现猎物的原理的启示。

许多野生动物有极高的观赏价值。美丽的蝴蝶、高飞的大雁、开屏的孔雀、戏水的鸳鸯和威猛的老虎等都让人们百看不厌。

2.3.2 我国的野生动物资源及其保护

我国地域辽阔，气候条件多样，自然环境复杂，为野生动物的栖息和繁衍创造了得天独厚的条件，因此，我国的野生动物资源非常丰富。

1. 野生动物资源概况

我国的动物种类繁多，目前已知的鱼类有 2 000 多种，两栖类有 220 多种，爬行类有 380 多种，鸟类有 1 180 多种，哺乳类有 400 多种，昆虫 15 000 多种，其他无脊椎动物 35 000 多种。

这些动物当中，绝大多数是野生动物，不少种类是我国的特产，或者主要产于我国，例如，大熊猫、金丝猴、丹顶鹤、褐马鸡、扬子鳄和大鲵等。

由于各种原因，许多野生动物的数量在一天天减少，有些种类已经绝灭或濒于绝灭。原产我国的野马、高鼻羚羊和麋鹿等 10 多种珍稀野生动物在野外已经绝迹。大熊猫、金丝猴和白鳍豚等 20 多种野生动物正面临着灭绝的危险。一个物种就等于一个独特的基因库，一个物种的绝灭就意味着一个独特的基因库永远消失，这会给人类造成无法弥补的损失。

2. 野生动物资源减少的原因

造成野生动物资源减少的原因主要是动物栖息环境的破坏、过度捕猎和环境污染等。

由于人口的增长和对自然资源需求的增加，人们不断地砍伐森林、扩大耕地、开采矿山、开发旅游等，破坏了野生动物赖以生存的环境，使动物面临着生存危机。我国大熊猫数量的急剧减少就是一个典型的实例。过度捕猎也是造成野生动物资源减少的重要原因。生活在我国内蒙古草原上的黄羊，在 20 世纪 60 年代，一群可达上千头，后来由于大规模围猎，黄羊数量迅速下降，人们只能见到十几或几十头的黄羊群了。工业三废的排放和化学药剂的使用没有得到应有的治理，使水、土壤和大气受到了严重的污染，从而危及动物的生存。例如，农村田间的泥鳅、黄鳝、青蛙等动物的数量因中毒越来越少；生活在沼泽地区的扬子鳄则被用于消灭钉螺的五氯酚钠所毒杀，实在令人扼腕叹息。

3. 野生动物资源的保护

为保护和拯救珍稀濒危的野生动物，合理利用野生动物资源，我国于 1988 年制定了《中华人民共和国野生动物资源的保护法》。本法明确指出，我国的野生动物资源属于国家所有，国家对野生动物资源实行"加强资源保护，积极驯养繁殖，合理开发利用"的方针，鼓励开展野生动物研究。本法还明确规定，禁止猎捕、杀害国家重点保护的野生动物，非法猎捕者要依法追究刑事责任。

为保护、发展和合理利用渔业资源，我国特制定了《中华人民共和国渔业法》。

为保护珍稀濒危的野生动物，我国从 1956 年起就开始建立自然保护区，至今全国自然保护区的数量已近 800 个。例如，为保护大熊猫、金丝猴和它们的生活环境，在四川省建立了卧龙、王朗等自然保护区；为保护斑头雁、棕头鸥等鸟类及其生活环境，在青海省建立了青海湖鸟岛自然保护区。

为了更加广泛地宣传保护鸟类等野生动物资源，从1982年起，我国各地都开展了"爱鸟周"活动，时间一般都定在每年的4月到5月初。

总之，保护野生动物资源是利国利民的大事，我们每一个人都应该从我做起，自觉遵守有关保护野生动物的法律、法规，并且积极宣传保护野生动物的意义和法律常识，坚决同破坏野生动物资源的行为做斗争。

拓展：幼儿园的自然角的创设

所谓自然角，就是指在幼儿园的室内、廊沿或活动室的一角，用于饲养小动物、栽培植物，陈列幼儿收集的干果、水果、植物种子等动植物的地方。自然角是幼儿开展非正规活动的场所，有着很高的教育价值与意义。

1. 幼儿园的自然角

幼儿园的自然角作为大自然的缩影，是幼儿认识自然、探索自然的智慧角，在幼儿园活动中备受关注。幼儿园的自然角的创设，不仅能够美化班级环境，让幼儿园生活变得丰富多彩，更能够提升幼儿的观察力，激发幼儿对自然的兴趣以及探索大自然奥秘的求知欲望。那么，幼儿园的自然角到底应该如何创设？幼儿园班级的自然角有哪些必不可少的板块？作为教师，我们到底应该做些什么，才能够帮助幼儿在自然角中真正体验到亲近、探索自然的乐趣呢？

2. 自然角必不可少的板块

1）种植区

种植区，顾名思义，便是在自然角中开辟一块种植植物的区域。教师可以利用花盆、塑料筐甚至泡沫盒等一切可以利用的器皿，挖好泥土，撒上种子，定时浇水，等待植物的生长，如图3-2-33所示。在一日活动中，教师可以利用晨间来园的时间，组织幼儿给植物浇水、观察植物变化等。在一日日对植物的照料中，能看到植物开花甚至结果，对幼儿而言，是一件极其有趣的事情，更是一件值得骄傲的事情。因为，植物是在幼儿的照料下逐渐生长的，这饱含大自然神奇奥秘的事情，因为有了幼儿的参与，才变得与众不同与意义非凡。那种植区到底应该种什么呢？土豆、番茄、茄子、黄瓜等蔬菜是不错的选择，不过有些蔬菜如黄瓜，生长中是要爬藤的，记得给黄瓜搭上架子，这样才能长出一条条新鲜的黄瓜。可以种植一些较容易种植的水果。播下小小的种子，到了暑假前后的时间，孩子们就能尝到自己种出来的各种果蔬，这种体验绝对值得拥有。

2）饲养区

作为大自然的小精灵，可爱的小动物可是孩子们喜爱的好伙伴。什么样的动物适合饲养在幼儿园的自然角呢？小金鱼、小乌龟这类的水产类动物是比较常见的，不仅饲养起来方便，可观赏性也不错，让孩子们来园后喂鱼、喂小乌龟也十分有爱，如图3-2-34所示。当然，小金鱼在养殖的过程中比较容易出现变故，几天喂一次鱼食？金鱼怎么换水？这些小问题，也值得和孩子一起探讨。既然是孩子们带来的金鱼，那就应该把养殖金鱼的任务交给孩子自己，这也是一种富有责任感的表现。当然，如果有条件，能够养只小兔子、小猫咪之类的，也是相当不错的。毕竟，班级里多了一只活生生的小兔子来做伴，孩子们的欣喜之情可以想象。

图 3-2-33 种植区示例

图 3-2-34 饲养区示例

3) 发芽区

春天到了,植物开始萌芽,一片一片,钻出泥土,这样充满希望的景象,绝对可以搬到幼儿园的教室里,这便是我们所说自然角的发芽区,如图 3-2-35 所示。

植物发芽需要什么?水?温度?还有阳光?别着急,这些都可以放手让孩子们自己去探索,实践得到的答案才是最好的答案。作为教师,我们需要做的,就是提供适合植物发芽的器皿和种子,当然这些也可以让孩子们自己在家收集,或许会取得更不错的效果。统一用塑料瓶当作发芽器皿,或者油桶、大筐子等。在这里摆放的植物,可以是家里发芽一部分后带来幼儿园的,也可以是直接在幼儿园发芽的。这时,植物发芽需要水还是阳光,孩子们自会找到他们的答案。

4) 观赏区

为了让自然角变得更加丰富多彩,设置一个观赏区也是相当不错的。观赏区(图 3-2-36)的设立,不仅可以帮助幼儿了解熟悉常见的植物花卉,还能通过种植植物花卉了解不同植物的种植特点。时间长了,这一点点的积累,会是个小惊喜。至于选择什么样的植物放置在观赏区,芦荟、吊兰、虎尾兰、一叶兰、龟背竹等都可以。一般挑选适合种植、生长周期较长的植物为好。需要注意的是,仙人球、仙人掌之类带刺的植物不适合幼儿进行自主种植,任何影响到幼儿在园安全的,都应该避免。

图 3-2-35 发芽区示例

图 3-2-36 观赏区示例

3. 让自然角成为孩子探索的乐园

自然角提供的各种材料，各有不同却又有异曲同工之妙。例如，从小班下学期开始，自然角中可以开始摆放一些简单的记录表，让孩子们在观察的同时用笔记录下来，汇成"小小记录表"。随着年龄的增大，记录表的设计可以逐步增加难度，以适应幼儿发展需求。到了一定的时候，我们会发现，所谓的自然角，从挖土开始，就可以让孩子每一步都参与进来，用手、用铲子实实在在地去挖土、刨坑、埋种子，孩子需要的是他们自己的探索。与自然融合、与自然接触，是最受孩子们欢迎的。当那一片嫩嫩的绿叶从种子里面钻出来的时候，孩子会兴奋地拍着手，找来伙伴一起分享这份惊喜。现在，我们各处都在实行课程游戏化，鼓励孩子的学习活动等都以游戏的形式展开，给予孩子充分的自我探索的机会。提供各种材料，把自然角交给孩子们，让自然角变成孩子们探索的乐园！

课后实践

1. 采集青蛙的受精卵和饲养蝌蚪，认真观察青蛙的发育过程，并做好记录。
2. 参观动物园或自然博物馆，了解鸟类和哺乳动物的多样性。
3. 调查当地的野生动物资源情况，了解当地的野生动物资源保护现状，然后联系实际谈谈自己应该怎样做才能为野生动物资源的保护做出贡献。
4. 参与设计班级自然角，并交流你这样设计的理由。

第 3 章 遗传与变异

学习目标

1. 了解遗传和变异的普遍性。
2. 理解遗传和变异现象的因果关系和客观规律。
3. 掌握主要的遗传物质 DNA 的结构、功能和复制过程、遗传的基本规律、生物变异的类型和原因、人类常见遗传病的原因和预防、优生、胎教及早期教育的基本知识和理念。
4. 应用所学知识,解释常见遗传变异现象、人类遗传病的预防。利用优生优育和胎教早教知识促进人类社会全面素质的提高,为将来在幼儿园的保教工作打下坚实的基础。
5. 培养严谨创新的科学精神

本章要点

遗传的物质基础;遗传的基本规律;生物变异的类型和原因;优生、胎教和早期教育。

第3章 遗传与变异

3.1 遗传的物质基础

3.1.1 染色体和DNA

根据细胞遗传学的研究和对染色体的研究得知，染色体主要是由脱氧核糖核酸（DNA）和蛋白质组成的。

在蛋白质和DNA这两种物质中。究竟哪一种是遗传物质呢？长期以来，许多人认为蛋白质是一切生命活动的体现者。因此，蛋白质是在遗传中起决定作用的物质。直到1944年，科学家艾弗里和他的同事们，通过一个著名的细菌转化实验，才第一次证明了生物的遗传物质是DNA，而不是蛋白质（在不含DNA的病毒中，如烟草花叶病毒，RNA是遗传物质）。后来，人们又用化学定量分析的方法测出，细胞中的DNA大部分存在于细胞核内的染色体上。例如，衣藻细胞中DNA含量的84%存在于染色体上，其余的DNA则存在于叶绿体和线粒体等结构中，人们还进一步测出，一条染色体中只含有一个DNA分子。

3.1.2 DNA分子的结构和复制

DNA分子是遗传物质，它之所以能够起到遗传作用，与它的分子结构有密切的关系。

1. DNA分子的结构

20世纪四五十年代间，科学家们已经认识到DNA分子是由4种脱氧核苷酸组成的一种高分子化合物，但是对于只由4种脱氧核苷酸组成的DNA为什么能够成为遗传物质，仍然感到困惑不解。为此，许多科学家都投入对DNA分子结构的研究中。1953年，沃森和克里克根据X射线衍射实验的结果，弄清了DNA分子的结构，最先提出了DNA分子的双螺旋结构模型，如图3-3-1所示。

从DNA分子的结构模型图中，我们可以看到组成DNA分子的基本单位是脱氧核苷酸，如图3-3-2所示。由4种脱氧核苷酸构成的DNA分子具有特殊的空间结构，也就是具有规则的双螺旋结构。这种结构的主要特点是：

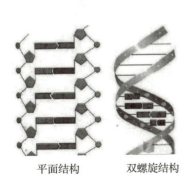

图3-3-1 DNA分子的结构模型

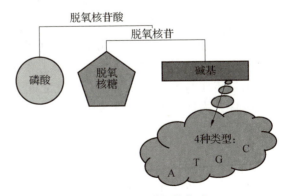

图3-3-2 脱氧核苷酸

(1) DNA 分子是由两条平行的脱氧核苷酸长链盘旋而成的。

(2) DNA 分子中的脱氧核糖和磷酸交替连接，排列在外侧，构成基本骨架，含氮碱基（简称"碱基"）排列在内侧。

(3) 两条链之间通过碱基配对连接。碱基配对有一定的规律。就是 A（腺嘌呤）一定与 T（胸腺嘧啶）配对，G（鸟嘌呤）一定与 C（胞嘧啶）配对。碱基之间的这种一一对应的关系，叫作碱基互补配对原则。

从 DNA 分子的结构中，我们可以明显地看出：两条长链上的脱氧核糖与磷酸交互排列的顺序是稳定不变的，而与长链相联系的碱基对的排列顺序是千变万化的。组成 DNA 分子的碱基虽然只有 4 种，但是，由于碱基对排列顺序的不同，故构成了 DNA 分子的多样性。例如，若一个 DNA 分子中的一条多核苷酸链有 100 个 4 种不同的碱基，那么它们的可能排列方式就是一个非常巨大的数字。实际上，每条多核苷酸链中的碱基不只有 100 个，而是成千上万个，由此可以想象，它们的排列方式几乎是无限的。DNA 分子的多样性，从分子水平上说明了生物体具有多样性和个体之间存在着差异的原因。

2．DNA 分子的复制

生物体之所以具有遗传现象，与 DNA 分子的复制有关。DNA 分子具有的独特的双螺旋结构，使它有可能进行复制。体细胞中 DNA 分子的复制是在有丝分裂的间期（对于减数分裂来说，则是在第一次分裂开始前的间期）完成的。DNA 分子在有关酶的作用下，一边解旋一边进行复制。

复制开始时，首先，DNA 分子利用细胞提供的能量，在解旋酶的作用下，把两条螺旋的双链解开，这个过程叫作解旋；然后，以解开的每一段母链为模板，以周围环境中游离的 4 种脱氧核苷酸为原料，按照碱基互补配对原则，在有关酶的作用下，各自合成与母链互补的一段子链，随着解旋过程的进行，新合成的子链也在不断地延伸，这个过程叫作装配子链；同时，每条子链与其对应的母链又盘绕成双螺旋结构，从而各形成一个新的 DNA 分子，这个过程叫作重新盘绕。最终，复制结束后，一个 DNA 分子就形成了两个完全相同的 DNA 分子。这样的复制方法，我们称之为半保留复制，如图 3-3-3 所示。

复制出的 DNA 分子通过细胞分裂分配到子细胞中去。正是由于 DNA 分子的这一复制过程，才使亲代的遗传信息传递给子代，从而使亲子代之间保持一定的连续性，为什么子女有许多特征像父母，就是因为父母把自己的 DNA 分子复制了一份，传给了子女的缘故。

DNA 分子是怎样控制遗传性状的呢？现代遗传学研究认为，生物的性状是由基因控制的。基因是染色体上具有遗传效应的 DNA 片段，是控制生物性

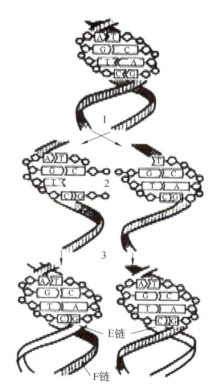

图 3-3-3 DNA 分子复制的图解
1—解旋；2—以母链为模板进行碱基配对；
3—形成两个新的 DNA 分子

状的最小功能单位，在染色体上呈线状排列。每个 DNA 分子上可以有很多个基因。基因中脱氧核苷酸的碱基排列顺序变化万千，蕴含着复杂的遗传信息。基因对性状的控制是通过 DNA 控制蛋白质的合成来实现的。

3.1.3 基因和性状

　　基因是细胞内的染色体上具有特定遗传信息的 DNA 片段，它是遗传物质的最小功能单位。每条染色体上带有许多个基因。不同的基因具有不同的遗传信息。

　　性状是指生物体的外部特征或生理特征。例如，人的头发的颜色、植物的花的颜色、果实的形状等。

　　基因不仅可以通过复制把遗传信息传递给下一代，还可以使遗传信息得到表达，也就是使遗传信息以一定的方式反映到蛋白质的分子结构上，从而使后代表现出与亲代相似的性状。可见，基因可以通过控制蛋白质的合成来控制生物的性状。

拓展阅读

人类基因组计划

　　人类基因组计划（Human Genome Project，HGP）是由美国科学家于 1985 率先提出，于 1990 年正式启动的，英国、美国、法国、德国、日本和中国共 6 个国家的科学家共同参与了这一预算达 30 亿美元的人类基因组计划。按照计划的设想，在 2005 年要把人体内约 4 万个基因的密码全部解开，同时绘制出人类基因的图谱。换句话说，就是要揭开组成人体 4 万个基因的 30 亿个碱基对的秘密。这是一项多么浩繁的系统工程啊！"人类基因组计划"与"曼哈顿原子弹计划"和"阿波罗计划"并称为三大科学计划。

　　通过国际合作组织的精诚合作和辛勤的工作，科学家们已于 2000 年完成了人类基因组的"工作框架图"。2001 年公布了人类基因组图谱及初步分析结果。其研究内容还包括创建计算机分析管理系统，检验相关的伦理、法律及社会问题，进而通过转录物组学和蛋白质组学等相关技术对基因表达、基因突变进行分析，获得与疾病相关基因的信息。

　　人类基因组计划的重要意义在于：通过对人类 30 亿个碱基对进行全面解读，从而挖掘功能基因，最终目的是找到基因与疾病的关联，为人类的疾病研究提供基因组水平的依据和思路。同时，对医学和生物技术的研究和应用具有深远的理论和现实意义。尤其在基因工程药物、诊断和研究试剂产业等领域前景广阔。

3.2　遗传的基本规律

3.2.1 基因分离定律

　　同一种生物的同一个性状常有不同的表现类型，例如，人的头发有卷发和直发、鼻梁有高鼻梁和矮鼻梁、有人脸上有酒窝有的无酒窝等，生物学上把同一种生物的同一性状的不同表现类型称为相对性状。

1. 一对相对性状的遗传学实验

遗传学奠基人孟德尔从1857—1864年，连续做了8年豌豆杂交实验。首先，他选择严格自花授粉的豌豆作为实验材料。并从复杂的性状中选择简单的、区别明显的一对性状着手，分别对7对性状做了系统的遗传杂交实验。分析了杂合体后代逐代统计性状表现不同的植株数目，并统计了它们的比例关系。他根据自己的实验结果揭示出了一对性状的遗传规律，即后来遗传学中所称的"基因分离定律"。孟德尔先选用了高茎和矮茎这对相对性状作为亲本进行杂交，豌豆在自然条件下是自花传粉、闭花传粉的植物，在开花以前受精作用就已经完成，因此，要让豌豆杂交就要进行人工异花授粉，如图3-3-4所示。孟德尔在一组实验中用高茎豌豆作为母本，将高茎豌豆的花在授粉前去掉雄蕊，待开花后人工采集矮茎豌豆的花粉并涂抹在高茎豌豆的雌蕊上，然后用纸袋罩住防止昆虫带来其他花粉；在另一组实验中用矮茎豌豆作为母本，高茎豌豆作父本，也用同样的方法进行了去雄、授粉、套袋。将两组实验的种子种下去，得到的第一代杂交豌豆全为高茎，孟德尔又将第一代杂交豌豆的种子种下去，得到的第二代杂交豌豆既有高茎也有矮茎，高茎和矮茎的比例接近3∶1。

在遗传学上用P表示亲本，♀表示母本，♂表示父本，×表示杂交，⊗表示自交，即指同一花朵内或同株花朵间的相互授粉。F表示后代，F1表示子一代，是指双亲杂交当代所结种子及由它所长成的植株。F2表示子二代，是指F1自交所结种子及由它所长成的植株，同理F3、F4分别表示子三代、子四代，分别是F2、F3自交结的种子及由它们所长成的植株等。另外要说明，约定俗成，写杂交组合时，母本写在"×"之前，父本写在"×"之后，以后如不标明，则"×"之前都代表母本，"×"之后都代表父本。上述实验的结果可表示为图3-3-5所示的豌豆杂交实验结果。

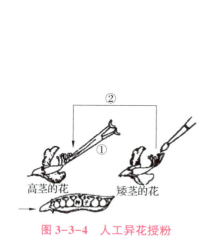

图3-3-4 人工异花授粉

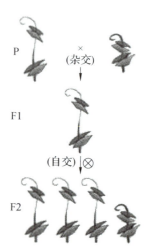

图3-3-5 豌豆杂交实验

孟德尔用另一对相对性状红花和白花做实验，结果显示红花×白花所产生的F1植株，全部开红花，F2出现了红花、白花两种类型，两者比例接近3∶1。用白花（♀）×红花（♂）杂交，所得结果与前一组合完全一致，即F1全部开红花，F2群体中既有红花也有白花，两者比例也接近3∶1。如果将前一组合称作正交，那么后一组合则称作反交。正交和反交的结果一致，说明 F1 和 F2 的性状表现不受亲本组合方式的影响，即父本和母本对杂合体的影响是对等的。孟德尔在豌豆的其他几对相对性状的杂交实验中，都获得相似的实验结果，即在 F1 中只表现出一种性状，F2 中表现出两种性状，这说明 F1 中没有表现出来的性状并没有消失，而是隐藏起来了。他将一对相对性状在 F1 中表现出来的性状叫作显性性状，在 F1 没有表现出来的性状叫作隐性性状，在 F2 中不同个体分别表现出显性和隐性的现象叫作分离现象。

2. 孟德尔对实验结果的解释

豌豆的 7 对相对性状的杂交实验都得到了相同的结果，说明遗传具有某种规律。他作了如下假设：生物的性状由遗传因子所控制（后人把这种遗传因子称为基因）。相对性状由相对基因控制。相对基因也称为等位基因，即位于同源染色体相同位点上的基因，等位基因有显性和隐性两种，显性基因控制显性性状，隐性基因控制隐性性状。体细胞中基因成对存在，形成配子时等位基因分别进入不同的配子，每个配子只能得到等位基因中的一个，因而配子中基因成单存在。来自母本和来自父本的配子结合后形成的受精卵中等位基因又恢复成对。

根据上述假设，孟德尔圆满地解释了他的实验结果。以豌豆茎高杂交实验为例，用英文大写字母 D 表示显性的高茎基因，小写字母 d 表示隐性的矮茎基因。高茎亲本体细胞内应有一对高茎基因 DD，矮茎亲本体细胞则有一对矮茎基因 dd。配子中基因成单存在，只能得到等位基因中的一个，则高茎亲本产生 D 配子，矮茎亲本产生 d 配子。双亲配子结合，F1 体细胞内的一对基因应为 Dd，因为 D 对 d 为显性，故 F1 植株全部为高茎；F1 产生配子时，Dd 分离分别进入不同配子，产生两种配子，一种带基因 D，另一种带基因 d，两种配子数目相等；雌雄配子都如此。当 F1 自交时，含有两种遗传物质的雌雄配子随机结合就产生了 DD、Dd、dd 3 种基因型的 F2，其比例为 1:2:1，基因型为 DD、Dd 的 F2 表现为高茎，基因型为 dd 的 F2 表现为矮茎。高茎与矮茎的比例为 3:1，豌豆杂交实验的遗传图解如图 3-3-6 所示。

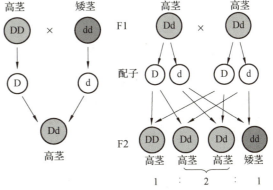

图 3-3-6 豌豆杂交实验的遗传图解

生物体内的基因组成，如 DD、Dd、dd 等，叫作基因型。生物个体具体表现出来的性状称作表现型。两个等位基因相同时，遗传学上称作纯合基因型，具有纯合基因型的个体称作纯合子。两个等位基因不同的基因型称作杂合基因型，具有杂合基因型的个体称作杂合子。纯合子只产生一种配子，自交后代无分离，表现了遗传的稳定性；杂合子产生多种类型的配子，经自交受精后出现性状分离，表现了遗传的不稳定性。基因型是性状表现的内在因素，故可根据表现型分析推断基因型。基因型与表现型是不同的概念。如基因型 DD 和 Dd 是有所区别的，但其表现型都是高茎，而矮茎豌豆则可以确定其基因型为 dd。此外，表现型是基因型与环境作用的结果，如一对同卵双胞胎，一个长期在野外，一个长期在室内，长期在野外的一个人的肤色比在室内的一个人黑，两人的基因型相同，但表现型不同。

3. 对分离现象解释的验证

为了验证上面的解释是否正确，孟德尔进行了一个测交实验，如图 3-3-7 所示。测交法是孟德尔最早提出的测定某个体基因型的方法，即把被测验的个体与隐性纯合亲本杂交。按照分离规律，一对相对性状差异的两个亲本杂交，F1 是杂合基因型，产生两类数目相等的配子。只要证明 F1 确实产生了两类数目相等的配子，就表明分离规律是正确的。孟德尔用 F1 的高茎豌豆与隐性的矮茎豌豆测交。

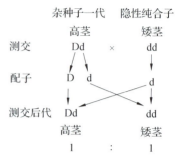

图 3-3-7　豌豆测交实验遗传图解

实验中矮茎亲本和测交子代的矮茎豌豆的表现型是隐性性状，其基因型必然是隐性纯合的 dd，矮茎亲本只能产生一种 d 配子，测交子代中矮茎豌豆的另一个 d 基因应该来自于被测 F1，这说明被测高茎 F1 产生了一种 d 配子；测交子代中的高茎豌豆，其基因型只能是 Dd，D 基因也只能是来自于被测的高茎 F1；由此可知，被测高茎 F1 确实产生了 D 和 d 两类配子。测交子代高茎 85 株，矮茎 81 株，高茎和矮茎的比例约为 1∶1。与推测中的结果相同，从而证明了孟德尔的解释是可行的。

4. 基因分离规律的实质

随着细胞生物学的发展，科学家发现了基因分离定律的实质：控制生物性状的等位基因位于一对同源染色体上，每个基因都能独立地发挥遗传效应，在减数分裂形成配子时等位基因随着同源染色体分别进入不同配子，受精时雌雄配子随机结合，在合子中重新形成等位基因。

知识链接

遗传学的奠基人——孟德尔

孟德尔（1822--1884），奥地利人，从小喜爱自然科学，由于家境贫困，21 岁时进入一所修道院（现捷克境内）做修道士。1851 年，孟德尔被派到维也纳大学进修自然科学和数学。这些课程的学习，对他后来的研究工作起了重要作用。3 年后，他回到修道院，利用修道院的一块园地，种植了豌豆、山柳菊、紫茉莉、草莓、玉米等许多植物，并且进行了多种植物的杂交试验。孟德尔对杂交试验的研究也不是一帆风顺的。他曾花了几年时间研究山柳菊，结果却一无所获。后来人们才发现：（1）山柳菊没有既容易区分又可以连续观察的相对性状；（2）山柳菊有时进行有性生殖，有时进行无性生殖；（3）山柳菊的花小，难以做人工杂交试验。后来又经过 8 年的不懈努力，通过对豌豆的杂交试验取得成功，终于在 1865 年发表了《植物杂交试验》的论文，揭示出遗传的两个基本规律分离规律和自由组合规律。然而孟德尔的研究成果，在当时并没有立即引起人们的注意。直到 1900 年孟德尔的这项发现被三位生物学家分别予以证实以后，才受到科学界的重视和公认。从此，遗传学作为一门独立的学科，很快地发展起来了。

课外探究

查阅相关资料，了解人类有哪些性状的遗传符合基因的分离规律。

3.2.2 基因自由组合定律

1. 两对相对性状的遗传实验

在研究了一对相对性状的遗传规律后，孟德尔仍以豌豆为材料，选取具有两对相对性状差异的品种作为亲本进行杂交。以圆粒种子、黄色子叶植株作母本；皱粒种子、绿色子叶植株为父本杂交。F1 都是圆粒种子、黄色子叶，表明种子圆粒和子叶黄色是显性，这与分别单独研究这两对性状的结果是一致的。由 F1 种子长成的植株自交，得到的 F2 种子有 4 种表现型，而且存在一定的比例关系，实验结果如图 3-3-8 所示。

从图 3-3-8 可见，F2 中子叶黄色、圆粒种子和子叶绿色、皱粒种子分别与两种亲本相同，称为亲本类型；黄色子叶、皱粒种子和绿色子叶、圆粒种子两种类型是亲本之间性状的重新组合，称为重组类型。黄色圆粒、绿色圆粒、黄色皱粒、绿色皱粒 4 种表现型之间的比例为 9 : 3 : 3 : 1。若把 F2 种子的表现型按一对相对性状归纳分析，可得如下比例：

黄色 : 绿色 =（315 + 101）:（108 + 32）= 416 : 140 ≈ 3 : 1

圆粒 : 皱粒 =（315 + 108）:（101 + 32）= 423 : 133 ≈ 3 : 1

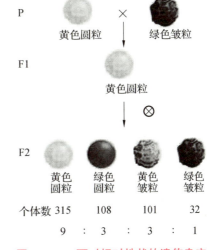

图 3-3-8 两对相对性状的遗传杂交

根据上述分析，具有两对相对性状差异的亲本杂交时，杂交后代中每对相对性状的分离比例都是 3 : 1，符合分离规律，这说明各相对性状的分离是独立的，互不干扰。综合起来看这两对性状的遗传行为，F2 出现了重组类型，说明控制这两对性状的两对等位基因各自分离之后是自由组合的。于是，孟德尔做了如下假设：两对相对性状由两对非等位基因控制，形成配子时，各对等位基因的分离互不干扰，独立进行，等位基因分离进入不同的配子，非等位基因自由组合进入同一配子，这一定律称为基因自由组合定律。按照基因自由组合定律，上述杂交实验中，用 Y 和 y 分别代表黄色子叶和绿色子叶的一对等位基因，R 和 r 分别代表圆粒种子和皱粒种子的一对基因。黄色子叶、圆粒种子亲本的基因型为 YYRR，绿色子叶、皱粒种子亲本的基因型为 yyrr。黄、圆亲本是纯合基因型 YYRR，只形成一种配子 YR，同理，绿、皱亲本 yyrr 也只能形成一种配子 yr，受精结合 F1 基因型为 YyRr。F1 形成配子时，Yy 等位基因分离进入不同的配子，每个配子要么得到 Y，要么得到 y。同样的，Rr 等位基因也如此分离。Y、y 和 R、r 之间自由组合，共形成 4 种配子，YR、yr、yR、Yr，数目相等。雌配子和雄配子皆如此。受精时雌雄配子随机结合,共有 16 种组合方式,9 种基因型,4 种表现型。其中黄色子叶、圆粒种子占 9/16；黄色子叶、皱粒种子占 3/16；绿色子叶、圆粒种子占 3/16；绿色子叶、皱粒种子 1/16。其基因传递行为如图 3-3-9 所示。

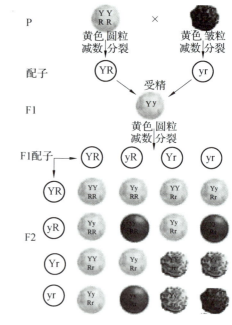

图 3-3-9　基因自由组合定律

2. 对自由组合现象解释的验证

基因自由组合定律是否正确仍可用测交法来验证。两对性状的遗传,F2 要实现 16 种配子组合,9 种基因型,4 种表现型,且表现型比例为 9∶3∶3∶1,关键是杂合体 F1 要产生 4 种数目相等的配子。

如图 3-3-10 所示,按基因自由组合定律推测,测交后代应有黄色圆粒、黄色皱粒、绿色圆粒、绿色皱粒 4 种表现型,且比例为 1∶1∶1∶1。在孟德尔的测交实验中,测交后代 4 种表现型数目相等,表明基因自由组合定律是正确的。

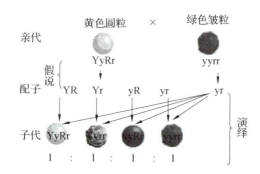

图 3-3-10　基因自由组合定律的验证

3. 基因自由组合定律的实质

基因自由组合定律的实质是：控制不同性状的非等位基因,位于非同源染色体上,在减数分裂形成配子时,同源染色体上的等位基因发生分离,而位于非同源染色体上的非等位基因之间自由组合。

利用以上定律,做出遗传图解,便可预测一些简单性状的遗传结果。

课外探究

探讨分析遗传的基本规律在生产实践和生活实际中的应用实例。

3.3 生物的变异

生物的子代与亲代之间，子代与子代之间存在的差别称为变异。在丰富多彩的生物界中，蕴含着形形色色的变异现象。在这些变异现象中，有的仅仅是由于环境因素的影响造成的，并没有引起生物体内的遗传物质的变化，因而不能够遗传下去，属于不遗传的变异；有的变异现象是由于生殖细胞内的遗传物质的改变引起的，因而能够遗传给后代，属于可遗传的变异。

可遗传的变异有3种来源：基因重组，基因突变，染色体变异。基因重组在前面已经进行了介绍，下面将只介绍基因突变和染色体变异。

3.3.1 基因突变

基因突变是指染色体上发生碱基对的增添、缺失或改变，从而导致基因的结构发生改变。基因中碱基序列的改变，使它所包含的遗传信息也发生相应的改变，经过表达后产生结构异常的蛋白质或酶，形成异常的性状。血红蛋白异常就是基因突变引起的疾病。其中，镰刀形细胞贫血（HbS）（图3-3-11）是由基因中某个碱基（A→T）改变造成的。血红蛋白分子结构的改变，使其在静脉血中氧分压低的情况下发生凝胶化，引起红细胞发生镰变。镰刀形细胞膜易受损伤而被网状内皮细胞破坏，出现溶血性贫血症状。

基因突变是生物变异的根本来源，虽然大多数突变是不利的，如玉米中的白化苗，由于缺乏叶绿素，不能进行光合作用，最终导致幼苗死亡；基因突变还可引起人类的遗传性疾病危害健康等。但从生物发展的历程来看，基因突变既是生物进化发展的根本源泉，也是育种资源的重要源泉。因为基因发生突变后，由原来基因控制的性状就会发生改变（变异），而且这种改变是能够遗传的，因而基因突变可以大大丰富新的生物类型。在自然界里，基因突变是普遍存在的。人类通过选择，曾育成了不少品种，如有名的矮脚安康羊就是利用基因突变选育出来的，如图3-3-12所示。

我国在20世纪60年代利用基因突变育成了矮秆水稻良种矮脚南特，对我国水稻矮秆育种起了很大的促进作用。其他，如玉米的糯性、棉花的鸡脚叶和短果枝、蓖麻的无棘果、家兔的白化、牛的无角、狐的银白色、貂的蓝色皮毛、鸡的丝羽、家蚕的透明皮肤等，都是自然界中基因突变的结果。今后，人们将继续利用基因突变来为人类服务。

基因突变可以在自然情况下发生，这称为自发突变，也可以人为地利用某些理化因素诱发基因突变，这称为诱发突变。由于诱发突变出现的频率较高，因此诱发突变已成为创造育种材料的一种重要手段。

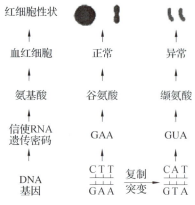
图 3-3-11 镰刀形细胞贫血症图解

图 3-3-12 正常羊（左）和矮脚安康羊（右）

知识链接

基因突变引起的人类遗传病

基因突变引起的人类遗传病占遗传病的绝大多数。目前，世界上已经公布的这类遗传病有 6 500 多种。据估计，每年新发现的遗传病种类以 10~50 种的速度递增。可见，由基因突变引起的人类遗传病，已经构成了对人类健康的重大威胁。

由基因突变引起的遗传病，大体有两类情况：一类是由显性致病基因引起的；另一类是由隐性致病基因引起的。例如，软骨发育不全就是由显性致病基因 A 引起的显性遗传病。这种病的患儿由于长骨骨干的软骨细胞形成障碍而表现出体态异常、身材矮小等症状。病情严重者，胎儿期就可能死亡。又如，苯丙酮尿症是由隐性致病基因 p（基因型是 PP）引起的隐性遗传病。患者体内因缺少了一种酶而使氨基酸的代谢不正常，患者出生 3~4 个月后就会出现智力低下症状，并且头发色黄，尿中因含有有过多的苯丙酮酸而有异味。

3.3.2 染色体变异

染色体变异是指生物体内的染色体发生改变，基因跟着发生改变，导致生物的性状也发生改变。染色体变异包括染色体的结构变异和数目变异两种。

1. 结构变异

基因是以一定的次序排列在染色体上的，这种结构和次序在一般的情况下有相对的稳定性，这是遗传学基本规律成立的前提。然而，染色体结构的稳定是相对的，变化是绝对的。在复杂的自然条件下，甚至在营养、温度、生理等因素有变化时，有些染色体会发生折断。例如，人为施加某些物理因素（如紫外线、X 射线、γ 射线、中子等）或化学药剂处理细胞，染色体折断的频率会大大地增加。折断的染色体可能按原来的直线顺序再次接合起来；也可能在再次接合时改变了原来的顺序；或者同其他染色体的断片接合。后两种情况都会造成染色体结构的变异。染色体结构变异主要有缺失、重复、倒位、易位 4 类，如图 3-3-13

所示。

(1) 缺失。染色体中某一片段的缺失。例如，猫叫综合征（图3-3-14）是人的第5号染色体部分缺失引起的遗传病，因为患病儿童哭声轻，音调高，很像猫叫而得名。猫叫综合征患者的两眼距离较远，耳位低下，生长发育迟缓，而且存在严重的智力障碍。果蝇的缺刻翅的形成也是由于一段染色体缺失造成的。

图3-3-13　染色体结构变异

(2) 重复。染色体增加了某一片段。果蝇的棒眼现象就是X染色体上的部分重复引起的。

(3) 倒位。染色体某一片段的位置颠倒了180°，造成染色体内的重新排列，如女性习惯性流产（第9号染色体长臂倒置）。

(4) 易位。染色体的某一片段移接到另一条非同源染色体上或同一条染色体上的不同区域。如惯性粒白血病（第14号与第22号染色体部分易位）。

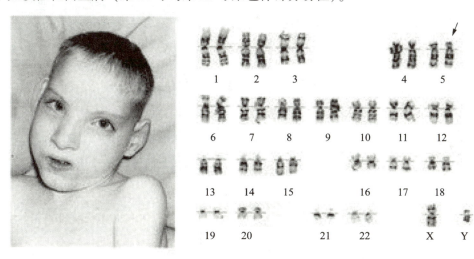

（箭头所示为发生缺失的染色体）

图3-3-14　猫叫综合征

2. 数目变异

各种生物染色体的数目一般是恒定的，但是在进化过程中由于多种因素影响，染色体的数目也可能发生变异。染色体数目变异也是生物进化的一种重要方式。染色体数目变异有时以染色体为单位发生，有时以染色体组为单位发生。

在生物配子细胞中的一套非同源染色体，载有细胞或生物生长发育所必需的一套基因，这些染色体称作一个染色体组。染色体组是一个遗传的基本单位。同一染色体组各条染色体的形态、结构、基因各不相同，但它们构成一个完整而协调的体系，保证了正常的生命活动，缺少其中一条都会导致性状的变化。若某生物体细胞中仅含有一个染色体组就叫作一倍体，如雄性蜜蜂。在自然界中，多数物种的体细胞内含有两个完整的染色体组，即二倍体，如人类。生物体细胞内多于两个染色体组的整倍体，如三倍体、四倍体、五倍体等统称为多倍体，如香蕉是三倍体、马铃薯是四倍体、有的草莓是五倍体、普通小麦是六倍体。体细胞中含有本物种配子染色体数目的个体叫作单倍体。单倍体植物虽然高度不育、植株弱小，但由于单倍体中染色体是成单的，基因也是成单的，因而它是人们进行遗传操作的理想材料，人们在单倍体水平上所进行的遗传操作，通过加倍后就能在双倍体上及时表现，同时单倍体也用于培育优良品种。

染色体数目除整倍性变异外，还存在一种非整倍性变化，即在正常合子数 $2n$ 的基础上，多出一个或一个以上染色体。由这种变化所产生的个体，体细胞的染色体数均不是基数的完整倍数，即体细胞内均含有不完整的染色体组，遗传学上称这样的个体为非整倍体。如特纳综合征患者的体内只有一条 X 染色体。如图 3-3-15 所示，21 三体综合征患者的体内就有 3 条 21 号染色体。

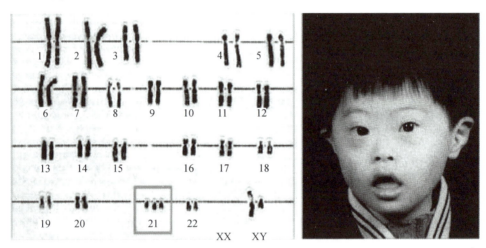

图 3-3-15　21 三体综合征

知识链接

糖宝宝

糖宝宝，也称先天愚型婴儿，俗称糖宝宝，它是最常见的一种人类染色体病，也是最常见的智力低下的原因。患者有特殊的染色体核型，即第 21 号染色体多了一条。唐宝宝一般不能活到成年。在活产新生儿中的发生率约为 1/800-1/600，该病与母亲的妊娠年龄有密切关系，25 岁以下的母亲生产该类患儿的机会是 1/2000，35 岁时为 1/300，大于 44 岁为 1/40。

患者严重智力低下，头小而圆，鼻梁低平，眼裂小而外侧上斜，眼距宽，口半开，舌常伸于口外，耳位低（双耳上缘在两眼水平线以下）；颈短粗，常可伴生殖器官、心脏、消化道、骨骼畸形；免疫力低下。

3.4 优生、胎教和早教

优生学是应用遗传学的原理和方法，来改善人类的遗传素质，防止出生缺陷，是高人口质量的应用型科学。

"优生"一词由英国人类遗传学家高尔顿于1883年首次提出，其原意是"健康的遗传"。他主张通过选择性的婚配，来减少不良遗传素质的扩散和劣质个体的出生，从而达到逐步改善和提高人群遗传素质的目的。通俗地说，优生的"生"是指出生，"优"是优秀或优良，优生即是生优，就是运用遗传原理和一系列措施，使生育的后代既健康又聪明。

1960年美国遗传学家斯特恩（C. Stern，1902—1982）又把优生学划分为预防性优生学（负优生学）和进取性优生学（正优生学）。预防性优生学主要是研究如何降低人群中不利表现型的基因频率，减少以至消除有严重遗传病和先天性遗传病的个体出生。预防性优生学的具体内容包括遗传咨询、产前诊断和宫内治疗等。进取性优生学主要是研究如何增加有利表现型的基因频率。近些年来兴起的人工授精、人体胚胎移植和DNA重组等技术，为进取性优生学开辟了广阔的前景。

3.4.1 优生

优生学是以提高人口素质为宗旨的，是一门从遗传上谋求改善人类自身的科学，也是一门有益于人类进步、造福于子孙后代的科学。它能给家庭带来欢乐，给国家带来繁荣，给民族带来兴旺，给社会带来进步。正因如此，它才受到人们的普遍重视。

1. 遵守优生方面的法律法规

有许多国家通过法律的形式推行优生措施。世界上最早的优生法于1907年出现于美国，1940年日本公布《国民优生法》，1948年7月又公布了《优生保护法》，其他凡提倡优生、施行优生法的国家都取得了良好效果。我国的《中华人民共和国婚姻法》中也规定，直系血亲和三代以内旁系血亲禁止结婚；患麻风病未经治愈或其他在医学上认为不应当结婚的疾病患者禁止结婚。而且有关优生优育的其他立法也日趋完善。这些以优生观点出发所制定的法规，对我国人口素质的提高起着重要的作用。

2. 实行婚前检查

婚前检查是优生的重要内容，主要是对男女双方在结婚登记之前进行遗传咨询和身体检查，以便及时发现不能结婚、生育的疾病，或其他生殖器畸形等，供当事人婚育决策时参考。很多年轻人往往忽视了婚前检查，又有不理智的婚前性行为，结果追悔莫及。

3. 提倡适龄生育与计划受孕

从产科生理、优生、人口控制以及青年夫妇的工作、学习、生活方面综合考虑，一般认为男女最佳的生育年龄是：男性25~35岁、女性23~28岁。在适龄生育的年限内，还要选择有利优生的时机受孕，称为"计划受孕"。如果能选择在最佳季节、良好环境和人体生物节律高峰值时受孕，无疑对优生是十分有利的。

4. 进行遗传咨询

遗传咨询是指在生了一个异常儿之后，应对孩子进行必要的检查，弄清是否患遗传病。如果是遗传病，那么医生要根据详细病史、家谱分析、体检及化验等明确这类疾病再现的可能性有多大，有无产前诊断的方法等，然后再决定是否可生第二胎。

5. 开展产前诊断

在妊娠期间，用各种方法了解胎儿的情况，预测胎儿是否正常或有某些遗传病，以决定胎儿保留与否。对个别的遗传病还可以通过新生儿筛查加以控制，如先天性甲状腺功能低下和苯丙酮尿症，这两种遗传病如能在新生儿时期及时查出，采用药物或食物治疗就可以使孩子发育正常，否则随着病儿的年龄增长，会成为病患。

6. 注意孕产期保健

孕妇在怀孕期间必须加强营养并保持良好的精神心理状态，适当活动和锻炼，在轻松、恬静、舒适的环境里孕育胎儿。要防止病毒感染和环境污染（如大气、饮水、电磁辐射以及其他化学物理因素等）对胎儿的危害和影响。

3.4.2 胎教

胎教一词源于我国古代，古人认为胎儿在母体中能受孕妇言行的感化，所以孕妇必须谨守礼仪，给胎儿以良好的影响，名为胎教；现指科学合理地调节孕期母体的内外环境，促进胚胎发育，改善胎儿素质的科学方法。广义胎教指为了促进胎儿生理上和心理上的健康发育成长，同时确保孕产妇能够顺利地度过孕产期所采取的精神、饮食、环境和劳逸等各方面的保健措施。狭义胎教是根据胎儿各感觉器官发育成长的实际情况，有针对性地、积极主动地给予适当合理的信息刺激，使胎儿建立起条件反射，进而促进其大脑机能、躯体运动机能、感觉机能及神经系统机能的成熟。

实践证明，胎教对胎儿的发展具有积极的影响。据美国著名的心理学家对千余名儿童的多年研究，并得出结论：人的智力获得，50%在4岁以前，30%在4~8岁获得，另20%在8岁以后完成。4岁以前完成的50%就包括胎教在内。现代医学证实，胎儿确有接受教育的潜在能力。这主要是通过中枢神经系统与感觉器官来实现的，孕26周左右胎儿的条件反射基本上已经形成。在此前后，采取适当的方法和手段，有规律地对胎儿的听觉和触觉实施良性刺激，通过神经系统传递到大脑，可促进胎儿大脑皮质得到良好的发育，不断开发潜在能力，可使一个优秀人才所具备的丰富想象力、深刻洞察力、良好记忆力、敏捷的思维能力和动手能力等在胎儿期通过胎教得到潜在的培养，为出生后的早期教育奠定下良好基础。因此，怀孕中期正是开展胎教的最佳时期，万万不可错过。

3.4.3 早期教育

早期教育是指孩子在0~6岁这个阶段，根据孩子生理和心理发展的特点以及敏感期的发展特点，而进行有针对性的指导和培养，为孩子多元智能和健康人格的培养打下良好的基础，在侧重开发儿童潜能的同时，促进儿童在语言、智力、艺术、情感、人格和社会性等方面的全面发展。

对于早期教育儿童年龄的分界,学界有以下两种看法:广义的早期教育指从人出生到6岁入小学以前的教育,即对0~6岁儿童进行的以促进其身心和谐发展为目的的教育。而一般幼儿在3岁进入幼儿园,所以3~6岁儿童的早期教育又称为幼儿教育。狭义的早期教育主要指0~3岁阶段的早期学习。

幼儿期是人生智力发展的关键期,抓紧早期教育,可以提高学习效果。例如,有人认为,幼儿在2~3岁期间是学习口头语言的最佳年龄;外语学习最迟也不能超过4~5岁,因为在这时幼儿学习外语不会与本国语言相混淆;5岁到5岁半则是掌握数概念的最佳年龄;6岁是发展大小、方位知觉最佳年龄。美国芝加哥大学著名心理学家布鲁姆1964年出版了《人类特性的稳定与变化》一书,提出了有名的智力发展的假设:5岁前是儿童智力发展最迅速的时期。

人的智力或心理是遗传与环境交互作用的结果。日本学者木村久一认为,儿童的潜在能力遵循着一种递减规律,即生下来具有100分潜在能力的儿童,如果一出生就进行理想的教育,就可以成为具有100分能力的人;若从5岁开始教育,即使是理想的教育,也只能成为具有80分能力的人;若从10岁开始教育,就只能成为具有60分能力的人。

事实说明,早期教育丰富的环境刺激与学习机会能促进大脑的发育,从而为其日后的发展打下一个坚实的基础。

拓展:生物技术的发展

现代生物技术是以生命科学为基础,利用生物(或生物组织、细胞及其他组成部分)的特性和功能,设计、构建具有预期性能的新物质或新品系,以及与工程原理相结合,加工生产产品或提供服务的综合性技术。

现代生物技术包括基因工程、细胞工程、酶工程和发酵工程等,其中基因工程为核心技术。生物技术将为解决人类面临的粮食、健康、环境和能源等重大问题开辟新的技术领域,它与计算机微电子技术、新材料、新能源和航天技术等被列为高科技,被认为是21世纪科学技术的核心。目前生物技术最活跃的应用领域是生物医药行业,生物制药被投资者认为是成长性最高的产业之一。世界各大医药企业瞄准目标,纷纷投入巨额资金,开发生物药品,展开了面向21世纪的科技竞争。

1. 基因工程

基因工程亦称DNA重组技术,它运用类似工程设计的方法,按照人们的需要,先将生物的遗传物质(通常是脱氧核糖核酸,即DNA)分离出来,并在体外进行切割、拼接和重组,然后再将重组了的DNA导入某种宿主细胞或个体,从而改变其遗传特性,加工出新的生物或赋予原有生物新的功能。

2. 细胞工程

细胞工程是生物工程的一个重要方面,它是应用细胞生物学和分子生物学的理论和方法,按照人们的设计蓝图,进行在细胞水平上的遗传操作及进行大规模的细胞和组织培养。当前细胞工程所涉及的主要技术领域有细胞培养、细胞融合、细胞拆合、染色体操作及基因转移等方面。通过细胞工程可以生产有用的生物产品或培养有价值的植株,并可以产生新的物种或品系。

3. 酶工程

酶工程亦称生物反应技术或生物化学反应技术，是在生物反应器或者发酵罐内，进行酶的生产或者应用酶的生物催化反应进行其他产品的生产，即酶的工业化生产与应用。

4. 发酵工程

发酵工程亦称微生物工程，是利用微生物生长速度快、生长所需条件简单以及代谢过程特殊等特点，通过现代工程技术手段，借助微生物的某种特定功能生产出所需产品的技术。

5. 仿生生物工程

仿生生物工程亦称仿生技术，是在对生物系统的信息功能原理和作用机制进行研究的基础上，运用现代工程技术来模仿生物的信息功能和作用机制，以求实现新的技术设计进而制造新仪器、设备、产品的技术。

上述生物技术群中基因工程是核心技术，它们互相联系、彼此渗透，在实际应用中与物理学、化学、数学、工程学、计算机技术等结合，形成了基因技术、生物生产技术、生物分子工程技术、定向发送技术、生物耦合技术、纳米生物技术和仿生技术等。与传统的生物技术（如制造酱油、醋、酒、面包、奶酪等传统工艺）相比，现代生物技术具有原料简单、反应条件温和、体系结构复杂而紧凑、运行过程可靠和产品功能特殊等特点。正是生物技术的这些优越性，促使世界各国，特别是经济大国在大力发展民用生物技术的同时，大力发展军用生物技术，从而为军队提供与传统武器和装备不同的新概念武器和装备。

课后实践

1. 查阅资料，学习"常见婴幼儿遗传疾病"相关知识，了解常见遗传病的症状及护理常识。
2. 通过调查和查阅资料，撰写一篇关于早期教育的方法和途径的小论文。
3. 试分析：小明的爸爸妈妈都是双眼皮而小明是单眼皮？

第 4 章 生命起源和生物进化

学习目标

1. 了解地球上生命起源的原始条件。
2. 理解生物的进化历程和进化的规律。
3. 掌握生命起源的化学途径和生物进化的原因。
4. 学会运用自然选择学说和综合进化理论解释生物界的奇妙现象。
5. 培养学生树立世界的物质性的唯物主义观点及科学的宇宙观和世界观。

本章要点

生命的起源；生物进化的历程；生物进化的原因——自然选择学说和综合进化理论。

4.1 生命的起源

生命分布在地球上几乎所有的地方：海底、山巅，甚至更高处。关于生命何时何处，如何起源的问题，自古以来就是人们关注和争议的焦点，至今仍然是现代自然科学尚未完全解决的重大问题。历史上关于这个问题存在着许多种臆测和假说，如神创论、天外来客假说、化学进化论等。其中，比较科学的观点是化学进化论。

生命的起源必然是通过化学途径实现的。——恩格斯《反杜林论》

4.1.1 原始地球的环境条件

原始地球为生命起源的化学进化过程提供了三方面的条件：一是物质条件，即还原性大气；二是能量条件，原始地球上不断出现的闪电、紫外线、宇宙射线、冲击波等；三是一定的环境场所——原始海洋。

据科学家估计，地球在 46 亿年前形成。形成的初期是一个炽热的球体，由于最初的地壳很薄，地球内部炽热的岩浆就常常冲破地壳，形成火山，随着火山的喷发，大量的气体冲向天空，就形成了原始大气。原始大气的成分主要有二氧化碳、甲烷、氨、氮、水蒸气和少量的氢，其主要特点是不含游离的氧。后来地球逐渐冷却，大气中的水蒸气变成降雨，汇集在地球上的低洼处，就形成了河流、湖泊和海洋。其中所含的有机物不断地相互作用，经过极其漫长的岁月，逐渐形成了原始的生命。所以说原始的海洋是生命的摇篮。

通过上面的介绍可以看出，在地球刚刚形成时是不可能有生命存在的，甚至连蛋白质、核酸都没有。那么，原始的生命是怎样产生的呢？

4.1.2 生命起源的过程

按照化学进化论的观点，生命起源的过程大致可以分为以下 4 个阶段：

第一阶段，从无机小分子物质生成有机小分子物质。1953 年，美国学者米勒（S. L. Miller）和尤里（H. Urey）模拟原始地球大气成分，将甲烷、氨、氮等混合气体装入容器中，通过火花放电模拟原始地球的闪电现象，如图 3-4-1 所示，结果得到了 20 种有机小分子物质，其中有 11 种氨基酸。该实验证明了在原始地球的自然条件下，从无机小分子物质合成有机小分子是完全可能的。

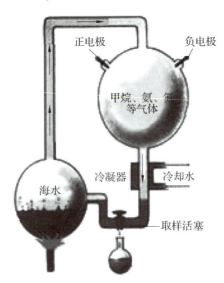

图 3-4-1　米勒实验的装置

第4章 生命起源和生物进化

第二阶段，从有机小分子物质形成有机高分子物质。原始海洋中的氨基酸、核苷酸等有机小分子物质经过漫长的积累和相互作用，在适当的条件下，一些氨基酸通过缩合作用形成原始的蛋白质分子，核苷酸则通过聚合作用形成原始的核酸分子，蛋白质和核酸的出现为生命的进化提供了重要的物质条件。这一阶段的化学反应也已模拟成功。美国学者福克斯在1955年模拟原始地球条件，使用干热聚合法，将一些氨基酸混合后，在无水条件下加热到160℃～200℃，几小时后，获得了一种淡琥珀色的类蛋白质。

第三阶段，从有机高分子物质组成多分子体系。以原始蛋白质和核酸为主要成分的有机高分子物质，在原始海洋中经过漫长的积累、浓缩，凝集成"小滴"，这种"小滴"不溶于水，被称为团聚体或微粒体。它们漂浮在原始海洋中，与外界环境形成了一层原始的界膜，从而构成了具有一定形状的、独立的体系。这种独立的多分子体系能够从周围海洋中吸收物质来扩充和建造自己，同时又能把小滴里面的"废物"排出去，这样就具有了原始的物质交换作用，成为原始生命的萌芽期，但此时的多分子体系还没有真正的新陈代谢和繁殖等生命的基本特征。

第四阶段，从多分子体系演变为原始生命。具有多分子体系特点的小滴漂浮在原始海洋中，经历了更加漫长的时间，不断演变。特别是由于蛋白质和核酸这两大主要成分的相互作用，其中一些多分子体系的结构和功能不断发展，终于形成了具有原始新陈代谢作用，能够进行繁殖的原始生命。这一阶段是生命起源过程中最复杂、最有决定意义的阶段。但目前仅仅是推测，如果能得到证实并模拟成功，就意味着人工合成生命将成为可能，这将是生命科学上一个重大突破。

 拓展阅读

关于生命起源的神创论和天外来客假说

1. 神创论

埃及神话说人类是神呼唤而出的。埃及人认为，在人类世界出现之前，一个叫作 Nu 的神就已经存在，他创造了天地的一切，他呼唤"苏比"，就有了风，呼唤"泰富那"，就有了雨，呼唤"哈比"，尼罗河就流过埃及。他一次次呼唤，万物就一件件出现，最后，他呼唤"男人和女人"，转眼间，埃及就布满了人。

在18世纪之前的西方，《圣经》及其宣扬的神创论（或创世说）在西方学术界、知识界以及整个西方文化中占据着统治地位。神创论认为，地球及万物是上帝在大约6 000年以前，即公元前4004年10月26日上午9点创造出来的，自从被上帝创造出来以后，地球上的生命没有再发生任何变化。

女娲是中国上古神话中的创世女神，传说女娲用泥土仿造自己造了人，创造了人类社会，又建立了婚姻制度，使青年男女相互婚配，繁衍后代，因此又被誉为婚姻女神。

2. 天外来客假说

天外来客假说是解释地球生命起源的一类说法，一些天文学家甚至找出了证据。

1908年，瑞典化学家阿伦纽斯（1859—1927）认为，芽孢受光的压力，从宇宙空间飞抵地球。20世纪80年代，英国天文学家弗雷德·霍伊尔在《聪慧的宇宙》一书中提到，生命是在一种具有创造性智慧的引导下，从太空来到地球的。弗雷德引证了许多天文学上的发现，例如许多陨石上含有的微型球状炭粒可能是孢子或细菌转化而成的。随后，日本和美国的天文学家在对彗星的观察中也发现了彗星粒子同细菌相似的现象。于是推测，彗星那样的天体有可能把带有生命的粒子带到地球上来。甚至有人提出地球上的生命来源于天外文明的宇宙飞船。于是文学创作者展开想象，撰写了一些关于外星人的科学幻想小说。然而，这些天外起源的假说并不能从根本上解释生命起源的问题。

4.2 生物的进化

4.2.1 生物进化的历程

原始生命出现以后，又经过很长时间的进化，地球上出现了单细胞的生物。其中一些绿色有鞭毛的单细胞生物，据推测很可能是动植物共同的祖先。随着时间的推移，这些原始的绿色有鞭毛的单细胞生物，有的失去了鞭毛，发展了叶绿体等结构，并且营自养生活，它们就逐渐演变成植物；有的失去了叶绿体，发展了运动器官，并且营异养生活，就逐渐演变成动物。以后，原始的植物和动物则分别向自养和异养两个方向发展。如图3-4-2所示，为生物进化树。

由图3-4-2可以看出，不论是植物还是动物，它们的进化历程具有共同的特点：都是由简单到复杂，由低等到高等，由水生到陆生。

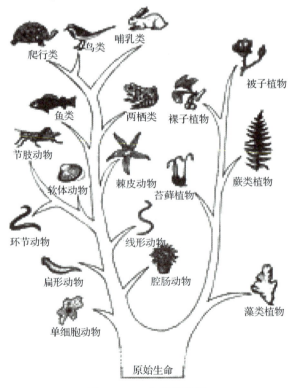

图3-4-2　生物进化树

4.2.2 人类的起源和进化

大量科学事实证明，人类和类人猿都起源于森林古猿。从猿到人是生物进化史上最大的一次飞跃。

距今二三百万年的新生代第四纪，人和猿开始分化，结果产生人类的祖先腊玛古猿，腊玛古猿出现在非洲，以后由腊玛古猿演化成 200 万年前的南方古猿，进一步发展为现代人类。人类的祖先于 200 万年前出现在非洲的古老大地上，称为腊玛古猿。腊玛古猿的后代，小南猿人和大南猿人生存至 150 万年前。与此同时，距今 250 万~150 万年前，会制造工具的能人已经出现并在地球上生存着，随后进化为直立人，直立人能够制造更有效的工具。关于人类的发展过程，一般划分为四个阶段：

（1）早期猿人阶段。大约生存在 300 万~150 万年前，已具备人类基本特点，能直立行走，制造简单的砾石工具。

（2）晚期猿人阶段。大约生存在 200 万~30 万年前，身体像人，脑容量较大，可以制造较为进步的旧石器，并开始使用火，甚至产生了简单的语言，于 50 万年前遍布非洲、欧洲和亚洲，继而散布到世界上大部分地区，如我国北京周口店的北京猿人。

（3）早期智人（古人）阶段。距今 10 万~20 万年到 5 万年前，逐渐脱离猿的特征，而和现代人很接近，如德国的尼安德特人。

（4）晚期智人（新人）阶段。大约生存在 4 万~5 万年前，这时的人类的进化出现了明显的加速，在形态上已非常像现代人，在文化上，已有雕刻与绘画艺术，并出现装饰物。如 1933 年发现的周口店龙骨山山顶洞人。此时原始宗教已经产生，已进入母系社会。在晚期智人阶段，现代人开始分化和形成，并分布到世界各地。

人类的起源和进化示意图如图 3-4-3 所示。

图 3-4-3 人类的起源和进化示意图

4.2.3 生物进化的原因

生物进化的原因

生物进化的过程中，为什么有些生物物种会灭绝呢？新的生物种类又是怎样形成的呢？生物为什么能够不断进化呢？对于这些问题，人们进行了长期的探索，提出了各种不同的解释，其中被人们普遍接受的是达尔文的自然选择学说。

1. 自然选择学说

自然选择学说的主要内容有四点：过度繁殖，生存斗争，遗传和变异，适者生存。

达尔文通过对自然界中生物的观察发现，每一种生物都有过度繁殖的倾向。例如，一株杨树每年能产生大量的种子；一条鲫鱼每次能产10万~20万个卵，等等。但是，在杨树产生的种子中，只有极少数能长成幼苗；在鲫鱼排出的卵细胞中，只有极少数能够受精，并且只有少数受精卵能够发育成小鱼，而最终能够长成大鱼的就更少了。为什么会出现这种现象呢？这是由于生物赖以生存的条件（包括食物和空间等）是有一定限度的。生物要生存下去，就必须为争夺生活条件而进行生存斗争，包括同种或不同种生物个体间的相互斗争，以及生物与无机自然条件（如干旱、寒冷等）之间的斗争。生存斗争的结果是只有少数个体能够生存下来。

在生存斗争中，哪些生物能够获胜呢？我们知道生物具有遗传和变异的特性。生物在繁衍过程中，会不断产生各种变异，包括有利变异和不利变异。那些具有有利变异的个体，在生存斗争中就比较容易存活，并且留下后代；那些具有不利变异的个体，则容易在生存斗争中失败而死亡。也就是说，在生存斗争的过程中，能够适应环境的生物就会生存下来，并且留下后代；不能够适应环境的生物就会被淘汰，这就是适者生存。达尔文把适者生存、不适者被淘汰的过程叫作自然选择。

生物产生的变异是多种多样的，而自然环境也是复杂多变的。这样，在长期的自然选择过程中，生物的各种有利变异通过遗传而逐代积累，就形成了生物的多样性和适应性，生物则不断由简单到复杂、由低等到高等、由水生到陆生进化。

达尔文的自然选择学说科学地解释了生物进化的原因，这对于人们正确地认识生物界有着重要的意义。但是，达尔文在提出自然选择学说时，还没有遗传学的理论知识，因此，他对于遗传和变异的性质、自然选择对遗传和变异如何起作用等问题，不可能做出本质上的阐明。在达尔文之后，许多学者陆续对生物进化问题做了进一步的探索，特别是到了20世纪，随着遗传学、生态学和分子生物学的发展，学者们从分子水平和群体水平来研究生物的进化，从而把生物进化的理论提高到了新的水平。

2. 综合进化理论

在达尔文之后，人们对生物进化的原因又提出了各种理论，其中最有影响的是综合进化理论。

综合进化理论的主要内容有：

（1）生物进化的基本单位是种群。种群是指在一定时间内占据一定空间的同种生物的所有个体。

（2）基因突变、自然选择和隔离是决定生物进化的三个基本环节。

新物种形成的过程实际上是同种生物群体的基因组成发生改变的过程。在这个过程中，基因突变提供了原始材料。突变后的基因能不能保留下来，取决于自然选择。通过自然选择，可以消除群体内的有害突变，保存有利突变，使群体的基因组成定向改变。群体的基因组成发生改变以后，如果这个群体和其他群体之间能够杂交，就不能形成稳定的物种，也就是说，物种的形成，必须通过隔离才能实现。

同种生物的不同群体，由于某种原因隔离开，这样它们之间就没有进行杂交的机会，也就是没有进行基因交流的机会，这就是隔离。例如，由于高山的阻隔，一个山谷中的某种陆生螺类不能跟另一个山谷中的同种陆生螺类进行交配，从而造成了隔离。在相互隔离的两个群体中，可能会出现完全不同的突变，而一个群体中的突变对另一个群体的基因组成没有影响，因此，这两个群体的基因组成就可能向不同的方向发展。另外，由于这两个群体生活在不同的环境中，所以自然选择对这两个群体的基因组成所起的作用就有差别。在一个群体中，某些基因被保留下来，在另一个群体中，则可能是其他一些基因被保留下来，这样就促使两个群体的基因组成产生更大的差异。经过长期的隔离，就会形成不同的物种。

拓展：拉马克和他的用进废退学说

在达尔文之前，法国博物学家拉马克已经根据他在动植物学等方面的研究，提出了生物进化的理论。

拉马克早年信奉"特创论"，认为万物是由造物主创造的，物种是不变的。后来，大量的科学事实使他摆脱了这种观念的束缚，并且提出了比较完整的进化理论。

拉马克认为，地球有着极其悠久的历史，自然条件是逐渐变化着的，在这样的条件下，生物也随着发生变化，年代久了，一个物种就会变成另一个物种。拉马克还认为，现代的高等生物，都是从构造较简单的原始祖先逐渐发展而来的。他的这些观点都是正确的。

关于生物进化的原因，拉马克提出了用进废退学说。这种学说的中心论点是：环境变化了，使得生活在这个环境中的生物，有的器官由于经常使用而发达，有的器官由于不用而退化，这些变化了的性状（即后天获得的性状）能够遗传下去，久而久之，就会形成新的物种。拉马克常以长颈鹿的进化过程为例，来说明他的用进废退学说。他认为长颈鹿的祖先生活在缺乏青草的环境里，它们不得不经常努力地伸长颈和前肢去吃树上高处的叶子，由于经常使用，颈和前肢就逐渐变得长了一些，而且这些获得的性状能够传给后代。这样，经过许多代以后，就进化成为现在所看到的长颈鹿。

拉马克的这种解释与达尔文的解释是不同的。达尔文认为，长颈鹿的祖先存在着个体差异，有的颈和前肢长一些，有的颈和前肢短一些。一些颈和前肢较长的长颈鹿个体，能够吃到树上高处的叶子，它们在缺乏青草的时期，就容易得到食物而生存下来，并且繁殖后代；而颈和前肢短的个体，就不容易得到食物而被淘汰了。这样一代一代的选择下去，就形成了现在这样的长颈鹿。也就是说，长颈鹿的长颈和长的前肢并不是经常使用的结果，而是由于自然选择并且经过逐代积累有利变异而形成的。

拉马克是进化论的最初奠基者，他对进化论的建立是有功绩的。但是，由于受到当时科学发展水平的限制，他的进化理论在很大程度上只是一种臆测，还不能够对物种起源和生物的进化做出科学的论证。

课后实践

1. 长颈鹿的脖子为什么那么长？请试着用不同的进化论来解释长颈鹿的进化过程。

2. 在医学上使用抗生素药物以后，在致病细菌中出现了许多具有抗药性的类型。请用自然选择学说解释这种现象。

3. 查阅相关资料，了解达尔文的生平及其成就。

第 5 章 生物与环境

学习目标

1. 掌握生态系统的概念，理解生态系统的结构和功能。
2. 理解生态因素及生态因素的综合作用。
3. 理解生物对环境的适应和影响。
4. 初步形成生物与环境是一个统一整体的观点，形成环境保护意识，树立人与自然和谐统一以及可持续发展的观念。

本章要点

生态系统的概念；生态系统的结构和生态系统的功能；生态因素；影响生物生存的环境因素；生物之间的密切联系；生物对环境的适应和影响。

所有的生物，包括人，都是生活在一定的环境里面的。生物与环境之间必定有着规律性的联系。一方面，生物的身体结构和生活习性都与环境大体上相适应，它们从环境中不断地摄取物质和能量，所以生物会受到环境条件的制约；另一方面，生物对环境能够产生适应性，并且在适应的同时，还可一定程度地影响环境、改变环境。生物与环境是一个统一整体。研究生物与环境之间的相互关系的学科称为生态学。

5.1 生态系统

生物群落与它的无机环境相互作用的自然系统，叫作生态系统。例如，一片森林、一块草地、一个池塘、一块农田、一条河流等，都可以各自成为一个生态系统。生态系统的范围

第 3 单元　生物

有大有小，地球上最大的生态系统是生物圈，包括地球上的所有生物及其所处的无机环境。生物圈内有很多类型的生态系统，根据环境的性质，生态系统可以分为陆地生态系统、淡水生态系统、海洋生态系统、湿地生态系统、沙漠生态系统。

> **课外探究**
>
> 查阅资料，了解"生态系统的类型"相关知识。

5.1.1　生态系统的结构

生态系统具有一定的结构。生态系统的结构包括两个方面的内容：生态系统的成分；食物链和食物网。

1. 生态系统的成分

生态系统一般都包括以下 4 种成分：非生物的物质和能量、生产者、消费者和分解者。如图 3-5-1 所示，为生态系统组成示意图。

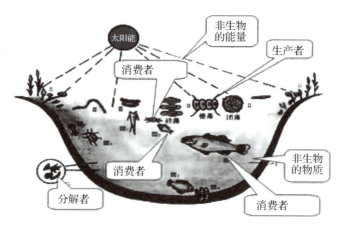

图 3-5-1　生态系统组成示意图

（1）非生物的物质和能量。非生物的物质和能量包括阳光、热能、空气、水分和无机盐、土壤以及其他的物理条件（如温度、压力）等。太阳能是来自地球以外的能源。

（2）生产者。生产者是自养生物，也包括一些能进行化能合成作用的细菌（硝化细菌等）。这些生物能利用简单的无机物合成有机物，能够通过光合作用把太阳能转化为化学能。生产者能把无机物转化为有机物，不仅供给自身的发育生长，也是其他生物（消费者、分解者）唯一的物质和能量来源，是生态系统的主要成分。

（3）消费者。消费者是指以生产者为食的异养生物，主要是动物。按照消费者的营养方式的不同，可以分为 3 类：第一类是直接以植物体为营养的食草动物，又叫初级消费者，如兔、蝗虫等；第二类是以食草动物为食的食肉动物，又叫次级消费者，如捕食野兔的狐、池塘中以浮游动物为食物的鱼类等；第三类是以食肉动物为食的大型食肉动物或顶级食肉动物，又叫三级消费者，如池塘中的乌鳢、草地上的鹰隼等。

（4）分解者。分解者是指利用动植物残体及其他有机物为食的小型异养生物，主要有真菌、细菌、放线菌等微生物。分解者的作用主要是把构成有机成分的物质和储存的能量通过分解作用释放到无机环境中。

生产者、消费者、分解者的关系如图3-5-2所示。

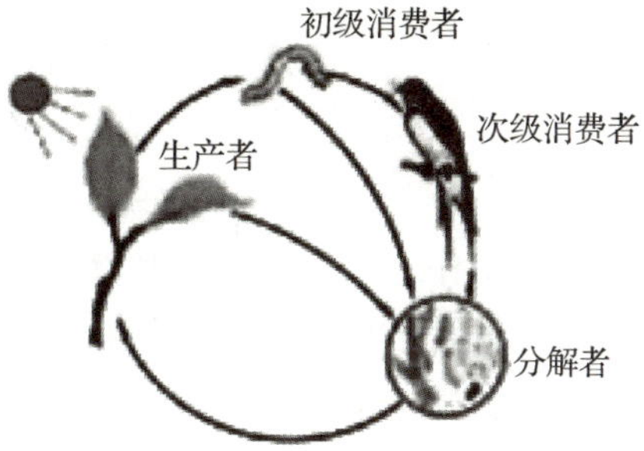

2. 食物链和食物网

图 3-5-2　生产者、消费者、分解者的关系

在生态系统中，各种生物之间由于食物关系而形成的一种联系，叫作食物链，如图3-5-3所示。例如，"螳螂捕蝉，黄雀在后"，这句话的食物链应写为：草——蝉——螳螂——黄雀。草为生产者，第一营养级；蝉为初级消费者，第二营养级；螳螂为次级消费者，第三营养级；黄雀为三级消费者，第四营养级。

图 3-5-3　食物链示意图

在生态系统中，生物的种类越复杂，个体数量越庞大，其中的食物链就越多，彼此间的联系也就越复杂。因为一种绿色植物可能是多种草食动物的食物，而一种草食动物既可能吃多种植物，也可能成为多种肉食动物的捕食对象，从而使各条食物链彼此交错，形成网状。在一个生态系统中，许多食物链彼此相互交错连接的复杂的营养关系，叫作食物网，如图3-5-4所示。

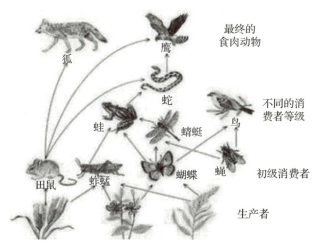

图 3-5-4　食物网示意图

食物链和食物网是生态系统的营养结构,生态系统的物质循环和能量流动就是沿着这种渠道进行的。

5.1.2 生态系统的功能

生态系统作为一个统一的整体,不仅具有一定的结构,而且具有一定的功能。生态系统的主要功能就是进行能量流动和物质循环。

1. 生态系统的能量流动

生态系统的能量流动是指生态系统中能量的输入、传递、转化和散失的过程。

生物的生长和繁殖都需要能量,太阳能是所有生命活动中的能量来源。生产者固定的太阳能的总量就是流经生态系统的总能量,这些能量在食物链上的流动是单向流动,不可逆转的,能量在流动的过程中逐级递减,如图3-5-5所示。

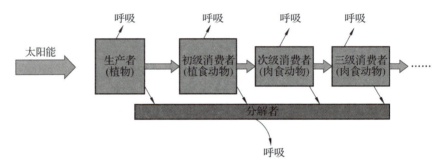

图 3-5-5　生态系统的能量流动

能量在两个相邻的营养级间的传递效率大约是10%。如果将单位时间内各个营养级所得到的能量数值,由低到高绘制成图,则可形成一个金字塔图形,叫作能量金字塔,如图3-5-6所示。任何生态系统都需要不断得到来自系统外的能量补充,以便维持生态系统的正常功能。

2. 生态系统的物质循环

生态系统中的物质循环主要是指水和碳、氮、磷等矿质元素的循环。如图3-5-7所示,为生态系统中的碳循环示意图。水和各种矿质元素等物质被植物从无机环境中吸收利

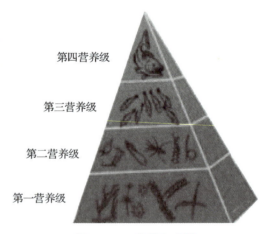

图 3-5-6　能量金字塔

用,进入生物群落,以有机物的形式从一个营养级传递到下一个营养级。当动植物有机体死亡后,被分解者分解时它们又以无机形式的矿质元素从生物群落回到无机环境中,从而完成生态系统中营养物质的循环。这里所说的生态系统,指的是地球上最大的生态系统——生物圈,其中的物质循环具有全球性,因此又称生物地球化学循环。

通过上面的分析可以看出，生态系统的物质循环和能量流动具有不同的特点。在物质循环过程中，无机环境中的物质可以被生物群落反复利用。能量流动则不同，能量在流经生态系统各营养级时，是逐级递减的，而且是单方向的流动。生态系统具有自我调节和维持平衡状态的能力。但是一个生态系统的调节能力是有限度的，当外力的影响超过这个限度，生态系统的平衡就会遭受破坏。作为生物圈中成员之一的人类，对生物圈的影响越来越大，人类要处理好经济发展与环境保护的关系，人与生物圈的关系才会朝着更为和谐的方向发展。否则，人类就只能吞食环境破坏和生态失衡所带来的苦果。保护生态环境，维护生态平衡，是人类共同的责任和义务。

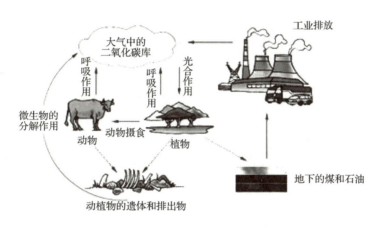

图 3-5-7　生态系统中的碳循环示意图

知识链接

全球的生态灾难有哪些？

生态平衡是动态的平衡。一旦受到自然和人为因素的干扰，超过了生态系统自我调节能力而不能恢复到原来比较稳定的状态时，生态系统的结构和功能遭到破坏，物质和能量输出输入不平衡，造成系统成分缺损、结构变化、能量流动受阻、物质循环中断，一般称为生态失调，严重的就是生态灾难。生态灾难包括以下几方面：

温室效应、臭氧层破坏、土地退化和沙漠化、废物质污染及转移、森林面积减少、生物多样性减少、水资源枯竭、核污染、海洋污染、噪声污染。

5.2　生物与环境的关系

5.2.1　环境对生物的影响

生物无论生活在什么样的环境中，都受到环境中各种因素的影响。比如马铃薯，它的生长发育不仅受到光、温度、水等非生物因素的影响，还受到病菌、杂草、二十八星瓢虫、蝼蛄和老鼠等生物因素的影响。

环境中影响生物的形态、生理和分布等的因素，叫作生态因素。生态因素包括生物因素和非生物因素。

1. 非生物因素对生物的影响

对生物有影响的非生物因素有很多种，例如阳光、温度、水、空气、土壤和压力等。下面我们以阳光、温度、水为例，探究非生物因素对生物的影响。

1）阳光

阳光为生物的生命提供了取之不尽的能量。没有光照，植物就不能进行光合作用，也就不能生存下去。因此，阳光对植物的生理和分布起着决定性的作用。在陆地上，有些植物只有在强光下才能生长得好，如松、杉、柳、槐、小麦和玉米等。在小麦灌浆时期，如遇阴雨连绵的天气，就会造成小麦的减产。有些植物只有在密林下层的阴暗处才能生长得好，如药用植物人参、三七等。

阳光对动物的生殖发育、行为方式、生活周期、体色和地理分布等也有明显影响。例如，日照时间的长短能够影响动物的繁殖活动。有的动物需要在长日照的条件下进行繁殖，如貂；有的动物需要在短日照的条件下进行繁殖，如鹿和山羊等。根据这个原理，人们可以利用灯光和黑幕，人为地延长或缩短光照时间，从而更有效地控制动物的生殖。例如，家禽对光照的反应很敏感，光照对鸡的许多重要经济性状都有一定的影响，如公鸡的繁殖力、母鸡的性成熟、产蛋量、受精率和孵化率等。在养鸡场人们就是利用增加光照时间来增加产蛋量的。

2）温度

生物体的新陈代谢需要在适宜的温度范围内进行，因此温度是一种重要的生态因素。

温度对植物的分布有着重要影响。例如，在寒冷地带的森林中，针叶林较多；在温暖地带的森林中，阔叶林较多。苹果、梨等果树不宜在热带地区栽种，香蕉、凤梨（也叫菠萝）不宜在寒冷地区栽种，这些都是因为受到温度的限制。

温度能够影响动物的形态。有人发现，同一个种类的哺乳动物，在寒冷地区生活的个体，其尾、耳廓、鼻端等都比较短小，这样可以减少身体的表面积，从而尽量减少热量的散失。例如，生活在北极的极地狐（图 3-5-8）与生活在非洲沙漠的沙漠狐（图 3-5-9）相比，耳廓要小得多。

图 3-5-8　极地狐

图 3-5-9　沙漠狐

温度对动物的生活习性也有明显的影响。在炎热的夏季，鸟类主要在晨昏较凉爽的时刻活动，中午就隐伏不动了；有些动物在夏季蛰伏在洞穴里休眠，如蜗牛；温度降低到24℃以下时，蝉（俗称知了）就停止了鸣叫；冬天到来时，很多动物就要进入冬眠，如蛇、青蛙。

3）水

一切生物的生活都离不开水。生物体内大部分是水。因此，水也是一种重要生态因素。

对植物来说，水是进行光合作用的重要原料。水在植物体内起着运输的作用，它能把有机物、无机盐和氧等物质运输到植物体的各个部位，还能够用来调节植物体的温度。对动物来说，缺水比缺少食物的后果更严重。

在一定地区，一年中的降水总量和雨季分布是决定陆生生物分布的重要因素。例如，在干旱的沙漠地区，只有少数耐干旱的动植物能够生存；而在雨量充沛的热带雨林地区，却是森林茂密，动植物种类繁多。

2. 生物因素对生物的影响

自然界中的每一个生物，都受到周围很多其他生物的影响。在这些生物中，既有同种的，也有不同种的。因此，生物因素可以分为两种：种内关系和种间关系。

1）种内关系

同种生物的不同个体或群体之间的关系，叫种内关系。生物在种内关系上，既有种内互助，也有种内斗争。

（1）种内互助。同种生物个体之间互相协作，以维护生存的现象，叫种内互助。种内互助的现象是常见的。例如，蚂蚁、蜜蜂等营群体生活的昆虫，它们往往是千百只个体生活在一起，在群体内部分工合作，有的负责采食，有的负责防卫，有的专门生育后代。人们常常能够见到，许多蚂蚁一起向一只大型的昆虫进攻，并且把它搬到巢穴中去，如图3-5-10所示。

（2）种内斗争。同种生物个体之间，由于争夺食物、空间或配偶、栖息场所或其他生活条件等，也会发生争斗，这种现象叫种内斗争。例如，在某些水体中，如果除了鲈鱼外，没有其他鱼类，那么鲈鱼的成鱼就会以本种的幼鱼作为食物。羚羊、海豹等动物在繁殖期间，常常为争夺配偶而与同种的雄性个体进行争斗，如图3-5-11所示。相邻的植物之间会发生对阳光、养料和水分的争夺。

图3-5-10　种内互助

图3-5-11　种内斗争

2）种间关系

种间关系是指不同生物之间的关系，包括互利共生、寄生、竞争、捕食等。

（1）互利共生。两种生物共同生活在一起，相互依赖，彼此有利，这种关系叫作互利共生。例如，豆科植物与根瘤菌之间有着密切的互利共生关系，如图3-5-12所示，植物体供给根瘤菌有机养料，而根瘤菌起固氮作用供植物利用；鳄鱼和牙签鸟之间的互利共生关系如图3-5-13所示，牙签鸟在帮助鳄鱼剔除牙齿中的肉屑残质及蛆虫的同时，自己也由此获得美食。

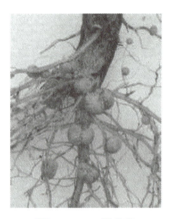

图3-5-12　根瘤菌

图3-5-13　鳄鱼与牙签鸟

（2）寄生。生物界中寄生的现象非常普遍。例如，蛔虫、绦虫和血吸虫等寄生在其他动物体内，虱和蚤寄生在其他动物的体表，如图3-5-14所示；菟丝子寄生在豆科类植物上，如图3-5-15所示；噬菌体寄生在细菌内部。

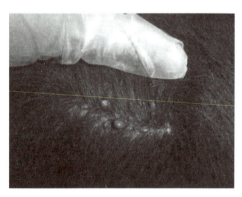

图3-5-14　寄生的虱子

图3-5-15　菟丝子

（3）竞争。两种生物生活在一起，相互争夺资源和空间的这种现象叫作竞争。例如，农田中的小麦与杂草争夺阳光、水分和养料。

（4）捕食。捕食关系指的是一种生物以另一种生物作为食物的现象。例如，草食动物中的兔以某些植物为食物，肉食动物中的狼又以兔为食物。

总之，生物的生存和繁衍受到多种生态因素的影响，这些生态因素共同构成了生物的生存环境。生物只有适应环境才能生存下去。

5.2.2 生物对环境的适应及影响

生物在长期的进化过程中形成了对环境的适应性。生物在适应环境的同时，对环境也有一定的影响。

1. 适应的普遍性和相对性

生物对环境的适应是普遍存在的。现在生存的每一种生物，都具有与环境相适应的形态结构、生理特征或行为方式。

植物的根、茎、叶、花、果实和种子等器官都有明显的适应性特征。例如，虫媒花一般都颜色鲜艳，气味芳香，适于昆虫传粉；生活在沙漠中的仙人掌的叶变成刺状以适应干旱的环境。

动物在形态、结构、生理和行为等方面也有许多适应性特征。例如，鱼的身体呈流线型，用鳃呼吸，用鳍游泳，这些都是与水生环境相适应的；家兔等陆生动物用肺呼吸，用四肢行走，体内受精，这些都是与陆生环境相适应的；猛兽和猛禽（如虎、豹、鹰等）都具有锐利的牙齿（或喙）和尖锐的爪，有利于捕食其他动物；被捕食的动物又能够以各种适应方式来防御敌害；鹿、兔、羚羊等动物奔跑速度很快；豪猪、刺猬身上长满尖刺；黄鼬在遇到敌害时能分泌臭液。

很多生物在外形上都具有明显的适应环境的特征，在这方面有很多生动有趣的现象，如保护色、警戒色和拟态等。

1）保护色

动物适应栖息环境而具有的与环境色彩相似的体色，叫作保护色。具有保护色的动物不容易被其他动物发现，这对它躲避敌害或捕猎动物都是有利的。昆虫的体色往往与它们所处环境中的枯叶、绿叶、树皮、土壤等物体的色彩非常相似。生活在北极地区的北极狐和白熊，毛是纯白色的，与冰天雪地的环境色彩协调一致，这有利于它们捕猎动物。有些动物在不同的季节具有不同的保护色。例如，生活在寒带的雷鸟，在白雪皑皑的冬天，体表的羽毛是纯白色的，一到夏天就换上棕褐色的羽毛，与夏季苔原的斑驳色彩很相近，如图3-5-16所示。

图 3-5-16 雷鸟
(a) 冬天；(b) 夏天

2）警戒色

某些凶猛的、有恶臭或毒刺的动物所具有的鲜艳色彩和斑纹，叫作警戒色。例如，黄蜂腹部黑黄相间的条纹就是一种警戒色，如图 3-5-17 所示。研究显示，鸟类被黄蜂蜇一次，会记忆几个月，当它们再见到黄蜂时就会很快地避开；有些蛾类幼虫具有鲜艳的色彩和斑纹，身上长着毒毛，如图 3-5-18 所示，如果被鸟类吞食，那么这些毒毛就会刺伤鸟的口腔黏膜，吃过这种苦头的鸟再见到这些幼虫就不敢吃了；蝮蛇体表的斑纹、瓢虫体表的斑点等，都是警戒色。警戒色的特点是色彩鲜艳，容易被识别，能够对敌害起到预先示警的作用，因而有利于动物的自我保护。

图 3-5-17　黄蜂

图 3-5-18　蛾类幼虫

3）拟态

某些生物在进化过程中形成的外表形状或色泽斑，与其他生物或非生物异常相似的状态，叫作拟态。例如，尺蠖的形状像树枝（图 3-5-19）；竹节虫的形状像竹枝（图 3-5-20）；枯叶蝶停息在树枝上的模样像枯叶，翅的背面颜色鲜艳，在停息的时候，两翅合拢起来，翅的腹面向外，现出枯叶的模样（图 3-5-21）；蜂兰的唇形花瓣常常与雌黄蜂的外表相近（图 3-5-22），可以吸引雄黄蜂前来"交尾"，雄黄蜂从一朵蜂兰花飞向另一朵蜂兰花，就会帮助蜂兰传粉。

图 3-5-19　尺蠖

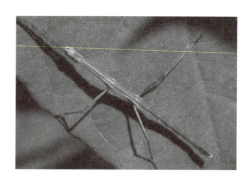

图 3-5-20　竹节虫

图 3-5-21 枯叶蝶

图 3-5-22 蜂兰

保护色、警戒色和拟态等，都是生物在进化过程中，通过长期的自然选择而逐渐形成的适应性特征。

生物对环境的适应只是在一定程度上的适应，并不是绝对的、完全的适应，更不是永久性的适应。例如，毛虫的体表毛茸茸的，色彩鲜艳。毛虫的这种警戒色可以使许多种食虫鸟望而生畏。但是，并不是对所有的食虫鸟都有效。杜鹃鸟的口腔上皮有特殊的保护能力，不怕毛虫的毒素。一只杜鹃一天就可以吃掉上百条毛虫。环境条件的不断变化对生物的适应性也有影响，比如说，池塘里的生物对于水生生活是适应的，如果由于气候的变化或地势的改变，池塘逐渐干涸了，那么生活在那里的大部分生物就会死亡。

2. 生物对环境的影响

生物维持生命活动所需要的物质和能量，都要从环境中取得，环境对生物有着多方面的影响，生物只有适应环境才能够生存下去。生物在适应环境的同时，也能够影响环境。例如，森林的蒸腾作用，可以增加空气的湿度，进而影响降雨量；柳杉等植物可以吸收有毒气体，从而能够净化空气；鼠对农作物、森林和草原都有破坏作用；蚯蚓在土壤中活动，可以使土壤疏松，提高土壤的通气和吸水能力，它的排出物可以增加土壤的肥力。

由此可见，生物与环境之间是相互影响、不可分割的统一整体。花儿需要阳光、鱼儿需要水、人类需要新鲜的空气，脱离了环境的生物是不能生存的，但如果没有了生物，环境也会黯然失色。大量砍伐森林后造成了水土流失、气候干燥，有力地证明了生物对环境和环境对生物有同样的依赖关系。

拓展：生物圈Ⅱ号

人类能够模拟一个与生物圈类似、可供人类生存的生态环境吗？为了研究这个问题，20世纪80年代，美国在亚利桑那州的沙漠上建造了一个实验基地，为了与地球生物圈——科学家称之为"生物圈Ⅰ号"相区别，人们将这座建筑称为"生物圈Ⅱ号"，"生物圈Ⅱ号"几乎是完全密封的，占地12 000 m²，容积达141 600 m³，由80 000根白漆钢梁和6 000块玻璃组成。里面有微型的森林、沙漠、农田、海洋和溪流，还有猪、牛、羊、鸡、鸭等家畜家禽，以及供人居住的房子。科学家利用计算机来控制射入的阳光，调节各区所需的温度。

第3单元　生物

1991年9月,8名科学家进入"生物圈Ⅱ号",他们计划在里面住上两年,一边从事科学研究,一边养猪养鸭,耕种和收获,过着完全自给自足的生活。科学家们要设法使这个生态系统维持在相对稳定的状态,有利于人和其他生物的生存。遗憾的是,一年多以后,"生物圈Ⅱ号"中氧气含量大幅度下降,粮食严重减产,科学家们在里面无法再生活下去,不得不提前撤出。这次探索虽然没有完成预定计划,但是它用事实告诉人们,迄今为止,地球仍是人类和其他生物的唯一家园,我们应该加倍珍惜和爱护它。

课后实践

调查当地环境破坏实例,搜集环境保护的相关知识,并进行一次环保宣传。

第 4 单元

地理与环境

第 1 章　神秘的宇宙

学习目标

1. 了解地球所处的宇宙环境。
2. 掌握地球在宇宙中的位置。
3. 了解太阳、月球与地球的关系及对地球的影响。
4. 理解地球运动特点及产生的地理意义。
5. 能在幼儿园开展关于认识太阳、月亮、四季等的科学教育活动。
6. 树立正确的宇宙观和辩证的唯物主义观点。

本章要点

地球是宇宙中的一个天体；地球在宇宙中的位置；太阳是地球能量的主要来源；太阳活动对地球的影响；月相及其变化；地球的运动及地理意义。

人类探测宇宙的脚步从来没有停止过，直到 17 世纪伽利略发明了天文望远镜，大大开阔了人们的眼界，而现代探测技术的运用，使人类对宇宙的观测范围不断扩大，对宇宙的认识进一步加深。

1.1　宇宙中的地球

1.1.1　宇宙

中国古代把"天地四方曰宇，往古来今曰宙"。宇宙是指无限的空间和永恒的时间，是

第 1 章 神秘的宇宙

天地万物的总称。宇宙环境，又称星际环境，是大气层外的环境。由广漠的空间、各种天体、弥漫物质以及各类飞行器组成，它是人类生存环境的最外层部分。现代科学认为：

1. 宇宙是物质的

晴朗的夜空，繁星点点，我们可以看到闪烁的恒星、明亮的行星和轮廓模糊的星云；有时候，我们还可以看到一闪即逝的流星和拖着长尾巴的彗星，它们都是宇宙中物质的存在形式，统称为天体。通过现代观测手段，我们还可以观测到更多天体，包括存在于星际空间的气体和尘埃——星际物质。在各种天体之中，最基本的是恒星和星云。

知识链接

恒星与星云

恒星是由炽热气体组成的，能自己发光的球状天体。它有很大的质量。夜空里我们看到的点点繁星，差不多都是恒星。我们用肉眼能看到的恒星，有 6 500 多颗。借助于天文望远镜，可看到更多的恒星。离地球最近的恒星是太阳，太阳光到达地球需要的时间约为 8 min。

星云是由气体和尘埃组成的呈云雾状的天体，如图 4-1-1 所示。同恒星相比，星云具有质量大、体积大、密度小的特点。一个普通星云的质量至少相当于上千个太阳。星云的物质十分稀薄，主要成分是氢。

蝴蝶星云

蟹状星云

图 4-1-1　星云示例

2. 宇宙是运动的

组成宇宙的天体都在运动着，天体的运动不是杂乱无章的，而是因互相吸引、互相绕转形成了多层次的天体系统，如图 4-1-2 所示。

总星系　　　银河系　　　太阳系　　　地月系

图 4-1-2　多层次的天体系统

总星系：是人类目前观测到的最大的天体系统，也是目前能观测到的宇宙范围。它包括地球所在的银河系及与银河系同一级别的许多河外星系，目前人类观测到的河外星系超过1 250亿个。

银河系：是由大约2 000亿颗恒星和很多星云构成的天体系统。其主体部分直径大约为8万光年，太阳位于银河系的边缘。

太阳系：是由太阳及围绕太阳运行的八大行星及其卫星、小行星、彗星、流星体、矮行星及行星际物质构成，太阳是太阳系的中心，占太阳系质量的99.86%。

地月系：最低级的天体系统，由地球和绕地球公转的卫星——月球构成，月球距离地球38.4万 km。

知识链接

行星和小行星

行星 行星是在椭圆轨道上环绕太阳运行的、近似球形的天体，质量比太阳小得多，本身不发射可见光，表面靠反射太阳光而发亮。目前已知太阳系有八大行星，按照它们离太阳的距离，由近及远依次是水星、金星、地球、火星、木星、土星、天王星、海王星。在以恒星组成的天空背景上，行星有明显的相对移动，在火星轨道和木星轨道之间，太阳系还有一个由成千上万颗小行星组成的小行星带，像八大行星一样绕太阳公转。不过，它们的质量都很小，最大的直径只有1 000 km，小的直径还不到1 km。

卫星 卫星是围绕行星运行的天体，质量都不大。月球是地球的卫星，太阳系的八大行星，除水星和金星以外，都有卫星绕转。

彗星 彗星是在扁长轨道上绕太阳运行的天体，它呈云雾状的独特外貌。彗星的主要部分是彗核，研究发现，它是由冰物质组成的，当彗星接近太阳的时候，彗核中的冰物质升华形成云雾状的彗发。彗发中的气体和微尘，被太阳风推斥，在背向太阳的一面形成彗尾。彗尾形状像扫帚，所以彗星俗称扫帚星。

流星体 流星体是行星际空间的尘粒和固体小块，数量众多。沿同一轨道绕太阳运行的大群流星体，称为流星群。闯入地球大气圈的流星体，因同大气摩擦燃烧而产生光迹，划过长空，叫作流星现象。未烧尽的流星体降落到地面，叫作陨星。其中，石质陨星叫作陨石，世界上目前发现的最大的陨石位于我国吉林省，命名为吉林一号陨石；铁质陨星叫作陨铁。

行星际物质 组成太阳系的天体之间，分布着极其稀薄的气体和极少量的尘埃，称为行星际物质。

3. 宇宙是发展变化的

人类认识宇宙的路程是漫长而曲折的，随着现代观测手段的普及，人类对宇宙的认识不断加深，目前可观测到的宇宙即"可见宇宙"半径约140亿光年。宇宙是不断运动、发展、演化的，关于宇宙的演化，科学界比较公认的是"宇宙爆炸学说"。即宇宙中的天体不是同时形成的，各自都有其诞生、发展和衰亡的历程，整个宇宙本身，也是不断发展变化着的物质世界。

1.1.2 宇宙中的地球

1. 地球是一颗普通的行星

虽然地球与太阳系的其他大行星比较，其质量、体积、平均密度、公转自转运动及距离太阳的远近有自己的特点，但并无特殊之处。地球只是绕太阳旋转的一颗普通行星，在宇宙中，也是一颗普通的行星。

宇宙中的地球

2. 地球是一颗特殊的行星

地球是高级智慧生物——人类的家园，是地球不同于太阳系其他天体的重要特征。虽然我们相信宇宙中可能存在有生命的星球，但地球是我们目前发现的唯一有智慧生物的星球，这证明地球所处的宇宙环境及地球自身具备生命存在的条件。

从地球所处的宇宙环境看：

太阳是颗单星。而且周围的恒星密度小，离太阳最近的恒星我们称为比邻星，其离太阳也有4.2光年。

太阳系长时间稳定，为地球上生命的演化赢得了时间。从太阳系诞生到地球上孕育原始生命的漫长阶段，地球所处的光照条件一直比较稳定，这使得生命由低级到高级的进化没有中断。

地球位于太阳系中的轨道很安全。太阳系中的行星绕日公转的轨道面几乎在同一平面上，公转的方向也一致，它们各行其道，互不干扰，使地球处于一个安全的宇宙环境中。

从地球自身来看：

地球与太阳的距离适中。这一特点使地球表面平均温度稳定在15℃，有利于生命过程的发生和发展。假设地球离太阳太近，地表温度太高，热扰动太强，原子根本不能结合在一起，也就无法形成分子，更别说复杂的生命物质了。相反，如果地球离太阳太远，那么地表温度会很低，生命物质也无法形成。

地球体积和质量适中。这可以使大量的气体吸引在地球的周围，形成包围地球的大气层。原始地球大气成分主要是二氧化碳、一氧化碳、甲烷和氨，缺少氧气，不适合生物生存。经过漫长的演化过程，地球大气成分转化为以氮和氧为主的适合生物呼吸的大气。

地球上有液态水。地球内部物质运动功不可没，由于原始地球重力收缩和内部放射性元素衰变产生的热量，使地球内部温度逐渐升高，结晶水不断汽化。这些水汽通过火山活动等形式逸出地表，凝结形成降水，汇聚到地表低洼地带，形成原始海洋，最初的单细胞生物，就出现在海洋中。

当然，地球上存在生命的条件还有很多，如昼夜交替的周期长短、地球附近的磁场、大气层中臭氧的存在等都为生命的存在奠定了基础。

课外探究

探索地外文明，地球以外有没有生命？地球上的生灵是否是宇宙中孤独的群体？

课后实践

1. 什么是天体系统？绘图并说明天体系统的层次。
2. 下列天体系统中，不包含地球在内的是（　　）。
   A. 银河系　　　B. 总星系　　　C. 太阳系　　　D. 河外星系
3. "一闪一闪亮晶晶，满天都是小星星。"这个民谣中所说的星星，基本上都是（　　）。
   A. 行星　　　　B. 恒星　　　　C. 彗星　　　　D. 流星
4. 太阳系中的小行星带的轨道基本位于（　　）。
   A. 地球与火星之间　　　　　　B. 火星与木星之间
   C. 火星与土星之间　　　　　　D. 金星与火星之间
5. 选择一种你擅长的方式，比如绘制一幅示意图、制作一段小动画、或者写一篇短文等，向同学或家人讲解地球所处的宇宙环境。

1.2　地球的卫星——月球

1.2.1　月球概况

月球是宇宙中距离地球最近的天体，是地球唯一的天然卫星，如图 4-1-3 所示。同地球相比，月球小得多。月球的半径约为地球半径的 1/4；其体积约为地球的 1/49；它的表面面积约为地球的 1/14；其质量约等于地球的 1/81；月球表面的重力加速度是地球的 1/6。所以，人在月球表面行走会感觉轻飘飘的。

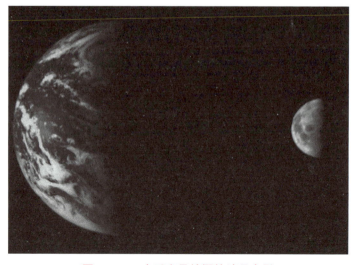

图 4-1-3　水手十号拍摄的地月合影

第1章 神秘的宇宙

由于月球质量小，保留不住大气，所以声音无法传播，没有风、云、雨、雪等天气现象，没有水汽，也就没有生命的存在。和我们平时想的不同，月球上是一个寂静无声、毫无生机的世界。它的表面昼夜温度差别很大，白天温度可高达127℃，夜晚可低至-183℃。

月球不发光，靠反射太阳光而发亮，我们平时看到的月亮的明亮部分，是月球表面上的山脉和高原，月球上最高的山峰高达9 000 m；我们平时看到的月亮的暗黑部分，是月球表面的平原和低地。过去人们误认为这些暗黑部分是海洋，因此取名为"风暴洋""静海"等，实际上是月球早期火山爆发出的大量岩浆所形成的熔岩平原。月球表面有许多大小不一的环形山，在月球正面直径大于1 000 m的环形山就有33 000多个，这是由于宇宙物体冲击月球表面或火山活动而形成的。

月球的年龄，同地球一样，也是46亿年。由于地球的质量比月球大得多，地球与月球相互吸引，因此月球不停地围绕地球公转，在宇宙中形成一个最低级的天体系统——地月系。月球是宇宙中距地球最近的一个星球，是迄今在地球以外人类登临的第一个也是唯一的星球。美国的阿姆斯特朗和奥尔德林，在1969年7月16日乘坐"阿波罗11号"宇宙飞船，于7月20日首次登陆到月面上，从地面发射到登陆月面，只用了4天多的时间。月球绕地球公转周期和自转周期一样均为27.32日，公转与自转的方向也相同，都是自西向东。

1.2.2 月相

"有时落山腰，有时挂树梢，有时像圆镜，有时像镰刀。"这就是我们常说的月有阴晴圆缺的各种形状，称为月相。月球同地球一样，自己不发光，靠反射太阳光而发亮。迎着太阳的半个球是亮的，背着太阳的半个球是暗的。由于日、地、月三者的相对位置随着月球绕地球运行而变化，就形成了月相从新月—上弦月—满月—下弦月—新月的周期性更迭。月相变化的周期为29.53日，如图4-1-4所示，为月相的成因示意图。

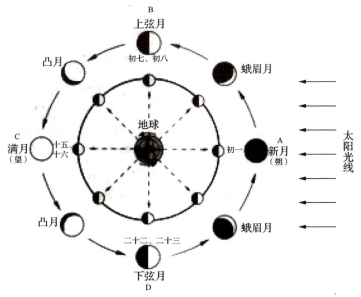

图4-1-4 月相的成因示意图

第4单元 地理与环境

1.2.3 日食和月食

日全食

日食和月食是我们熟悉的两种天象。我们知道,地球和月球都是既不发光也不透明的天体,在太阳光的照耀下都有一条长长的影子,在月球绕地球公转的过程中,当月球公转到地球和太阳之间,月球的影子有时会扫过地球表面,在地球上被扫过区域的人看太阳,太阳好像失去了光辉,叫发生了日食。当月球运行到地球的背后,被地球的影子挡住,就发生了月食。因月球自西向东绕地球公转,所以日食总是从太阳的西部边缘开始,而月食是从月球的东部边缘开始。太阳全部被挡住是日全食,部分被挡住是日偏食,中间被挡住就是日环食。月食只有月偏食和月全食。日食一定发生在朔日(月球在日、地之间),月食一定发生在望日(地球在日、月之间),并不是每个朔、望日都有日食或月食发生,只有当日、地、月在同一直线上才可能发生。

课外探究

日食为什么发生于朔? 月食为什么发生于望?

这是日、月食发生的时间条件,朔时,地球位于月球的背日方向,月球影子可能扫过地球。由于日月合朔定为初一,所以日食发生的时间一定是农历初一,在一个朔望月内,只有日月相冲时,即望时,月球才可能位于地球的背日方向,即位于地球的本影中,由于日月相冲一般在农历十五或十六两日,因此月食发生的时间只能是十五或十六。

日和月位于黄(道)白(道)交点(日、地、月在一条直线上)附近才可能发生日食或月食,如图4-1-5所示。

这是日、月食发生的位置条件。发生日食的朔不是任意一个朔,而是日月相合于黄白交点附近;发生月食的望不是任意一个望,而是日月相冲于黄白交点附近。

图 4-1-5 日食、月食成因示意图

因为黄道面与白道面(月球绕地球公转轨道面)有 5°09′ 的交角,日月相合或相冲不一定都与地球在同一直线上,因此日食发生的条件是日月相合于黄白交点及其附近,月食发生的条件是日月相冲于黄白交点及其附近,而其他地方的日月相合或日月相冲不发生日食或月食。

月球是人类星际航行的第一站。探索发现月球表面有多种矿藏;没有大气层,可以更好地利用太阳能。如何开发月球的资源,以及如何利用月球作航站,我们人类正在努力着!

第1章 神秘的宇宙

知识链接

人类为何热衷探索月球

月球上是一个荒芜苍凉的世界，那么人类去月球做什么呢？其实，人类探索月球有许多理由和原因。

能为人类提供新资源 月球的土壤和岩石中蕴藏着钛、氧、硅、铝等上百种矿物资源。月壤中还蕴藏了丰富氦-3，这种宝贵的核聚变燃料，是一种清洁、高效的能源。月球上有些资源是我们地球几乎没有或者比较稀少的，开发这些资源具有重大的经济和科学意义。

理想的观测站 月球没有大气层，对任何频率的电磁波都不会有大气吸收，因此月球是进行射电天文观测的理想场所；月球自转周期决定其总是用一面正对地球，在这一面建立对地观察站，可以持续地对地球的地质构造及环境变化进行监测与研究。

科学研究天然实验室 月球没有大气，没有磁场，没有电磁波的吸收与辐射，重力加速度只是地球的1/6，月球的这些特征使得许多在地球上难于进行的研究与实验可以在月球上进行。

深空探测中转站 月球几乎没有大气和弱重力场环境，从月面发射星际载人飞船比从地面要容易得多，因此月球是人类进军深空的天然发射平台，也是一个理想的深空探测中转站，为人类未来探索火星乃至更远的星体做准备。

探寻生命起源 月球保留了许多初期和演化过程的"痕迹"，而月球的形成与地球和整个太阳系大家庭密切相关，人类可以通过研究月球，更深刻地认识地球和太阳系的起源与演化，从而探寻生命的起源。

推动高新技术发展 开展月球探测离不开高新技术，同时将推动高新技术的发展。20世纪60年代美国计划衍生出来的高新技术，在美国的军事和民用领域得到了广泛的推广和二次开发，带动了美国国家科学与技术的全面创新和飞速发展。

课后实践

1. 什么是月相？夜晚连续观察月相的变化，绘出新月、上弦月、满月、下弦月的月相并记录观察的农历日期。

2. 月球自转周期和公转周期相同，均为_____。

3. 日食有_____、_____、_____三种，发生在农历_____；月食有_____、_____发生在农历_____或_____。

4. 月球表面的自然条件，为什么使生物无法生存？

5. 理解幼儿故事《月亮姑娘做衣裳》。

6. 探索浩瀚宇宙、和平利用太空是中华民族的不渝追求。探月工程是中国中长期科技发展的重大工程之一，请查找我国在月球探索方面取得了哪些巨大的成就？

第4单元 地理与环境

1.3 地球的运动

地球一刻不停地在运动着,地球自转和公转是地球运动的基本形式,产生了地球上的许多自然现象。

1.3.1 地球的运动

1. 地球的自转

地球围绕地轴旋转的运动称为地球的自转。地球自转的方向是自西向东。从北极上空看,地球呈逆时针方向旋转;从南极上空看,地球呈顺时针方向旋转,如图4-1-6所示为地球自转方向的示意图。地球自转一圈360°所用的时间,就是地球自转的周期,是23小时56分4秒,叫恒星日。

地球自转方向自西向东

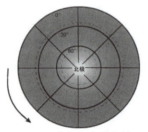
从北极上空观察呈
逆时针方向旋转

从南极上空观察呈
顺时针方向旋转

地球自转

图4-1-6 地球自转方向示意图

2. 地球的公转

地球绕太阳旋转的运动叫公转,其公转的轨道在天球上的投影叫黄道。地球公转的轨道是一个椭圆,太阳位于椭圆的一个焦点上,每年1月初,地球经过近日点,公转速度较快;每年7月初,地球经过远日点,公转速度较慢。地球沿公转轨道自西向东运行。其公转的周期约为365日6时9分10秒,叫恒星年。

3. 自转与公转的关系

地球的赤道面与地球的轨道面(黄道面)并不在同一平面上,目前存在约为23°26′的夹角,叫黄赤交角,也就是说,地轴与黄道面之间,约呈66°34′的夹角,如图4-1-7所示。

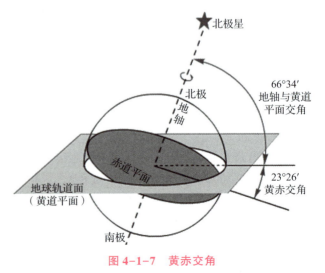

图4-1-7 黄赤交角

1.3.2 地球运动的地理意义

1. 自转产生的地理意义

1）昼夜交替

由于地球是一个既不发光也不透明的天体,所以在太阳光的照耀下向着太阳的半球是白天;背着太阳的半球是黑夜。昼半球和夜半球的分界线（圈）,叫作晨昏线（圈）,如图4-1-8所示。由于地球不停地自转,昼夜也就不断地交替。昼夜交替的周期是24小时（称为太阳日）,从而使得地面白昼增温不至于过分炎热,黑夜冷却不至于过分寒冷,这为地球上生命的生存和发展提供了条件。

2）物体水平运动的方向产生偏转

由于地球的自转,地球上水平运动的物体,运动方向会发生偏转。我们把促使物体水平运动方向发生偏转的力称为地转偏向力。其大小用 $F = 2 \cdot mv\omega\sin\phi$ 表示（F 为地转偏向力的大小；m 为物体质量；v 为物体的水平

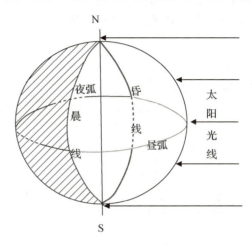

图4-1-8 晨昏线示意图

运动速度分量；ω 为地球自转的角速度；sin 是正弦函数；ϕ 为物体所处的纬度。）地转偏向力的方向与物体水平运动方向垂直,在北半球向右偏,在南半球向左偏,在赤道上不偏转。地转偏向力的作用不可低估。如图4-1-9所示,为地转偏向力的作用实例。

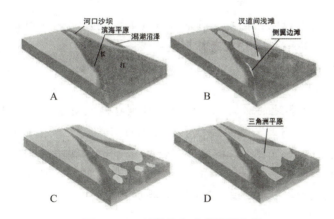

图4-1-9 地转偏向力的作用实例

A—长江口水道被河口沙坝分南、北两支；B—河道右偏,北支水道不断淤塞；
C—北岸三角洲、沼泽地及边滩连成一片；D—北岸发育了广阔的三角洲

第4单元　地理与环境

阅读推荐

时区的划分　世界时区的划分以本初子午线为中央经线,从7.5°W到7.5°E（经度间隔为15°）为零时区（中时区）。由零时区向东、向西每隔经度15°划一个时区,分别划出东、西各12个时区,东、西十二时区各跨经度7.5°以180°经线为中央经线；全球共划分成24个时区。各时区都以中央经线的地方时作为本区的标准时,也叫区时,如图4-1-10所示。相邻两个时区区时相差1小时。任意两个时区之间,相隔几个时区,区时就相差几个小时。较东的时区,区时较早；较西的时区,区时较晚。规定东12区区时最早,西12区区时最晚。

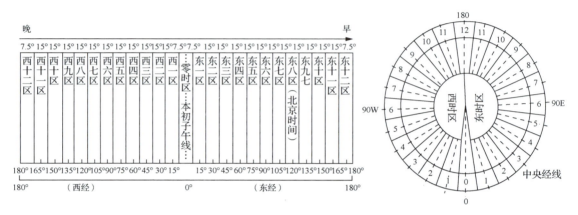

图4-1-10　世界时区

时区的换算

（1）求时区：某地的经度数/15°取整数商（采用四舍五入）,规定东时区为正,西时区为负。

（2）求区时：若已知的地点在东,所求地点在西,则所求的区时等于已知区时减去两地的时区差的绝对值。若所求值<0,则日期减一天,钟点加24小时。若已知的地点在西,所求地点在东,则所求区时等于已知区时加上两地时区差的绝对值。若所求值≥24,则日期加一天,钟点减24小时。

地球的自转使得地球各地的时间依次推进,日期也随之更替。国际上规定以180°经线作为地球上"今天"与"明天"的分界线,称为国际日期变更线,简称日界线,由于要避开陆地,实际的日界线并不与180°经线完全重合,而是一条折线。180°经线以西的东十二区总比180°经线以东的西十二区早一天；东、西十二区钟点相同,日期相差一天；自西向东过日界线日期要减一天,自东向西过日界线日期要加一天。

2. 地球公转的地理意义

1）太阳直射点的南北移动

由于地球是一个球体,太阳光线在同一时刻只能直射（太阳光与地面垂直）地面上一点,称为太阳直射点。在地球绕太阳公转过程中,地轴在宇宙空间的方向基本保持不变,始终指向北极星附近。因此,太阳有时直射北半球,最北直射23°26′N；有时直射南半球,最南直射23°26′S；有时直射赤道。每年的6月22日前后太阳直射北纬23°26′N,是北半球的夏至日。以后，太阳直射点南移。到 9 月 23 日前后，太阳直射赤道是北半球的秋分日。在 12 月 22 日前后太阳会直射在 23°26′S，这一天便是北半球的冬至日；以后，太阳直射点北返，于次年 3 月 21 日前后太阳再次直射赤道时，就是北半球的春分日；6 月 22 日前后太阳又直射到 23°26′N。这样，地球以一回归年（为 365 天 5 小时 48 分 46 秒）为周期绕太阳运转，太阳直射点相应地在南北回归线间往返移动。

2）昼夜长短的变化

以北半球为例，从春分日至秋分日，太阳直射北半球，是北半球的夏半年，北半球各纬度，昼弧大于夜弧，昼长大于夜长。纬度越高，昼越长，夜越短；北极四周，太阳整日不落，叫作极昼现象。其中夏至日这一天，北半球昼最长，夜最短，北极圈（北纬 66°34′）以北，到处是极昼现象，如图 4-1-11 所示。自秋分日至次年春分日，太阳直射南半球，是北半球的冬半年，北半球各纬度昼短夜长。纬度越高，昼越短，夜越长，北极四周，有极夜现象。南半球的情况与北半球相反。每年春分日和秋分日，太阳直射赤道，全球各地昼夜等长，各为 12 时，如图 4-1-12 所示。其中冬至日这一天，北半球昼最短，夜最长，北极圈以内，到处是极夜现象，如图 4-1-13 所示。

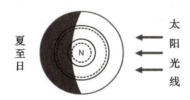

图 4-1-11　北半球夏至日太阳光照示意图

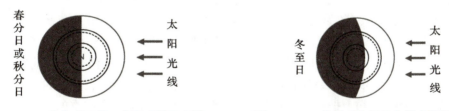

图 4-1-12　北半球两分日太阳光照示意图　　　图 4-1-13　北半球冬至日太阳光照示意图

3）正午太阳高度的变化

太阳高度（角）是指太阳光线对于地平面的交角（即太阳在当地的仰角）。在太阳直射点上，太阳高度是 90°；在晨昏线上，太阳高度是 0°；正午太阳高度是一天中最大的太阳高度。随太阳直射点的南北移动，会引起各地正午太阳高度的变化。它的大小随纬度不同和时间变化而有规律地变化。春秋二分，太阳直射赤道，各地正午太阳高度由赤道向南北两侧降低，如图 4-1-14 所示。北半球夏至日，太阳直射北回归线，各地正午太阳高度由北回归线向南北两侧降低，如图 4-1-15 所示；北半球冬至日，太阳直射南回归线，各地正午太阳高度则由南回归线向南北两侧降低，如图 4-1-16 所示。在北回归线以北的地区，每年夏至日，正午太阳高度达最大值；每年冬至日达最小值。在南回归线以南的地区，情况正好相反。南北回归线之间地区，每年有两次太阳直射的机会，正午太阳高度也就有两次最大值是 90°。

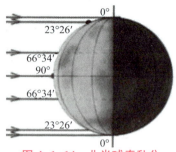

图 4-1-14　北半球春秋分

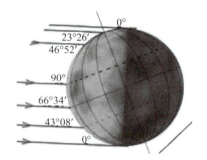

图 4-1-15　北半球夏至日

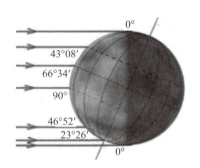

图 4-1-16　北半球冬至日

4）四季更替

寒暑往来，地球上的季节轮回，从成因看，是昼夜长短和太阳高度的季节变化引起的，这种变化取决于太阳直射点在纬度上的周年变化。从天文含义看四季，夏季就是一年内白昼最长、太阳最高的季节；冬季就是一年内白昼最短、太阳最低的季节；春秋二季就是冬夏两季的过渡季节。我国二十四节气中以立春（2月4日或5日）、立夏（5月5日或6日）、立秋（8月7日或8日）、立冬（11月7日或8日）作为四季起点。但是，各地实际气候的递变与此并不一定符合。我国大部分地方立春时，在气候上正处于隆冬；立秋时，在气候上还处于炎夏。而欧美国家习惯上把春分、夏至、秋分和冬至作为春夏秋冬四季的起点，每个季节都比中国的晚一个半月。北温带的许多国家一般把3、4、5三个月划为春季；6、7、8三个月划为夏季；9、10、11三个月划为秋季；12、1、2三个月划为冬季，如图4-1-17所示。

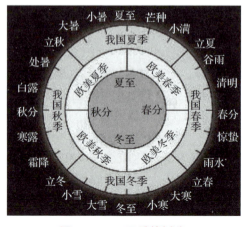

图 4-1-17　四季的划分

第1章 神秘的宇宙

课外探究

百度搜索"万年历"进行拓展学习。查验每年立春、立夏、立秋、立冬及春分、秋分、夏至、冬至的日期,说说有什么规律。

课后实践

1. 地球自转线速度赤道地区_____(填<、>或=)两极地区。在太阳直射点上太阳高度是_____,在晨昏线上太阳高度是_____。
2. 地球自转周期是_____,地球昼夜交替周期是_____。
3. 太阳直射点以_____为周期在_____之间往返移动。
4. "坐地日行八万里"指的是( )。
   A. 赤道处　　B. 纬度30°处　　C. 纬度60°处　　D. 任何纬度
5. 哈尔滨和海口两地的自转角速度和线速度相比较,正确的叙述是( )。
   A. 两地的角速度和线速度都相同
   B. 线速度相同,角速度海口小于哈尔滨
   C. 角速度相同,线速度海口大于哈尔滨
   D. 两地的角速度和线速度都不相同
6. 当北京时间为正午12时时,英国伦敦时刻是( )。
   A. 4时　　B. 8时　　C. 6时　　D. 12时
7. 从东十二区到西十二区( )。
   A. 向西走加一天　　　　B. 向西走减一天
   C. 向东走加一天　　　　D. 向东走减一天
8. 在同一条经线上的各地( )。
   A. 季节变化相同　　　　B. 地方时相同
   C. 正午太阳高度相同　　D. 昼夜长短相同
9. 搜集二十四节气歌。

拓展:阴历、阳历、阴阳历

很多人把现在普遍使用的公历称为"阳历",而把中国传统的历法称为"阴历"。

其实,称农历为阴历并不正确,为什么呢?这就要从历法说起了。历法大致分为以下3种:一类叫阳历,其中年的日数平均约等于回归年,月的日数和年的月数则人为规定,如公历、儒略历等;另一类叫阴历,其中月的日数约等于朔望月,年的月数则人为规定,如伊斯兰教历、希腊历等;还有一类叫阴阳历,其中月的日数平均约等于朔望月,而年的日数平均约等于回归年,如中国的农历、藏历等。

在中国,现在通行的历法是公历,民间也采用农历,而信仰伊斯兰教的各民族采用伊斯兰教历。它们也可以说是3种历法的代表。

农历是中国采用的一种传统历法，这种历法中安排有二十四节气，以指导农事活动，而且主要在广大农村使用。民间也有称阴历的。它用严格的朔、望周期来定月，又用设置闰月的办法使年的平均长度与回归年相近，兼有阴历月与阳历年的性质，因此在实质上，农历是一种阴阳合历。农历把日月合朔的日期作为月首，即初一。朔、望月平均约长29.5359日，所以有的月份是30日，称月大；有的月份是29日，称月小。农历以12个月为一年，共354日或355日，与回归年相差11日左右，所以隔三年要安插一个闰月，再过两年又安插一个闰月，平均19年有7个闰月。

公历是目前世界通用的历法，又称格雷果里历，实质上是一种阳历。它是罗马教皇格雷果里十三世对原来的儒略历进行修订后于1582年颁行的。由于儒略历的年长度是365.25日，同回归年长度365.242 2日相差0.007 8日，从实施儒略历到16世纪后期，累差已约10天。在400年中只有97个闰年，比儒略历减少3个。公历先在天主教国家使用，后推行到新教国家，而20世纪初期全世界普遍使用。中国于1912年开始使用公历，但用民国纪年。1949年中华人民共和国成立后，采用公历纪年。

阴历是伊斯兰教国家和地区采用的历法，又称回历。它纯粹以朔、望月为历法的基本单位，奇数的月为30日，偶数的月为29日，平均每个历月为29.5日。积12个月为一年，共354日。12个朔望月实际上约有354.367 1日，在30年循环周期中，第2、5、7、10、13、16、18、21、24、26、29各为闰年。闰年在12月底增加一日，共355日。回历年比公历年少约11日，因之岁首逐年提早，约33年循环一周。

本 章 总 结

1. 本章中出现的主要概念有哪些？
2. 为什么地球上有生命的存在？
3. 太阳、地球、月球之间有什么关系？举例说明太阳、月球对地球有什么影响。
4. 地球的自转和公转有什么特点？产生了哪些自然现象？
5. 通过学习和探索，你对宇宙有怎样的认识？
6. 请同学们查找并列举中国太空探索方面取得的辉煌成就，讲述其中一项或者两项成就取得背后感人的故事，并在同学中作专题分享。

第2章 地球上的大气

宇航员从宇宙飞船上回望家乡——地球，看见它披着一层赏心悦目的淡蓝色的纱衣，这就是围绕地球表面的大气圈。大气层由哪些物质组成？这层厚厚的地球的外衣又是怎样保护着地球的"体温"？大气对生物界和人类有哪些深刻的影响？让我们带着这些问题，一起来探索吧！

学习目标

1. 了解大气的组成与分布。
2. 了解大气的受热过程，理解大气对太阳辐射的选择性吸收，理解地面是近地面大气主要、直接的热源。
3. 运用大气热力基本原理，解释自己身边的自然现象。
4. 了解常见的天气系统，了解大气环流的含义及其基本特性。
5. 理解气压带和风带位置的移动规律。

本章要点

大气的组成和垂直分层；大气对太阳辐射的削弱作用；大气的保温作用；气温的日变化和年变化；冷热不均引起的大气运动；大气的水平运动；锋面与天气；气旋与反气旋；气压带、风带的分布；季风环流。

第4单元 地理与环境

2.1 大气的组成和垂直分层

2.1.1 大气的组成

大气是多种气体的混合物，低层大气是由干洁空气、水汽和悬浮在大气中的固体杂质三部分组成的。干洁空气是由多种气体混合组成的，其主要成分是氮气和氧气，二者约占干洁空气容积的99%，如图4-2-1所示。

大气中不同的成分有着不同的作用。其中占总容量20.95%的氧气，是人类和一切生物维持生命活动所必需的物质；大气中占78.09%的氮气，是地球上生物体的基本成分；仅占0.03%的二氧化碳是植物进行光合作用的重要原料，对地面还有保温作用；含量更少的臭氧则能大量吸收太阳光线中的紫外线，使地面上

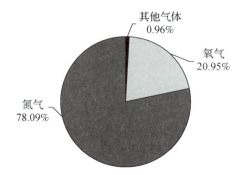

图4-2-1 干洁空气的组成

的生物免受紫外线的伤害，被誉为"地球生命的保护伞"；水汽和固体尘埃的含量虽然很少，却是成云致雨的必要条件。

人类活动造成的大气污染，已导致大气中微量成分的含量发生变化，例如，人们燃煤、石油等矿物燃料，排放出大量二氧化碳，加上森林、草地被破坏，使大气中二氧化碳含量不断增加。又如，随着制冷工业的发展，电冰箱、空调的使用，大气中出现了能破坏臭氧的氟氯烃且含量迅速增加，导致大气中的臭氧含量减少。此外，农业上无控制地使用化肥、各国进行的核试验、飞行物在空中飞行时释放的气体，也是破坏臭氧层的凶手。因此，人类必须采取有效措施，控制有害气体的排放，保护人类赖以生存的大气环境。

2.1.2 大气的垂直分层

自地面向上，大气层可以延伸到2 000～3 000 km的高空。根据大气的热力性质在垂直方向上的差异，通常将大气分为三层：对流层、平流层和高层大气，如图4-2-2所示。

1. 对流层

这是紧贴地面的一层。它的高度因纬度而异。整个大气质量的3/4和几乎全部水汽、固体杂质都集中在对流层。该层是大气中最活跃、与人类关系最密切的一层。对流层有三个主要特点：

（1）气温随高度的升高而降低。这主要是因为对流层大气的热量绝大部分直接来自地面，因此离地面愈高的大气，受热愈少，气温愈低。平均每上升100 m，气温降低0.6℃。

（2）空气对流运动显著。对流层上部冷下部热，有利于空气的对流运动，对流层因此而得名。低纬度地区受热多，对流旺盛，对流层所达高度就高；高纬度地区受热少，对流层

高度就低。

（3）天气现象复杂多变。近地面的水汽和杂质通过对流运动向上空输送，在上升过程中随着气温的降低，容易成云致雨。云、雨、雾、雪、霜等天气现象都发生在这一层。

2. 平流层

从对流层顶到 50～55 km 高度的范围是平流层。这一层的特点是：

（1）气温随高度升高迅速上升。这是因为平流层中的臭氧大量吸收太阳紫外线而使气温升高。臭氧集中在 22～27 km 高空，形成臭氧层。臭氧层以上，虽然臭氧含量逐渐减少，但是太阳紫外线辐射强烈，因此气温随高度迅速增加。

（2）大气以水平运动为主。平流层上部热下部冷，大气稳定，不易形成对流。大气平稳，能见度高，有利于高空飞行。

3. 高层大气

平流层以上的大气，气压很低，密度很小，在 2 000～3 000 km 高空的大气密度，已和星际空间的密度接近，人们把它看作是大气的上界。距地面 60～80 km 高度范围的大气，因受太阳紫外线和宇宙射线的作用，大气中的氧和氮的分子被分解为离子，处于电离状态，故称为电离层。美丽的极光就出现在电离层中。电离层能反射无线电波，我们能听到很远地方电台的广播，就是电离层的作用。

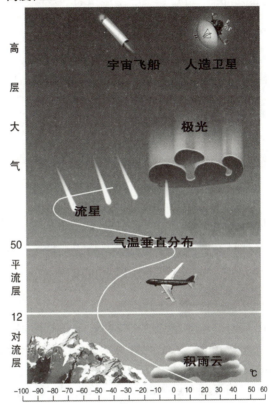

图 4-2-2 大气垂直分层示意

课外探究

雾霾，是雾和霾的组合词。我国不少地区将雾并入霾一起作为灾害性天气现象进行预警预报，统称"雾霾天气"。其实，雾和霾是两种截然不同的天气现象。阅读下列材料，结合生活体验，认识雾和霾的区别，并举例说明霾天气对我们生活的影响。

第4单元 地理与环境

> **课后实践**
>
> 1. 地球大气是由哪些成分组成的？臭氧、二氧化碳、水汽和尘埃各有什么作用？
> 2. 为什么说对流层与人类关系最为密切？为什么云、雨、雾、雪等天气现象都发生在这一层？
> 3. 为什么飞机只适合在平流层中飞行？

2.2 大气的热力状况

太阳辐射透过地球大气到达地球表面，在地球表面和大气之间进行着一系列的能量转换，形成地球表面复杂的大气热力状况，维持着地球表面的热量平衡。

2.2.1 太阳辐射是地球能量的主要源泉

太阳辐射是地球能量的主要源泉，如图4-2-3所示。太阳辐射的主要波长范围是0.15~4 μm。其中，人眼能看见的光线，波长在0.4~0.76 μm，叫作可见光线；波长小于0.4 μm的紫外线和大于0.76 μm的红外线，人们肉眼都无法看见。由实验得知，物体的温度愈高，它的辐射中最强部分的波长越短；物体温度越低，辐射中最强部分的波长越长。太阳表面温度高达6 000 K，它的辐射能主要集中在波长较短的可见光部分，如图4-2-4所示。为此，人们把太阳辐射称为短波辐射。

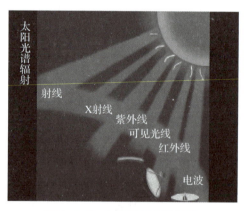

图4-2-3 太阳辐射光谱示意

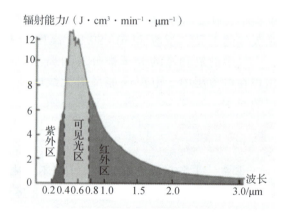

图4-2-4 各种辐射的波长范围

2.2.2 大气的热力作用

1. 大气对太阳辐射的削弱作用

太阳辐射要穿过厚厚的大气层，才能到达地球表面，如图4-2-5所示。太阳辐射在经过大气层时，其中一小部分被大气吸收。大气对太阳辐射的吸收具有选择性，其中平流层大气中的臭氧，强烈地吸收太阳辐射中波长较短的紫外线；对流层大气中的水汽和二氧化碳等，主要吸收太阳辐射中波长较长的红外线。大气对太阳辐射中能量最强的可见光却吸收得很少，大部分可见光能够透过大气射到地面上来。因此，大气直接吸收太阳辐射能量是很少的。

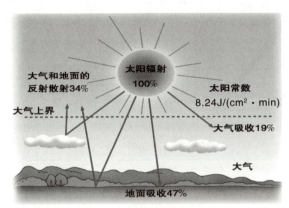

图 4-2-5　到达地球表面的太阳辐射

大气中的云层和尘埃，具有反光镜的作用，把投射在其上的太阳辐射的一部分，又反射回宇宙空间。云层越厚，云量越多，反射越强。

当太阳辐射在大气中遇到空气分子或微小尘埃时，太阳辐射的一部分能量便以这些质点为中心，向四面八方散射开来。散射可以改变太阳辐射的方向，使一部分太阳辐射不能到达地面。在太阳辐射的可见光中，波长较短的蓝色光最容易被散射，所以晴朗的天空呈现蔚蓝色。

大气对太阳辐射的反射、散射和吸收，削弱了到达地面的太阳辐射。太阳高度角越大，太阳辐射经过大气的路程越短，被大气削弱的越少，到达地面的太阳辐射就越多；反之越少。

2. 大气对地面的保温作用

地面吸收太阳辐射后增温，同时向外辐射能量，形成地面辐射。相对于太阳辐射来说，地面辐射的波长较长，称为长波辐射。地球大气具有温室一样的保温作用。

对流层大气中的水汽和二氧化碳，对太阳辐射的吸收能力很差，也就是说对太阳辐射几乎是透明的；但对地面长波辐射的吸收能力很强。据观测，地面辐射的75%~95%都被贴近地面的大气所吸收，使近地面大气增温。使得地面放出的热量绝大部分保存在大气中，很少散失到宇宙空间中去。如图 4-2-6 所示，为太阳辐射和地面辐射、大气逆辐射关系示意图。

大气在增温的同时向外辐射能量，称为大气辐射，其也属于长波辐射。大气辐射的一部分向上射向宇宙空间，大部分向下射到地面。射向地面的大气辐射，称为大气逆辐射。大气逆辐射又把热量还给地面，这就在一定程度上补偿了地面辐射损失的热量，使地面温度变化比较缓和，起到了保温作用。天空有云，特别是浓密的低云，大气逆辐射会更强。所以多云的夜晚通常比晴朗的夜晚暖和一些。

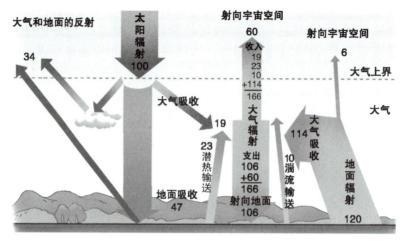

图 4-2-6 太阳辐射和地面辐射、大气逆辐射关系示意图

2.2.3 气温的日变化和年变化

对流层大气直接吸收太阳辐射的能量很少，大气的热量主要来自地面辐射。所以说，地面是大气的主要的直接热源。

日出以后，随着太阳高度角的逐渐增大，太阳辐射不断增强，地面温度不断升高，地面辐射不断增强。大气吸收地面辐射，气温不断上升。但一天中的最高气温并不出现在太阳辐射最强的正午，而是出现在午后2时左右。这是因为正午过后，太阳辐射虽已开始减弱，但地面获得太阳辐射的热量仍比地面辐射失去的热量多，地面温度继续升高，地面辐射继续增强，气温也继续上升。随着太阳辐射的进一步减弱，当地面热量由盈余转为亏损时，地面温度达到最高值。地面再通过辐射、对流、湍流等方式将热量传给大气，这也需要一个过程，因此午后2时左右，气温才达到最高值。随后，太阳辐射继续减弱，地面温度不断降低，地面辐射不断减弱，气温随之不断下降，至日出前后，气温达最低值。

同样道理，由于地面储存热量的缘故，一年之中，就北半球来说，气温最高与最低的月份，也不是出现在太阳辐射最强（6月）和最弱（12月）的月份，而是要落后一两个月。一般大陆上气温最高值出现在7月，最低值出现在1月；海洋的热容量大，受热和放热都较陆地慢，所以气温最高值出现在8月，最低值出现在2月。

课外探究

使用百度搜索"当地天气预报网"进行拓展学习，连续一周关注当地整点气温实况播报，根据每天气温变化画出变化曲线，探索气温的日变化特征。

第2章 地球上的大气

知识链接

大气温室效应与保温作用

温室效应是指透射阳光的密闭空间由于与外界缺乏热交换而形成的保温效应,就是太阳短波辐射可以透过大气射入地面,而地面增暖后放出的长波辐射却被大气中的二氧化碳等物质所吸收,从而产生大气变暖的效应。大气中的二氧化碳就像一层厚厚的玻璃,使地球变成了一个大暖房。据估计,如果没有大气,地表平均温度就会下降到-23℃,而实际地表平均温度为15℃。

在空气中,氮和氧所占的比例是最高的,它们都可以透过可见光与红外辐射。但是二氧化碳就不行,它不能透过红外辐射。所以二氧化碳可以防止地表热量辐射到太空中,即具有调节地球气温的功能。如果没有二氧化碳,地球的年平均气温会比目前降低20℃。但是,二氧化碳含量过高,会使地球仿佛捂在一口锅里,温度逐渐升高,就形成"温室效应"。形成温室效应的气体,除二氧化碳外,还包括有氯氟代烷、甲烷、一氧化氮等在内的30多种其他气体。

课后实践

1. 关于大气受热过程的说法正确的是（　　）。
A. 地球大气能量的根本来源是太阳辐射能
B. 大气是获得地面反射来的能量增温的
C. 太阳辐射能在传播过程中,少部分到达地面
D. 大气增温的热量直接来自太阳辐射

2. 关于地球大气各层热量来源的叙述正确的是（　　）。
A. 热层大气热量主要来自平流层顶　　B. 平流层热量主要来自对流层顶
C. 对流层热量主要来自地面辐射　　D. 对流层热量主要来自太阳辐射

3. 日出前的黎明、日落后的黄昏,以及阴天,天空为什么仍是明亮的?

4. 白天多云,气温比晴天低;夜间多云,气温又比晴天高,为什么?深秋至第二年早春季节,霜冻为什么多出现在晴朗的夜里?

5. 为什么一天中的最高气温出现在午后2时左右?

2.3 大气的运动

大气中热量和水汽的输送,都是通过大气运动实现的。太阳辐射为大气运动提供能量。由于太阳辐射在各纬度分布不均匀,造成高低纬度间热量的差异,这是引起大气运动的根本原因。

2.3.1 冷热不均引起大气运动

如图 4-2-7 所示，A 地受热多，近地面大气膨胀上升，到上空聚积起来，使上空空气的密度增大，气压比同一水平面上周围的气压都高，形成高气压；B、C 两地温度较低，空气因冷却收缩下沉，上空空气密度减小，形成低气压。于是，上空的空气便从气压高的 A 地向气压低的 B、C 两地扩散。A 地空气上升后，近地面的空气密度减小，气压比周围地区都低，称为低气压；B、C 两地因有下沉气流，近地面的空气密度增大，形成高气压。这样，近地面的空气又从 B、C 两地流回 A 地，以补充 A 地上升的空气。这种由于地面冷热不均而形成的空气环流，称为热力环流。它是大气运动的一种最简单的形式。

由此可以看出：地区间冷热不均，引起空气上升或下沉的垂直运动，空气的上升或下沉，导致了同一水平面上气压产生差异，气压差异又形成大气水平运动。

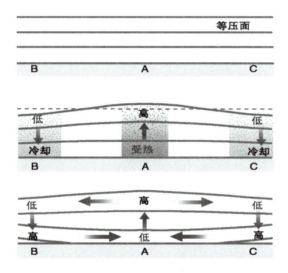

图 4-2-7　冷热不均引起的大气运动

2.3.2 大气的水平运动——风

对于同一水平面上的大气来说，不同地区之间存在气压差。我们把单位距离间的气压差叫作气压梯度。因为它表示在同一水平面上的气压变化情况，故也称为水平气压梯度。水平面上促使大气由高压区流向低压区的力，称为水平气压梯度力。在这个力的作用下，大气由高压区向低压区做水平运动，从而形成了风。可见，水平气压梯度力是大气产生水平运动的原动力，是形成风的直接的原因。水平气压梯度力垂直于等压线并指向低压。如果没有其他外力影响，风向垂直于等压线。但是风一旦形成，就会受到地转偏向力的影响。地转偏向力使风向逐渐偏离气压梯度力的方向，北半球向右偏转，南半球向左偏转。在没有摩擦力的情况下，如高空大气的摩擦力可以忽略不计，其风向可一直偏转到与等压线平行时为止。实际中，特别是近地面附近的风，由于受摩擦力的影响，风向与等压线成一交角。以北半球为例，有摩擦力和没有摩擦力的大气运动和等压线的关系如图 4-2-8 所示。

第 2 章 地球上的大气

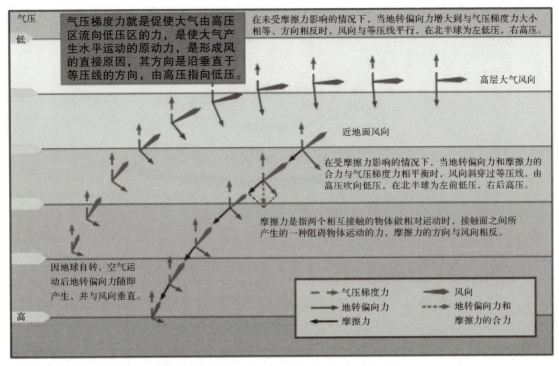

图 4-2-8 有摩擦力和没有摩擦力的大气运动和等压线的关系（北半球）

2.3.3 大气环流

太阳辐射在各纬度分布不均，导致了全球性的有规律的大气运动，通常称为大气环流。大气环流把热量和水汽从一个地区输送到另一个地区，从而使高低纬度之间、海陆之间的热量和水汽得到交换，促进了地球上的热量平衡和水平衡。

为了简化起见，假设大气是在均匀的地球表面上运动的。引起大气运动的因素只是高低纬之间的受热不均和地转偏向力。由于赤道与极地间受热不均，在终年严寒的两极地区，大气冷却收缩下沉；在终年炎热的赤道地区，大气受热膨胀上升。这样，在高空，两极形成低气压，赤道形成高气压，气压梯度力的方向由赤道指向极地，大气由赤道上空流向两极上空。在近地面，两极形成高气压，赤道形成低气压，气压梯度力的方向由两极指向赤道，大气由两极流回赤道。但实际上赤道与极地间的这种闭合环流是不存在的，因为地球在时刻不停地自转着，大气一开始运动，就会受到地转偏向力的影响。现以北半球为例，说明在气压梯度力和地转偏向力的影响下，大气环流的情况，如图 4-2-9 所示。

1. 低纬度环流

当大气由赤道上空向北流向极地上空时，受地转偏向力影响，南风逐渐右偏，流到北纬 30°附近上空时，风向偏转成了西风。这样，来自赤道上空的气流就不能再继续向北流向极地，而是变成自西向东运行的气流。由于赤道上空的空气源源不断地流来，又不能继续北进，便在北纬 30°附近上空聚积，从而产生下沉气流，致使近地面气压增高，形成副热带高

267

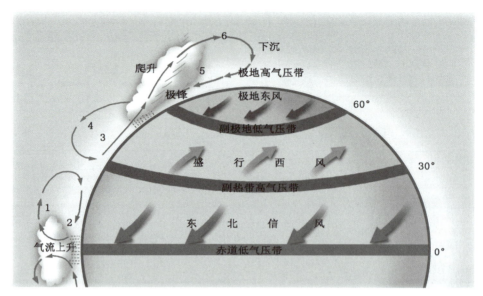

图 4-2-9 北半球三圈环流和风带示意

气压带。

在近地面,气压梯度力的方向是由副热带高气压指向赤道低气压,大气在由副热带向南流动过程中,逐渐向右偏转为东北风,叫作东北信风。东北信风与南半球的东南信风在赤道地区辐合上升。这样便在赤道与北纬30°之间形成一个低纬度环圈。

2. 中纬度环流与高纬度环流

在近地面,从副热带高压流出的气流,除一部分向南流回赤道外,另一部分向北流向副极地低气压,这支气流在北流过程中逐渐向右偏转成西南风,又叫盛行西风;与此同时,从极地高气压向南流的气流,逐渐向右偏转成东北风,又叫极地东风。盛行西风与极地东风这两支冷暖不同的气流,在北纬60°附近相遇,暖而轻的盛行西风气流爬升到冷而重的极地东风气流之上,形成副极地上升气流。上升气流到高空,又分别流向副热带和极地的上空。这样就形成了中纬度环流圈与高纬度环流圈。副极地上升气流到高空即向南北流走,致使北纬60°附近的近地面气压降低,形成副极地低气压带。

南半球的气流受地转偏向力的影响向左偏转,所以环流的方向与北半球不同。

 2.3.4 气压带与风带

1. 气压带与风带的分布

受大气环流的影响,在全球近地面形成了7个气压带和6个风带,如图4-2-10所示。

全球共形成7个气压带,即赤道低气压带,南、北半球的副热带高气压带,南、北半球的副极地低气压带,南、北半球的极地高气压带。在气压带之间形成了6个风带,即低纬信风带(北半球为东北信风,南半球为东南信风)、中纬西风带(北半球为西南风,南半球为西北风)、极地东风带(北半球为东北风,南半球为东南风)。

第2章 地球上的大气

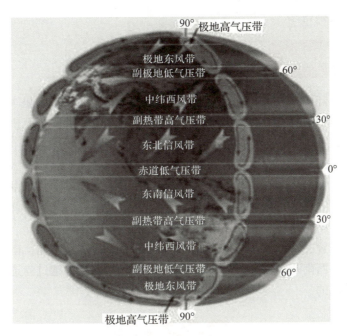

图 4-2-10　全球气压带与风带

2. 气压带与风带的移动

气压带与风带的形成和分布，是以太阳直射为前提的。由于太阳直射点随季节变化而南北移动，所以产生了气压带和风带随季节有规律移动的现象。就北半球来说，大致是夏季北移，冬季南移；南半球则恰好相反，如图 4-2-11 所示。

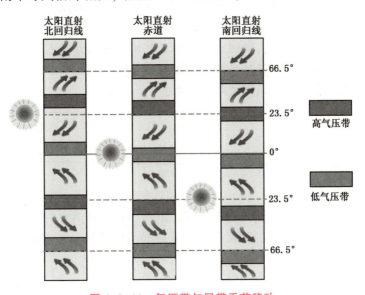

图 4-2-11　气压带与风带季节移动

实际上，地球表面并不是均匀的，由于海陆分布、地形起伏等因素的影响，实际的大气环流比上述状况要复杂得多。

2.3.5 季风环流

　　海陆分布导致海陆热力性质的差异，使得冬夏间海陆上气压中心呈季节性变化，引起了一年中盛行风向随季节有规律地向相反或者接近相反的方向变换。大范围地区盛行风随季节有显著改变的现象，称为季风。季风环流是大气环流的重要表现形式。

　　亚洲东部季风环流最为典型。冬季，强大的亚洲高压与赤道低压、太平洋低压之间，形成势力强大、寒冷干燥的偏北风，这就是冬季风。冬季风强烈时即为寒潮。夏季，北太平洋高压势力增强，亚洲大陆上形成印度低压，太平洋暖湿气流沿着北太平洋高压西部边缘，以东南风吹到亚洲东南岸，这就是东亚的东南季风。

　　气压带和风带位置的季节移动等也是形成季风的重要因素。例如，南亚、东南亚和我国西南地区的夏季风是西南季风，就是南半球的东南信风夏季北移越过赤道，在地转偏向力影响下向右偏转而形成的。

课后实践

1. 关于大气环流的叙述，正确的是（　　）。
A. 赤道低气压带是热力原因形成的　　B. 副热带高气压带的南侧是信风带
C. 副极地低气压带是热力原因形成的　　D. 极地东风的实际风向是东北风
2. 城市比农村更感酷暑难当的原因是城市具有（　　）。
A. 集聚效应　　B. 阳伞效应　　C. 热岛效应　　D. 雨岛效应
3. 为什么在近地面，气温高的地方气压就低；气温低的地方气压就高？为什么上空（指对流层中上层）的气压高低与近地面往往是相反的？
4. 请你做一些实地考察，证明城市与郊区之间存在热力环流。
5. 简要说明地球上气压带与风带的形成与分布？
6. 为什么亚洲东部的季风环流最为典型？

2.4　常见天气系统

　　天气系统遵循一定的规律，始终处于生成、发展、移动和消亡的过程之中，其中每阶段都伴随不同的天气。在影响天气的因素中，最重要的当属锋面、气旋和反气旋。

2.4.1　锋面系统

1. 气团与天气

　　大范围内物理性质（如温度、湿度等）比较均匀的大团空气称气团。其水平范围可达数百千米到数千千米,厚度可达数千米到十几千米,气团按性质,可分为冷气团和暖气团。同一气团控制下的广大地区内,天气特点大体相同。

2. 锋面与天气

性质不同的两种气团相遇,它们中间的交界面称为锋面。一个地方在单一气团控制下天气是单调的,当原有气团被新移来的气团代替时,天气就会变化。在冷暖气团交界地带,由于锋面两侧空气的温度、湿度、气压、风和云等均有明显差异,天气变化最为剧烈,常出现云、雨、大风等天气。

根据锋面两侧冷暖气团移动方向,可把锋面分为冷锋与暖锋。

1)冷锋

冷气团主动向暖气团移动的锋称冷锋。密度大的冷气团,其前缘插入到密度小的暖气团下面,暖气团被迫抬升而冷却,水汽凝结成云致雨。所以冷锋过境时,常出现阴雨、大风、降温和降雪等天气现象。冷锋降水在锋后,若冷气团快速前进,则往往出现雷鸣闪电、大风、阵性暴雨降落。冷锋过境后,冷气团占据原来暖气团位置,气温下降,气压升高,雨过天晴,如图 4-2-12 所示。

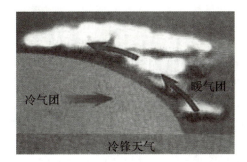 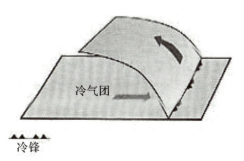

图 4-2-12 冷锋与天气示意图

2)暖锋

暖气团主动向冷气团移动的锋称暖锋。暖气团沿锋面缓慢爬升,水汽冷却凝结,产生云、雨等天气。暖锋降水易发生在锋前,多形成连续性降雨。暖锋过境后,暖气团控制下的天气,气温升高,气压下降,雨过天晴,如图 4-2-13 所示。

 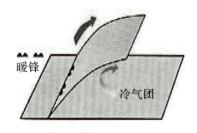

图 4-2-13 暖锋与天气示意图

我国的降水和一些灾害性天气,大都与锋面有联系。如,北方夏季的暴雨,多是由冷锋形成的锋面雨;冬季暴发的寒潮,也是冷锋南下时形成的;夏季江淮流域的梅雨是由冷、暖气团势力相当、锋面移动缓慢造成的。

2.4.2 气旋与反气旋

气旋与反气旋是大气中常见的运动形式,也是影响天气变化的重要天气系统,如图4-2-14所示。

1. 气旋

在等压线分布图上,凡等压线闭合,中心气压低于四周气压的区域,都叫作低气压。在气压梯度力作用下,低气压的气流由四周向中心流动;受地转偏向力影响,低气压的气流在北半球向右偏转成按逆时针方向流动的大旋涡,在南半球向左偏转成按顺时针方向流动的大旋涡。大气的这种流动很像江河中的漩涡,所以低气压又叫气旋。

由于气流从四面八方流入气旋中心,气旋中心的空气被迫上升,空气在上升过程中温度降低,其中所含的水汽容易凝云致雨,所以每当气旋过境时,云量就会增多,常常出现阴雨天气。夏秋季节,在我国东南沿海经常出现的台风,就是热带气旋强烈发展的一种特殊形式。

2. 反气旋

在等压线分布图上,凡等压线闭合,中心气压高于四周气压的区域,都称为高气压。高气压的气流是由中心向外流出的,在北半球按顺时针方向旋转流出,在南半球按逆时针方向旋转流出。高气压的这种环流系统与气旋正好相反,所以也叫反气旋。

当低层反气旋中心的气流向外流散后,高层的空气就自上而下来补充,形成下沉气流。空气在下沉过程中,温度升高,水汽不易凝结,天气晴朗。夏季,反气旋控制的地区,天气炎热干燥。我国长江流域的伏旱天气,就是在副热带高气压(反气旋)控制下形成的。

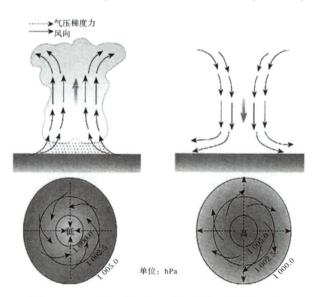

图4-2-14 北半球气旋、反气旋的形成及其天气

课后实践

1. 收看天气预报节目，观察各天气系统过境时的天气。
2. 南半球的气旋和反气旋，在水平方向上分别呈顺时针方向，还是逆时针方向流动？
3. 画出南半球气旋和反气旋示意图。
4. 下面是《水浒传》"宋公明雪天擒索超"一回中对天气状况的描写。请阅读后回答问题。

"是日，日无晶光，朔风乱吼。""其时正是仲冬天气，连日大风，天地变色，马蹄冰合，铁甲如冰。""次日彤云压阵，天惨地裂。""当晚云势越重，风色越紧。吴用出帐看时，却早成团打滚，降下一天大雪。""那雪降了一夜，平明看时，约已没过马膝。"

（1）上面描写反映的是暖锋过境还是冷锋过境？
（2）哪些描写为此锋过境前的天气？
（3）哪些描写为此锋过境时的天气？
（4）哪些描写为此锋过境后的天气？除了描写天气外，此锋过境后还会出现哪些天气？
（5）根据描写判断，此锋移动速度是快还是慢？为什么？

本章总结

1. 本章中出现的主要概念有哪些？
2. 大气对太阳辐射如何有选择性地吸收？近地面大气升温的主要直接热量来自何处？
3. 尝试运用大气热力的基本原理，解释自己身边的自然现象。
4. 影响天气的主要因素有哪些？
5. 季风是怎样形成的？哪里的季风最典型？为什么？

拓展：云雾霜露雪雨的形成

空气中总是有水蒸气的，而且水蒸气是无色透明的气体，是看不见的。日常所见到的"白汽"不是水蒸气，而是水蒸气遇冷液化成的小水珠。

（1）云是怎样形成的？当有很多水蒸气的空气升入高空时，水蒸气会随着温度的降低而液化成小水滴或凝华成小冰晶。这些很小的微粒，能被空气上升气流顶起，形成浮云，所以云是由大量的水蒸气和小冰晶组合而成的。

（2）雨是怎样形成的？在一定条件下，云中的小水滴和小冰晶越来越大，达到一定程度时，上升气流无法支持，就会下落，在下落过程中，小冰晶熔化成水滴，与原来的小水滴一起落到地面上，形成了雨。

（3）雾是怎样形成的？雾一般在清晨出现。当空气中的水蒸气遇到冷的空气或地面温度突然下降时，会液化成小水滴而飘浮在空气中和尘埃上，形成雾。

（4）露水是怎样形成的？当地面温度下降后，空气中的水蒸气遇冷会液化成小水滴而附在地面上或花草上，形成露水。

（5）雪是怎样形成的？在冬季，有时上升气流较弱，云中的水蒸气受冷直接在小冰晶上凝华形成雪花，飘落到地面形成了雪。

（6）霜是怎样形成的？霜是由于空气中的水蒸气受冷直接凝华而成的。冬天的夜晚，地面的温度迅速降低到0℃以下，空气中的水蒸气就会在地面上迅速凝华而形成固态的小晶体，即霜。

（7）冰雹是怎样形成的？在夏季，上升气流很强，也很不稳定，小水滴在空气对流中受冷凝固成小冰雹块。小冰雹块在流动过程中又与小冰晶、小水滴合并，形成大冰块，当这样的冰块增大到一定程度时，气流无法支持，就降落到地面形成冰雹。

（8）舞台上的云雾效果是怎样形成的？利用干冰在升华时吸收大量的热而使空气温度降低，从而使空气中的水蒸气液化成小水滴，并直接凝华为小冰晶，形成舞台上的云雾效果。

第 3 章　地球上的水

地球表面约有四分之三的面积被水覆盖，因而地球有"水的行星"之称。水是地球上生命存在的必要前提之一。水体分为哪些类型？自然界水循环又是怎样进行的？人们应怎样保护有限的水资源？让我们一起来探究吧。

学习目标

1. 了解地球上水的组成和水的重要性。
2. 理解自然界水循环的概念和类型及地理意义。
3. 了解洋流的分布及洋流对地理环境的影响，进一步理解陆地水体类型及其相互关系。
4. 运用所学知识在幼儿园开展节约用水、保护有限水资源的教育活动。

本章要点

水的结构与组成；自然界的水循环与水平衡；海水的温度与盐度；世界洋流；陆地水体类型及其相互关系。

3.1　水圈的组成与水循环

3.1.1　水圈的结构与组成

地球上的水呈固态、液态和气态分布于海洋、陆地以及大气之中，共同组成水圈。水圈是一个连续不规则的圈层。水圈的质量只占地球质量的万分之四，却在地理环境中起着非常重要的作用。

水是地球上人类和一切生物得以生存的物质基础。水作为资源来说，是其他任何物质不能代替的。地球上各种水体中，海洋水是最主要的，它占地球上水储量的96.53%，如图4-3-1所示。海洋水是咸水，当前科学技术还不能进行大规模淡化。通常所说的水资源是指陆地上的淡水资源，储量只占地球上总储水量的2.53%，其中大部分是固体冰川，在目前技术下难以利用。目前比较容易利用的淡水资源主要是河流水、淡水湖泊和浅层地下水等。这些水资源仅占地球上总储水量的十万分之七。

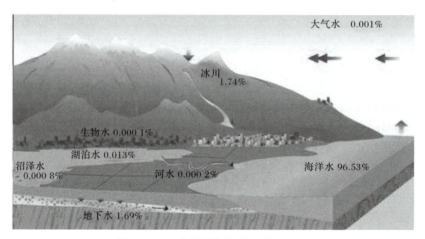

图4-3-1　世界水体存在形式及储量

课外探究

使用百度搜索"节约用水"进行拓展学习。深入了解浪费水的主要原因，掌握生产与生活中应怎样节约用水。

3.1.2　自然界的水循环

水循环是指自然界的水在水圈、大气圈、岩石圈、生物圈四大圈层中通过各个环节连续运动的过程。自然界的水循环运动时刻都在全球范围内进行着，它发生的领域有：海洋与陆地之间；陆地与陆地上空之间；海洋与海洋上空之间。如图4-3-2所示，为水循环示意图。

1. 海陆间循环

海陆间循环是指海洋水与陆地水之间通过一系列过程所进行的相互转换运动。这一运动的具体过程是：海洋表面的水经过蒸发变成水汽，水汽上升到空中随着气流运行，被输送到大陆上空，水汽在适当条件下凝结，形成降水。降落到地面的水，一部分沿地面流动，形成地表径流；另一部分渗入地下，形成地下径流。二者汇集于江河，最后回到海洋。这种海陆间的循环又称为大循环。通过这种循环运动，使陆地上的水不断得到补充，水资源得以再生。

2. 内陆循环

降落到大陆上的水，其中一部分或全部（指内流区域）通过蒸发和植物蒸腾形成水汽，被气流带到上空，冷却凝结形成降水，降落到陆地上，这就是内陆循环。由内陆循环运动而补给陆上水体的水量是有限的。

3. 海上内循环

海洋水蒸发成水汽，进入大气后在海洋上空凝结，形成降水，降落到海面，形成海上内循环。

在水循环的一系列过程中，通过降水、地表径流、下渗、地下径流、蒸发和植物蒸腾等各个环节，使大气圈、水圈、岩石圈和生物圈相互联系起来，并在它们之间进行能量交换。同时因水在运动中夹带溶解物质和泥沙而使物质迁移。水循环运动使大气降水、地表水、地下水、土壤水之间相互转化，使水资源形成不断更新的统一系统。

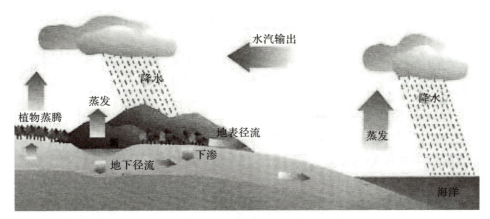

图 4-3-2　水循环示意图

知识链接

地球上的水循环

据计算，大气中总含水量为 12 900 km³，而全球年降水总量为 577 000 km³，大气中的水汽平均每年可以跟降水转化 44 次（577 000/12 900），也就是大气中的水汽，平均每 8 天多轮换一次（365/44）。全球河流总储水量约 2 120 km³，而河流年径流量为 47 000 km³，这就是说，全球的河水每年可以跟降水转化 22 次（47 000/2 120），也就是河水平均每 16 天多轮换一次（365/22）。由于地球上的水处于循环运动之中，从这个意义来说，水是一种世界性的不断更新的资源，具有取之不竭的特点。但是在一定的空间和时间范围内，水资源又是有限的。如果人类用水量超过更新的数量，就会造成水资源的枯竭。

3.1.3　水平衡

地球上的水时时刻刻都在循环运动，从长期来看，全球水的总量没有什么变化，是平衡的。但是，对一个地区来说，有的时候降水量多，有的时候降水量少。

估算全球平均状况，每年海洋上约有 505 000 km³ 的水蒸发到空中，而总降水量约为

458 000 km³，总降水量比总蒸发量少 47 000 km³，这同陆地注入海洋的总径流量相等。每年陆地上约有 63 000 km³ 的水蒸发到空中，而总降水量约为 110 000 km³，总降水量比总蒸发量多 47 000 km³，这也同陆地注入海洋的总径流量相等。

水循环是通过大气中的水汽输送和陆地上的径流输送而实现的。目前，人类活动难以影响全球大气的水汽输送，而对地表径流输送，在局部地区却可以施加某些影响。例如，一个地区修建水库、引水灌溉、跨流域调水等，就是利用水循环和水平衡的规律，改变水的时间和空间分布，化害为利。人类活动如果忽视该地区水循环和水平衡的规律，不恰当地改变水的时间和空间分布，如大面积地滥伐森林、过度抽取地下水，就会给生产和生活带来严重的后果。因此，采取有效措施，合理利用自然界的水资源十分重要。

拓展阅读

国际最新健康水标准

1. 不含有害人体健康的物理性、化学性和生物性污染。
2. 含有适量的有益于人体健康呈离子状态的矿物质（钾、镁、钙等）。
3. 水的分子团小，溶解力和渗透力强。
4. 水中含有溶解氧（6 mg/L 左右），含有碳酸根离子。
5. 呈负电位，可以迅速、有效地清除体内的酸性代谢产物和各种有害物质。
6. 水的硬度适度，介于 50～200 mg/L（以碳酸钙计）。

到目前为止，只有弱碱性呈离子态的水能够完全符合以上标准。不仅适合健康人长期饮用，而且它具有明显的调节肠胃功能、调节血脂、抗氧化、抗疲劳和美容作用。

知识链接

6 种水不能喝

人离不开水，但水质不良可引起多种疾病，据世界卫生组织调查，人类疾病 80% 与水有关。有以下 6 种对人体有害的水：

（1）生水。喝生水，易引起胃肠炎、肝炎、痢疾。

（2）老化水。长时间储存不动的水，其中有毒物质会随着水储存时间的增加而增加。

（3）千滚水。千滚水就是反复煮沸的水。久饮这种水，会干扰人的胃肠功能，出现暂时腹泻、腹胀；有毒的亚硝酸盐还会造成机体缺氧，严重者会昏迷惊厥。

（4）蒸锅水。蒸锅水就是蒸馒头等的剩锅水，反复使用的蒸锅水亚硝酸盐浓度很高。常饮这种水，会引起亚硝酸盐中毒。

（5）不开的水。自来水都经氯化消毒灭菌处理。氯处理过的水可分离出 13 种有害物质，当水温达到 100℃，有害物质会大大减少，如继续沸腾 3 分钟，则变得安全。

（6）重新煮开的水。把热水瓶中的剩余温开水重新烧开再饮，多次沸腾会导致水中的亚硝酸盐含量升高。

课后实践

1. 地球上各种水体储量由多到少依次是（　　）。
   A. 海洋水、大气水、陆地水　　B. 冰川水、生物水、河流水
   C. 冰川水、河流水、地下水　　D. 海洋水、陆地水、大气水
2. 下列地理事物中，直接参与海陆间循环的有（　　）。
   A. 塔里木河　　　　　　　　　B. 天山冰雪融水
   C. 长江　　　　　　　　　　　D. 未登陆的台风
3. 利用水循环示意图说明什么是海陆间循环，它和内陆循环有什么区别？
4. 试分析大量砍伐树木给当地水循环带来什么影响？
5. 水资源可以永续利用，并且是"取之不尽，用之不竭"的吗？为什么？
6. 生活中有哪些浪费水的现象？请你说说生活中应怎样节约用水？
7. 有人认为，水循环的内因，是水在常温常压条件下固、液、气三态的转化，外因是太阳能和地球重力的作用。你是否同意这一观点，为什么？

3.2　海洋水

大气的热量主要直接来自地球表面，而海洋占地球表面的71%。可以说，海洋是大气的主要热源。海洋不仅是大气的热源和水源，而且积极调节大气的热量平衡和水分平衡，海洋和大气之间密切进行着物质和能量的交换。

3.2.1　海水的盐度和温度

1. 海水的盐度

海水中含有很多盐类物质。其中氯化钠占70%，氯化镁占14%，因此海水既咸又苦。海水中所含的盐类物质数量很大，如果把世界上海水中的盐类物质都分离出来，平铺在陆地上，可使全世界陆地平均高度增加约150 m。人们规定1 000 g海水中所含溶解的盐类物质的总质量叫盐度。

世界大洋的平均盐度约为35‰，但是大洋各处并不一样。海洋表层盐度分布的规律是：从南北半球的副热带海区分别向两侧的高纬度和低纬度递减。这是因为南、北回归线附近降水少，蒸发量大于降水量，海洋表面的海水盐度最高。赤道附近降水丰沛，降水量大于蒸发量，盐度稍低。自回归线向高纬度，蒸发量不断减少，盐度也逐渐降低，如图4-3-3所示。世界上盐度最高的海区在红海，盐度超过41‰。红海位于副热带，降水稀少，蒸发旺盛，且两岸皆是干燥的热带沙漠地区，几乎无陆上淡水输入，所以海水盐度较高。盐度最低的海区在波罗的海。波罗的海不仅蒸发量较小，而且四周陆上流有大量淡水汇入，稀释了海水，因此盐度不超过10‰。

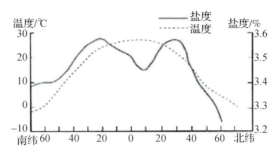

图 4-3-3　海洋表面平均盐度和温度随纬度的变化

此外，洋流对海水盐度的影响也很明显。在同纬度地带，暖流经过的海区，盐度偏高；寒流经过的海区，盐度偏低。

2. 海水的温度

海水热量的收入，主要来自太阳辐射的热量。海水热量的支出，主要是海水蒸发所消耗的热量。世界海洋每年热量的收入和支出，基本上是平衡的，但是不同季节，各个海区的热量收支并不平衡，各个海区的水温随着季节变化而有所变化。如图 4-3-4 所示，为北半球海洋热量收支随纬度的变化。

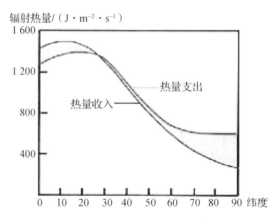

图 4-3-4　北半球海洋热量收支随纬度的变化

海洋表面水温的高低，受太阳辐射的影响，随时间和空间而变化。此外，寒、暖流经过的海区，水温也受影响。一般来说，同一海区的水温，夏季高些，冬季低些。不同海区的水温，低纬度高些；高纬度低些。与同纬度海区相比，有暖流流经的海区，水温高；有寒流流经的海区，水温低。

由于太阳辐射首先到达海水表面，海水温度会因海深而有变化，但变化幅度不大，特别是 1 000 m 以下的水温变化很小。例如，1 000 m 深处到 3 000 m 深处，大致从 5℃ 降到 2℃。

水的热容量比土壤大 2~3 倍，比岩石大 5~7 倍，比空气大 3 000 多倍。海洋面积广、水量多、热容量又很大，因此海水温度的变化比陆地温度的变化小得多。这就使海洋上空的气温比陆地上空的气温变化慢。

知识链接

海浪和潮汐

海浪

海水受海风的作用和气压变化等影响，促使它离开原来的平衡位置，而发生向上、向下、向前和向后的运动，这就形成了海上的波浪。波浪是一种有规律的、周期性的起伏运动。当波浪涌上岸边时，由于海水深度愈来愈浅，下层水的上下运动受到了阻碍，受物体惯性的作用，海水的波浪一浪叠一浪，越涌越多，一浪高过一浪，并形成飞溅的浪花，如图4-3-5所示。

潮汐

海水在日、月引潮力作用下引起的海面周期性的升降、涨落与进退，称海洋潮汐，简称海潮。一天中，通常可以看到海水涨落两次。古人把白天的海水涨落称为潮，晚上的海水涨落称为汐，航海与海岸工程建设都要掌握潮汐的规律，如图4-3-6所示。

图4-3-5　海浪

图4-3-6　钱塘江潮

3.2.2　海水的运动——世界洋流

海水总是在不停地运动着，海浪、潮汐和洋流是海洋水运动的主要表现形式。其中洋流对地理环境的影响最显著。

1. 洋流的形成

海洋表层的海水，常年比较稳定地沿着一定方向做大规模的流动，叫作洋流，又叫海流。其形成的主要原因如下：

第一，海洋水运动的主要动力是大气运动和近地面风带。盛行风吹拂着海面，海水随风飘动，上层海水带动下层海水流动，形成规模很大的洋流，称为风海流。例如南、北半球盛行西风和信风所形成的洋流。

第二，各海域海水的温度、盐度不同，导致了海水密度的差异，从而导致海水流动，称为密度流。例如，地中海因蒸发旺盛，海水的盐度高，密度大，水面降低，而相邻的大西洋海水的盐度比地中海低，密度小，水面比地中海高，于是大西洋表层海水经直布罗陀海峡流入地中海，地中海的海水由直布罗陀海峡底层流入大西洋，如图4-3-7所示。

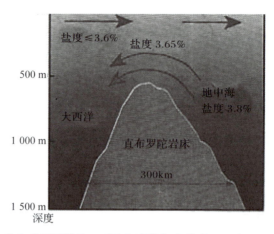

图 4-3-7 从直布罗陀海峡口到地中海的海水盐度、温度剖面（由西向东）

第三，由于风力和密度差异而产生的洋流，使出发海区的海水减少，需要相邻海区的海水来补充，这样也形成洋流，叫补偿流。补偿流有水平的，也有垂直的。垂直补偿流又分上升流和下降流。例如秘鲁附近的海区就有上升流。

在自然界中，洋流的形成，往往不是受单一因素的影响，而是受几个因素的综合影响。此外，地转偏向力以及陆地的形状突出，也迫使洋流的方向发生改变。

2. 洋流的分布

从世界洋流分布图（图4-3-8）上不难看出，洋流分布虽然很复杂，但还是有规律可循的。

在中、低纬度海区，形成以副热带为中心的大洋环流。赤道南北两侧的东南信风和东北信风，驱动赤道南、北两侧的海水由东向西流动，这叫赤道洋流。赤道洋流到达大洋西岸，受到陆地的阻挡，除一小股回头向东形成赤道逆流外，大部分沿海岸向较高的纬度流去，转化为西风漂流。当它们到达大洋东岸时，又有一部分折向低纬度，从而形成环流。这种大洋环流受地转偏向力的影响，在北半球做顺时针方向流动，在南半球做逆时针方向流动。

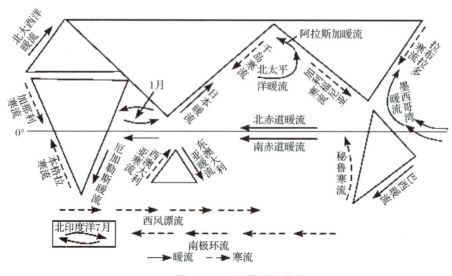

图 4-3-8 世界洋流分布

在北半球中、高纬度海区，也有大洋环流，它呈逆时针方向流动。

南极大陆的外围，陆地很少，海面广阔。南纬40°附近海域终年受西风影响，形成西风漂流。

北印度洋海区，由于季风的影响，洋流具有明显的季节变化。冬季盛行东北风，海水向西流，洋流呈逆时针方向流动；夏季盛行西南风，海水向东流，洋流呈顺时针方向流动。

3. 洋流对地理环境的影响

全球的大洋环流，对高、低纬度间热能的输送和交换，以及全球热量的平衡，都有重要意义。大陆东西岸某些地区的气候，受洋流作用的影响很显著。例如，西欧海洋性气候的形成，北大西洋暖流对它有巨大的作用；澳大利亚西海岸、秘鲁太平洋沿岸的荒漠环境，沿岸寒流起了一定的影响。

洋流对海洋生物的分布有显著的影响。纽芬兰和日本北海道的附近海区有寒、暖流在此交汇，给鱼类带来多种饵料，因此成为世界著名的渔场。秘鲁附近海区有上升流。上升流把海水深处的磷酸盐、硅酸盐带到海水上层，供给海洋浮游生物所需要的养料，浮游生物又为鱼类提供饵料，因而水产丰富，秘鲁附近的海域也就成为世界有名的渔场之一。

陆地上的各种污染物被排放到海里，洋流运动可以把这个海域的污染物质携带到别的海域去，加快净化速度，但是，也使海洋污染范围扩大，沿岸受影响的居民增多。

洋流对航海事业的影响是显而易见的。海轮顺着洋流航行的速度，比逆着洋流航行要快得多。

总之，洋流对其流经的大陆沿岸气候、海洋渔业，以及大洋航行等多方面都会产生影响，从而深刻地影响着人们的生产和生活。

课外探究

彩色的大海

翻开世界地图集，黄海、红海、黑海、白海会映入我们的眼帘。海的颜色为什么不同？彩色的海是谁的杰作呢？眼睛看到的太阳光线是白色，可它却是由红、橙、黄、绿、青、蓝、紫7种可见光所组成。海水对蓝光吸收的少，反射的多，越往深处，越多的蓝光被折射回到水面上来，因此，我们看到的海洋里的海水是蔚蓝色的。既然海水散射蓝色光，那么不论哪个大海，其都应该是蔚蓝色的呀！但实际上，海洋却是红、黄、蓝、白、黑五色俱全，这是因为当海水某种变色的因素强于散射所生的蓝色时，海水就会改头换面，五色缤纷了。影响海水颜色的因素有悬浮质、离子、浮游生物等。大洋中悬浮质较少，颗粒也很微小，其水色主要取决于海水的光学性质，大洋海水多呈蓝色；近海海水，由于悬浮物质增多，颗粒较大，所以，近海海水多呈浅蓝色；近岸或河口地域，由于泥沙颜色使海水发黄；某些海区当淡红色的浮游生物大量繁殖时，海水常呈淡红色。

我国黄海，特别是近海海域的海水多呈土黄色且混浊，主要是由从黄土高原上流进的又黄又浊的黄河水而染黄的，因而得名黄海。

第4单元 地理与环境

海洋生物也能改变海水的颜色。介于亚、非两洲间的红海，其一边是阿拉伯沙漠，另一边有从撒哈拉大沙漠吹来的干燥的风，海水水温及海水中含盐量都比较高，因而海内红褐色的藻类大量繁衍，成片的珊瑚以及海湾里的红色的细小海藻都使之镀上了一层红色的色泽，所以看到的红海是淡红色的，因而得名红海。

黑海里跃层所起的障壁作用，使海底堆积大量污泥，这是促成黑海海水变黑的因素。另外，黑海多风暴、阴霾，特别是夏天，狂暴的东北风，在海面上掀起灰色的巨浪，海水乌黑一片，故得名黑海。白海是北冰洋的边缘海，深入俄罗斯西北部内陆，气象异常寒冷，结冰期达6个月之久。掩盖在海岸的白雪不化，厚厚的冰层冻结住它的港湾，海面被白雪覆盖。由于白色海面上的强烈反射，我们看到的海水是一片白色，因而得名白海。

课后实践

1. 下列洋流系统中，呈反时针方向流动的是（　　）。
   A. 北太平洋中、低纬海区的洋流　　B. 北太平洋中、高纬海区洋流
   C. 南大西洋中、低纬海区的洋流　　D. 北印度洋夏季的洋流
2. 有关世界海洋每年热量的收支情况的叙述，正确的是（　　）。
   A. 收支不平衡　　　　　　　　　B. 收支基本平衡
   C. 热量逐年增加　　　　　　　　D. 支出主要是蒸发耗能
3. 海水对大气温度起调节作用的主要原因是（　　）。
   A. 海水的热容量很大　　　　　　B. 海水的盐度高
   C. 海洋广阔、水量大　　　　　　D. 海水的温度高
4. 分析说明为什么赤道地区海水的盐度低于副热带地区海水的盐度。
5. 洋流的形成最主要原因是什么？举例说明洋流对地理环境的影响。
6. 2016年11月，搭载中国第33次南极科考队的"雪龙"号科考船航行至南纬45度附近的西风带边缘，科考队员在那里进行了海水的温度、盐度观测，这种观测到底有什么作用呢？
7. 海洋环境问题是困扰人类发展的重大问题，人类在开发利用海洋资源的同时，应当注意对海洋环境的保护，实现可持续发展，请你提出对海洋环境保护的建设性意见？

3.3 陆地水

地球上的陆地水依据空间分布不同，分为地表水和地下水。地表水包括江河水、湖沼水和以固态形式存在于陆地上的冰川等。

3.3.1 河水

1. 河流的补给

河水的来源叫作河流补给。河水最主要的来源是大气降水。降水的相当一部分，经过地表径流汇入河流。陆地上的其他水体，如冰川、湖泊水、地下水，也常常是河流补给的组成部分。

降水中的雨水，是河流补给最重要的形式。我国和世界上大多数河流的补给靠雨水。在高山永久积雪地区，夏季的冰川融水是河流补给的重要水源，因而夏季时，径流量最大，如图 4-3-9 所示。

山地的湖泊，有的成为河流的源头。我国长江中游地区的许多湖泊，对长江及其支流的径流则起调节作用；人工湖泊——水库对河流径流起着调节作用。

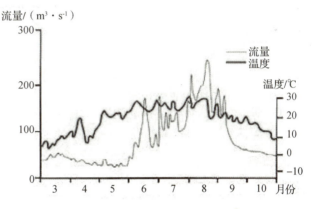

图 4-3-9　冰川补给的河流流量与气温的关系

地下水是河流稳定而可靠的补给来源。有些河流的源头就是靠泉水补给的。例如，济南附近的小清河上游就是靠黑虎泉、趵突泉等泉水补给的。

综上所述，河水补给有雨水、冰雪水、湖泊水以及地下水等。并且河流径流往往是由多种水源共同补给的。

2. 河流径流的变化

河流径流具有季节变化和年际变化。

（1）径流的季节变化。河流在一年内各个月份的径流量是不同的。这是由丰水季节和枯水季节的交替引起的。河流径流在一年内有规律地变化，叫作河流径流的季节变化。

（2）径流的年际变化。任何一条河流，它各年的径流量都不相同，有的年份径流量大，有的年份径流量小，有的年份接近于正常。这种变化叫作径流的年际变化。我国大部分地区属季风气候，降水量的年际变化大，导致河流径流量年际变化也比较大。因此，需要靠修建水库来调剂丰水年和枯水年的径流量。

3.3.2 冰川

1. 冰川是陆地上储水量很大的水体

高纬度和高山地区，气候严寒，大气降水以固体形式为主，地表为冰雪所覆盖。这些冰雪经过积压和重新结晶，成为具有可塑性的冰川冰。冰川冰在压力和重力影响下，沿着地面缓慢运动，形成冰川。全世界七大洲的冰川面积约占陆地总面积的 10.7%。冰川冰的储水量约占陆地淡水总储量的 68.7%。地球上的冰川如果全部融化,世界洋面将上升 60 多米,陆地将有 100 多万平方千米的面积被海水淹没。

冰川是地球上淡水的主体,但是目前把它作为淡水资源直接加以利用的还不多,这项课题正在研究之中。

2. 冰川的类型和分布

按照冰川的形态和运动特性,冰川可以分为大陆冰川和山岳冰川两大类。

(1)大陆冰川。大陆冰川面积大,冰层厚,中部高,呈盾形,主要分布在南极洲和格陵兰岛上。这两处的冰川面积共约占全世界冰川总面积的 97%,冰川平均厚度在 1 500～1 700 m。大陆冰川向沿海地区伸出巨大的冰舌,进入海面就形成在海洋上漂浮的冰山,给海上航轮带来很大的威胁。

(2)山岳冰川。山岳冰川一般位于高山的山岭上部,那里常年气温在 0℃ 以下,降雪量较大。世界上山岳冰川主要分布在亚欧大陆的高山地区。在我国境内主要分布在喜马拉雅山、冈底斯山、唐古拉山、昆仑山和天山等高山的上部,总面积约 57 000 km^2,是我国天然巨大的"固体水库"。我国的长江、黄河等大河的上游就发源在冰川融水地区。

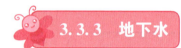

3.3.3 地下水

1. 地下水的来源

地下水是指埋藏于地表以下的水。大气降水降落到地表以后,其中一部分渗透到地下的土层里和岩石空隙里,形成地下水。按照埋藏条件,地下水可以分为潜水和承压地下水两大类。

有些干旱的沙漠地区,也有地下水。因为沙漠地区昼夜温差大,白天气温高,饱和水汽含量大,到了夜间气温下降,饱和水汽含量小,空气里多余的水汽在沙子之间的空隙里凝成小水滴。小水滴下渗、聚积,就成为地下水。这种由空气中的水汽直接凝结成的地下水,虽然很少,但是在沙漠地区非常宝贵。

岩浆在地壳中上升时,随着温度和压力的降低,分解出来的氢气和氧气,也可以直接结合成温度较高的热水。

2. 含水层和隔水层

岩石和土中的空隙有大有小。空隙大的岩石以及卵石、粗砂,透水性能最好;空隙不太大的岩石,透水性能次之;致密的岩石以及黏土,透水性能最差。透水性能很好的岩层和土层,地下水容易进入空隙,使空隙充满水并且容易从空隙渗出。这样的岩层和土层就是含水层。含水层是地下水运动和储存的地层。透水性能差的岩层和土层,由于空隙小,地下水很不容易从这一层渗透过去,所以就成为隔水层。

3. 潜水

埋藏在第一个隔水层之上的地下水,叫潜水。潜水有一个自由水面,它的上面为非饱和带,同大气相接触。通常潜水水面因重力作用随地形的高低起伏而略有起伏,因此,潜水一般由地形高处向低处渗流。

潜水的补给来源,主要是由当地大气降雨渗入的。降雨历时较长,降雨强度不太大,地形坡度比较平缓，在地面植物覆盖良好的情况下，对降雨入渗补给地下水最为有利。此外，地表水也可补给潜水。当河湖水位高于潜水面时，河湖水就向两岸潜水含水层渗透，成为潜水的补给来源。大河下游河床如果高于两岸地面，河水就补给其两岸一带的潜水（图 4-3-10）。例如，黄河下游的河床高出两岸地面数米，两岸的潜水经常得到河水的补给。

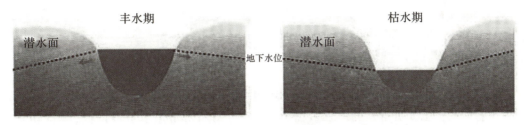

图 4-3-10　河水与潜水相互补给示意图

地下水的天然排泄有两种方式：一种是水平排泄，即潜水在重力作用下，由高水位处向低水位处流动，最后在地势低洼的地方出露地表，成为地表水；另一种是垂直排泄，即潜水蒸发。潜水的水量取决于补给量与这两种消耗量的对比关系。潜水的补给量大于消耗量，储水量增加，地下水位就上升；反之，潜水的补给量小于消耗量，储水量减少，水位就下降。

随着社会生产的发展，人类对地下水的影响越来越大。由于农业生产发展的需要，在引用地表水灌溉的地区，如果没有科学管理，经常大水漫灌，又没有相应的排水设施，则潜水水位会不断上升，在气候干旱或半干旱地区会造成土壤盐渍化，给农业生产带来极大的危害。在大规模开采潜水的地区，如果开采过量，则往往引起潜水水位下降，形成地下水漏斗区。潜水下降严重的地方，还会引起地面下沉，甚至造成地上建筑物塌陷。在沿海地带还可能引起海水入侵，使地下水水质变坏。那种认为地下水是"取之不尽、用之不竭"的想法，是没有根据的。

4. 承压地下水

埋藏在上下两个隔水层之间，承受一定压力的地下水，叫承压地下水，又叫自流水。承压地下水分布地区的地质构造，很多成盆地状，这种地区叫自流水盆地，如图 4-3-11 所示。在自流水盆地上，只要把上面的隔水层钻穿，地下水就在压力作用下，沿钻孔自流上涌，甚至喷出地表。

自流水盆地可分为补给区、承压区和排泄区。含水层出露于地表，地势又是较高的地区，是自流水的补给区。补给区的地下水实际上就是潜水，主要接受大气降水、地表水的补给。含水层出露于地表，而且地势较低的地区，成为自流水的排泄区。排泄区的地下水也具有潜水特征，主要通过泉水的形式排泄。

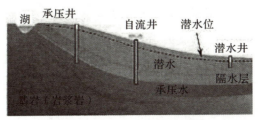

图 4-3-11　自流水盆地示意图

一般来说,承压地下水埋藏深,受气候的直接影响小,流量稳定,水质也比较好,是很好的供水水源。如果承压地下水补给区的自然条件遭到破坏,水源补给有了变化,那么承压区自流水的流量和水质都将受到影响。因此,对自流水补给区的自然环境要很好地保护,使其免遭破坏和污染。

知识链接

南极花纹冰山

南极花纹冰山是挪威海员奥维德·坦吉于2008年3月18日在南极考察时发现的。冰山颜色鲜艳,上面有奇特的大理石花纹,如图4-3-12所示。约50 m长,9 m高,有的像涂了果酱的汉堡,有的像小时候买的糖果。有人认为条纹形成是因为多年来冰压缩比率不同造成的,而有些科学家认为,是冰川中的矿石渣所致。

图4-3-12 冰山上奇特的大理石花纹

当时正在一艘科考船上工作的坦吉发现冰块上出现了不寻常的黑色条纹。为了用于日后研究,62岁的坦吉赶紧拿起相机拍下了这组特别的照片。几天后,科考船又发现了另一座有斑纹的冰山,这座冰山高出水平面约30 m,这次是明显的蓝色斜纹图案。这些带有美丽图案的冰山的大概位置在南非开普敦以南约1 700英里[①],南极大陆架往北660英里处。

课后实践

1. 河流补给有哪几种形式?各有什么特点?
2. 河流径流量为什么会有季节变化?
3. 地下水是怎么来的?承压地下水和潜水有什么不同?
4. 过量开采地下水有什么后果?
5. 调查附近的河流径流或井水水位有什么季节性的变化,并分析其原因。

---

① 1英里=1.609 344 km。

本章总结

1. 本章中出现的主要概念有哪些？
2. 自然界水循环的类型及地理意义有哪些？
3. 世界洋流是怎样分布的？洋流对地理环境会产生怎样的影响？
4. 陆地水的类型及其相互关系有哪些？
5. 我们应如何保护有限的水资源？

拓展：日常生活中，节约用水的小窍门

水是最宝贵的资源，是我们赖以生存的必需品，珍惜水资源就是在珍惜我们的生命。节约用水是让我们大家养成合理用水的习惯，高效率地利用水资源，杜绝浪费。从我做起，从点滴做起。

（1）废水重复利用。可将干净的废水留下来，存入水桶中，以备生活中其他用水需要，如擦地、冲厕所、浇花等，充分利用水资源，减少浪费。

（2）定期检查家中用水设备。对家中的抽水马桶、水池、水龙头等进行定期检查，查看是否有漏水的现象存在，有效避免水的浪费。有数据显示，一个水龙头一晚上能滴掉 6 L 的水。如果发现有漏水的情况，则应马上保修或者换成新的节水产品。

（3）洗衣机节水。洗衣机洗衣服，省力、方便，但用水比较多。对于小件的衣服选择手洗，多的衣服再考虑机洗。特别是要坚持先甩净泡沫后漂洗，这样可以减少漂洗衣服的次数，有效节约用水，据计算，这样可以节约三分之一用水。

（4）洗碗时区分有无油污。我们吃饭用过的餐具，有的带有大量的油污，有的不含油污，最好区分对待，先用清水清洗无油污餐具，这样一次就可以涮洗干净，再用用过的清水清洗带油污的餐具，避免有油污的餐具上的油污沾染到无油污餐具上，而使清洗更费劲，浪费水资源。或者可以先将餐具上的多余油污擦去，然后再用清水冲洗。

（5）日常生活习惯的养成。在日常生活中要养成节约用水的习惯。如及时关掉水龙头；需要用水的时候控制住水量；对空调滴水进行收集等，都是好的节水习惯。从日常生活中的点滴做起，才能有效节约日常用水。

节约意识要从小培养，从孩子小时就该让他知道生活中怎样节约用水，怎样保护环境，养成一个保护环境、绿色节约的生活习惯。

第 4 章 人类与环境

学习目标

1. 了解当前主要的环境问题。
2. 理解环境问题产生的成因和防治措施。
3. 了解主要的自然灾害及其防御。
4. 竖立环保意识，开展环保行动。

本章要点

大气环境问题；自然灾害及其防御；环境问题的表现与分布；可持续发展。

4.1 大气环境问题

目前国际社会最为关注的全球性大气问题主要包括全球气候变暖、臭氧层破坏和酸雨的危害。随着工业的快速发展，这些已日益成为危害人类的生命健康和财产安全的主要凶手。

4.1.1 全球气候变暖

观测表明：近百年来全球平均气温已上升了 0.4~0.8℃；全球气候呈现变暖趋势。引起气候变暖，除了太阳活动、火山活动、地壳运动等自然原因外，还有人为原因。人类活动排入大气中大量的二氧化碳等气体，能强烈吸收地面放出的红外线长波辐射，使气温升高，即温室效应。能引起温室效应的气体就叫温室气体。大气中的温室气体，除了二氧化碳、甲烷，还包括氮氧化物、臭氧、一氧化碳等。

大气中二氧化碳的浓度不断增加，而且呈现越来越快的趋势。大气温室气体增加的主要原因：一是20世纪以来世界人口的剧增，使人类的工农业生产向自然环境排放的二氧化碳越来越多，比如燃烧矿物能源向大气中排放大量二氧化碳；二是毁林，生态环境的破坏，大量砍伐森林，破坏植被，特别是热带雨林的破坏，使森林吸收和固定二氧化碳的迅速减慢。

全球变暖势必对全球的生态环境和人类生活产生重大影响。

首先，全球变暖会使海平面上升。一方面是全球气温升高，导致海水升温膨胀而海面抬升；另一方面，极地增温造成部分极冰融化，引起海面上升。观测表明，近百年来全球海平面已经上升了 10~20 cm。使沿海地区的低洼国家与地区受到直接威胁。

其次，气候变暖会引起温度带的北移，温度带移动会使大气运动发生相应的变化，引起世界各地区降水和干湿状况的变化，进而导致世界各国经济结构的变化。对局部地区可能会带来一些好处，但从全球而言，人类社会所付出的代价高于可能得到的好处。

控制全球变暖的主要措施：一是要调整能源战略，提高能源利用率，大幅度地引进清洁能源并大力推行节能措施；二是实施绿化对策，应大面积植树造林，阻滞二氧化碳增长；三是要控制人口，提高粮产，限制毁林；四是要努力加强国际合作。

课外探究

分组讨论：全球气候变暖的原因是什么？有什么不利的影响？有没有有利之处？

4.1.2 臭氧层的破坏与保护

自然界中的臭氧主要聚集在距地面 20~30 km 的平流层内，我们称之为臭氧层。臭氧层可以过滤紫外线，并起到调节气候的作用，被誉为地球的"保护伞"。但是地球的这个"保护伞"正受到破坏。20世纪70年代以来，全球臭氧总量明显减少，1979—1990 年，全球臭氧总量下降 3%，南极附近尤为严重，出现了"南极臭氧空洞"。美国国家航空航天局的科学家研究认为，南极上空 2000 年 9 月 3 日的臭氧层空洞面积达到 2 830 万 km^2，如图 4-4-1 所示。目前，不仅在南极，北极上空也出现了臭氧减少的现象，美、日、英、俄等国家联合观测发现，北极上空臭氧层也减少了 20%，已形成了面积约为南极臭氧空洞三分之一的北极臭氧空洞。在被称为是世界上"第三极"的青藏高原，中国大气物理及气象学者的观测也发现，青藏高原上空的臭氧正在以每 10 年 2.7% 的速度减少，已经成为大气层中的第三个臭氧空洞。臭氧层破坏以后，照射到地面的太阳光紫外线增强，据研究，大气中的臭氧总量减少 1%，到达地面的太阳紫外线辐射就会增加 2%。这会使患呼吸系统传染病的人增加；还会增加皮肤癌和白内障的发病率，并危及地球上其他生物的生存，从而给人类健康、全球生态环境和农林牧渔业造成极大的危害。

第4单元 地理与环境

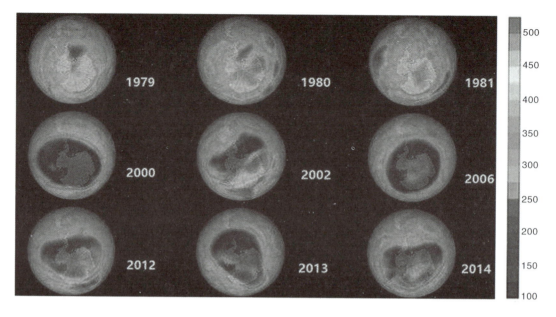

图 4-4-1　南极臭氧空洞示意图

导致大气中臭氧减少和耗竭的物质，一是平流层内超音速飞机排放的大量二氧化氮；二是人类使用冰箱、冰柜、空调时放出来的有机化合物（主要是氯氟烃化合物），在进入臭氧层后，易与臭氧发生光化学反应而消耗臭氧。

为了保护臭氧层，人类保护臭氧层的行动越来越走向国际化合作。国际社会多次召开会议，要求各国逐步削减并最终淘汰氯氟烃等消耗臭氧层物质的排放，积极研制新型制冷系统。目前，许多国家早已经开始研究 ODS 的替代物，并已投入实际运用。同时还应尽量减少高空飞机航班。联合国大会通过决议，确定从 1995 年开始，每年的 9 月 16 日为"国际保护臭氧层日"。我国积极参加国际保护臭氧层合作，并制定了《中国逐步淘汰消耗臭氧层物质方案》。

课外探究

通过网络查询和收集报刊，看一看哪些物质会造成臭氧层破坏。与同学一起讨论一下保护臭氧层，我们应如何做？

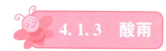

4.1.3　酸雨

1. 酸雨的危害与防治

目前人们一般把 pH 小于 5.6 的雨水称为酸雨，把 pH 小于 4.5 的雨水称为重酸雨，也被称为"空中死神"。酸雨主要是由于燃烧煤、石油、天然气等，不断向大气排放二氧化硫和一氧化氮等酸性气体所致。酸雨的危害主要有：使河湖酸化，影响鱼类生长繁殖，乃至大量死亡；使土壤酸化，危害森林和农作物生长；腐蚀建筑物和文物古迹，危及人体健康。

酸雨的防治措施主要是要减少燃煤排放的二氧化硫和汽车排放的氮氧化物。首先，我们应该制定严格的大气环境质量标准，健全排污许可制度，实施二氧化硫排放总量的控制。其次，我们应该调整能源结构，改进燃烧技术。这样可以减少燃煤过程中二氧化硫和氮氧化物的排放量。例如，液态化燃煤技术，它是受到各国欢迎的新技术之一。对煤燃烧后形成的烟气，在排放到大气中之前还应进行烟气脱硫。与此同时还要开发新能源，如太阳能、风能、核能和可燃冰等，增加无污染或少污染的能源利用比例。最后，我们还应该改善交通环境，控制汽车尾气的排放。大力推广使用无铅汽油并且控制汽车行驶速度，安装尾气净化器。当然，加强植树栽花，扩大绿化面积也是非常重要的。

2. 我国的酸雨问题

我国是一个以煤为主要能源的国家，全国的二氧化硫排放量的90%来自煤的燃烧。酸雨和浮尘是我国主要的大气污染物。我国东南部的大部分地区已成为酸雨区。目前，酸雨面积已覆盖了我国国土面积的40%，是仅次于欧洲和北美的世界第三大酸雨区。南方四川盆地、广东、广西和福建等地出现了大片pH小于4.5的重酸雨区。根据调查和监测，我国酸雨区面积还在扩大，因此防治酸雨已成为我国保护大气环境的重要任务之一。

我国酸雨主要分布在四川、贵州、广西、湖南、湖北、江西、江苏和沿海的福建、广东等省。我国的酸雨主要是硫酸型酸雨。酸雨对森林产生很大的危害。在酸雨作用下，土壤中的营养元素随着雨水被淋溶掉，从而使土壤变得贫瘠。我国针对酸雨问题，主要采取了以下对策：一是降低煤炭中的含硫量；二是减少二氧化硫的排放。根据我国的洗煤能力应当优先安排洗选高硫煤，回收精硫矿。专家建议，全国含硫2%以上高硫煤应进行洗选。对于无法洗选的有机硫，可在煤炭燃烧过程中采用回收技术，制取硫酸。

> **课后实践**
>
> 通过网络查询和收集报刊，看一看哪些物质会造成酸雨形成，有哪些危害？与同学们一起讨论一下我们应如何防治酸雨。

4.2 自然灾害及其防御

4.2.1 气象灾害

气象灾害是指大气对人类的生命财产和国民经济建设及国防建设等造成的直接或间接的损害。主要有台风、暴雨、洪涝、干旱、寒潮等。中国是世界上自然灾害发生频繁、造成损失十分严重的少数国家之一。

1. 台风

台风是产生于热带洋面上的一种强烈的热带气旋。台风经过时常伴随着大风和暴雨天气。台风按热带气旋中心附近最大风力的大小进行分级。气象部门将8~11级风称为台风，

12级和12级以上的风称为强台风。

在海洋面温度超过26℃以上的热带或副热带海洋上，由于近洋面气温高，大量空气膨胀上升，使近洋面气压降低，外围空气源源不断地补充流入。受地转偏向力的影响，流入的空气旋转起来。而上升空气膨胀变冷，其中的水汽冷却凝结形成水滴时，要放出热量，又促使低层空气不断上升。这样近洋面气压下降得更低，空气旋转得更加猛烈，最后形成了台风，如图4-4-2所示。台风灾害主要由飓风、暴雨和风暴潮造成。强风会掀翻万吨巨轮，使地面建筑物和通信设施遭受严重损失；特大暴雨会造成河堤决口、水坝崩溃、洪水泛滥；特大风暴潮更会带来毁灭性灾害，如图4-4-3所示。

图4-4-2 台风的结构图

图4-4-3 台风的危害

西北太平洋是全球台风发生频率最高、强度最大的海域。其他海域，如西印度群岛、澳大利亚东海岸、印度洋也时有台风发生，但这些地方习惯上把台风叫飓风。我国是世界上受台风影响最大的国家之一。

加强台风的监测和预报，是减轻台风灾害的重要措施。对台风的探测主要是利用气象卫星。在卫星云图上，能清晰地看见台风的存在和大小。利用气象卫星资料，可以确定台风中心的位置，估计台风强度，监测台风移动方向和速度，以及狂风暴雨出现的地区等，对防止和减轻台风灾害起着关键作用。当台风到达近海时，还可用雷达监测台风动向。建立城市的预警系统，提高应急能力，建立应急响应机制。

气象台的预报员，根据所得到的各种资料，分析台风的动向、登陆的地点和时间，及时发布台风预报、台风警报或紧急警报通过电视、广播等媒介为公众服务，让沿海渔船及时回港避风，同时为各级政府提供决策依据，发布台风预报或警报是减轻台风灾害的重要措施。

2. 暴雨洪涝

洪涝指因大雨、暴雨或持续降雨使低洼地区淹没、渍水的现象，如图4-4-4所示。连续性的暴雨或短时间的大暴雨都会造成严重的洪涝灾害，洪涝灾害通常是洪水灾害和涝淹灾害的合称。造成洪涝灾害的原因很多，如降雨量、降雨强度、降雨持续时间、地形、地貌、江河的宽度及其淤积和弯曲程度、植被状况、所处的季节和作物所处的生育期等。其中，降雨量过多和降水强度过大是导致洪涝灾害的根本原因。

我国每年都有不同程度的暴雨洪涝灾害发生，主要的雨涝区分布在大兴安岭—太行山—武陵山以东，这个地区又被南岭、大别山—秦岭、阴山分割为4个多发区。中国西部少雨，仅四川是雨涝多发区。

洪涝灾害的防治工作包括两个方面：一方面减少洪涝灾害发生的可能性；另一方面尽可能使已发生的洪涝灾害的损失降到最低。加强堤防建设、河道整治以及水库工程建设是避免洪涝灾害的直接措施，长期持久地推行水土保持可以从根本上减少发生洪涝的机会。利用气象卫星切实做好洪水、天气的科学预报与滞洪区的合理规划可以减轻洪涝灾害的损失。建立防汛抢险的应急体系，是减轻灾害损失的最后措施。

图 4-4-4　洪水

3. 干旱

干旱是长期无降水或者降水异常少造成空气干燥、土壤缺水的现象。干旱从古至今都是人类面临的主要自然灾害。即使在科学技术如此发达的今天，它造成的灾难性后果仍然比比皆是。尤其值得注意的是，随着人类的经济发展和人口膨胀，水资源短缺现象日趋严重，这也直接导致了干旱地区的扩大与干旱化程度的加重，干旱化趋势已成为全球关注的问题。严重的干旱会造成粮食减产，人畜饮水困难，影响经济发展和社会安定，如图 4-4-5 所示。

干旱是由多种因素引起的，防御干旱应采取多种措施。目前抗旱措施和技术主要有以下几个方面：一是灌溉设施的改善和灌溉机械的使用，我国南方大部分地区水量充沛，所出现的干旱是工程性缺水，水利灌溉设施的修建对于解决水稻干旱很有帮助；二是推广水稻旱作技术；三是推广水稻节水栽培技术，主要包括旱育稀植技术、薄膜覆盖技术、节水灌溉技术等；四是用旱稻替代水稻。

图 4-4-5　干裂的土地

4. 寒潮

寒潮是冬季的一种灾害性天气。寒潮一般多发生在秋末、冬季、初春时节。我国气象部门规定：冷空气侵入造成的降温，一天内达到10℃以上，而且最低气温在5℃以下，则称此冷空气爆发过程为一次寒潮过程。可见，并不是每一次冷空气南下都称为寒潮。

寒潮是我国冬季主要的气象灾害。寒潮会造成沿途大范围的剧烈降温、大风和雨雪天气，由寒潮引发的大风、霜冻、雪灾、雨凇等灾害对农业、交通、电力、航海以及人们健康都有很大的影响。严重的大雪、冻雨可压断电线，折断电杆，造成电信和输电线路中断，交通运输受阻等。

就目前而言，对寒潮仍然没有有效的防御方法，提前发布准确的寒潮消息与警报，使海上船只在大风到来之前返港，提醒有关部门事先对农作物、畜群等做好防寒准备，可大大减少损失。

第4单元 地理与环境

> **课后实践**
>
> 如果你遇到暴雨天气，甚至室外的积水漫进屋内，你应该与家人如何进行自救？自救过程中有哪些注意事项？请列举为与同学分享你的做法。

4.2.2 地质灾害

地质灾害是指在自然或者人为因素的作用下形成的，对人类生命财产、环境造成破坏和损失的地质作用（现象）。如地震、火山喷发、滑坡、泥石流、水土流失等。

1. 地震

地震是指岩石圈在内力作用下突然发生破裂，地球内能以地震波的形式强烈释放出来，从而引起一定范围内地面振动的现象。它发源于地下某一点，该点称为震源（Focus）。振动从震源传出，在地球中传播。地面上离震源最近的一点称为震中，它是接受振动最早的部位，如图4-4-6所示。大地振动是地震最直观、最普遍的表现。在海底或滨海地区发生的强烈地震，能引起巨大的波浪，称为海啸。

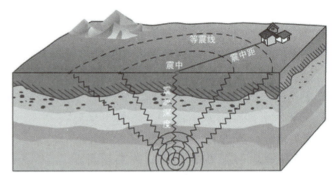

图4-4-6　地震构造示意图

地震本身的大小，用震级表示，根据地震时释放的弹性波能量大小来确定震级，我国一般采用里氏震级。震级每相差1级，地震释放的能量相差约30倍。通常把小于2.5级的地震叫小地震，2.5~4.7级地震叫有感地震，大于4.7级地震称为破坏性地震。

地震是一种至今还不能控制的巨大的自然灾害。地震分布最集中的是环太平洋地震带、欧亚地震带和中洋脊地震带。我国东临太平洋地震带，西部和西南部是欧亚地震带所经过的地区，所以是世界上多地震的国家之一。

2. 火山喷发

火山喷发是地下深处的高温岩浆及气体、碎屑从地壳喷出的现象。岩浆活动穿过地壳，到达地面或伴随有水气和灰渣喷出地表，形成特殊结构和锥状形态的山体。火山由火山口、岩浆通道和火山锥组成。

火山可分活火山、死火山和休眠火山。活火山指现在尚在活动或周期性发生喷发活动的火山。这类火山正处于活动的旺盛时期，如坦博拉火山和夏威夷群岛上的火山。

死火山指史前曾发生过喷发，但有史以来一直未活动过的火山。此类火山已丧失了活动能力。我国境内的600多座火山，大都是死火山。

休眠火山指有史以来曾经喷发过，但长期以来处于相对静止状态的火山。此类火山都保存有完好的火山锥形态，尚不能断定其已丧失火山活动能力。如我国长白山天池。

猛烈的火山爆发会吞噬、摧毁大片土地，把大批生命、财产烧为灰烬。但火山喷发出来的火山灰是很好的天然肥料，如富士山地区的桑树长得特别好，有利于养蚕业的发展；维苏威火山地区则盛产葡萄。火山地区景象奇特，往往成为旅游胜地。

在人类能够控制火山活动之前，加强预报是防止火山灾害的唯一办法。科学家对火山爆发问题的研究，常常得益于动植物的某种突然变化。印度尼西亚爪哇岛上有一种奇特的植物，在火山爆发之前会开花，当地居民把它叫作"火山报警花"。

3. 滑坡与泥石流

山体滑坡与泥石流是一种由气象灾害引发的次生灾害。滑坡、泥石流都是山区常见的自然地质现象。滑坡是指山坡受到河流冲刷、降雨、地震、人类工程开挖等因素的影响，上面的土层或岩层，整体地或者分散地顺斜坡向下滑动的现象，如图 4-4-7 所示。泥石流是指在降水、水坝溃决或冰川、积雪融化形成的地面流水作用下，在沟谷或山坡上产生的一种挟带大量泥砂、石块等固体物质的特殊洪流，如图 4-4-8 所示。这类灾害具有分布广、破坏性强、隐蔽性及容易链状成灾等特点，不仅会阻塞河道与交通、毁坏农田和建筑物，还会造成人员伤亡和财产损失，对生态环境造成巨大破坏。

图 4-4-7　山体滑坡

图 4-4-8　泥石流

在我国，山体滑坡的发生类型和分布具有明显的区域性特点：云南、四川、重庆、贵州和西藏等地，秦岭—大巴山地区，西北黄土高原等地为滑坡发生的主要地区。泥石流主要分布在西南、西北、华北山区和青藏高原边缘山区。治理措施主要有植树造林，恢复植被；进行岩土体改造，加固稳定变形山体；建立护坡、挡墙等支撑物等。

4.2.3　地质灾害的关联性

各种地质灾害具有各自形成、发展、致灾的规律，各灾害之间以及它们与其他因素之间又有一定的关联性。认识这种相互关系，对防灾减灾有重大意义。

一个地域内的地质灾害可能有若干种，它们在成因上是有关联的。例如，我国四川、云南、贵州接壤地带，形成了以地震、滑坡、泥石流为主的灾害系统，因为该地带现代地壳活动强烈，地震频发，震级高。由于地壳活动强烈，山体中断裂发育、岩石破碎、风化严重，加上干湿季分明、暴雨集中，促使滑坡、泥石流灾害突发。

在一次灾害发生过程中，往往由一种原发性的主灾诱发其他灾害。如地震不仅会毁坏生产与生活设施，同时可能会引起火灾、海啸和滑坡等灾害，又由于人员伤亡，可能会引起疫病蔓延等。

人类活动及其对自然环境施加的影响，可以间接或直接诱发地质灾害。例如，人类对植被的破坏，使地表径流的水量和速度加大，是泥石流日趋频繁的重要原因；人类大规模的工程活动，造成滑坡等灾害事件时有发生。

4.2.4　地质灾害的防御

地质灾害的防御应做到以下几方面：一是切实做好地质灾害的调查工作，在调查的基础上编制相应的地质灾害防治规划；二是建立地质灾害预报制度，提高预报水平；三是在地质灾害易发区，要扎实进行工程建设地质灾害危险性评估，完善评估制度；四是对从事地质灾害危险性评估的单位实行资质管理制度；五是经评估认为可能引发地质灾害或者可能遭受地质灾害危害的建设工程，应当配套建设地质灾害治理工程；六是完善地质灾害应急预案，并经常演练；七是强化地质灾害科普知识的普及，提高公众防灾、避灾能力。

课后实践

开展一次关于地质灾害防治科普知识的专题演讲，请同学们以小组合作形式，讨论选定一种地质灾害，采用小组合作，从该地质灾害的形成原因、危害及防御等方面，准备专题演讲内容，小组确定代表在活动中进行演讲展示。

4.3　环境问题与可持续发展

4.3.1　环境问题的表现与分布

1. 环境问题的表现

当今世界，人类面临着许多共同的环境问题，这些环境问题主要表现为环境污染和生态破坏。

1）环境污染

由于人类任意排放废弃物和有害物质，导致环境质量下降。例如，工业"三废"和有害人体健康的农药不加处理、不加限制，任意排放到大气、江河、湖海和土壤中，造成大气污染、水污染、土壤污染，如图4-4-9和图4-4-10所示；人们生产与生活产生的大量垃圾，堆积在城市中或郊区，造成固体废弃物污染；交通、工厂等造成噪声污染；放射性物质泄漏产生放射性污染；各类污染物排入海洋，造成海洋污染。环境污染易对人体健康产生直接影响。

图 4-4-9 大气污染

图 4-4-10 水污染

2）生态破坏

人类对环境的破坏，导致环境退化，使生物生存环境受到破坏。人们过度砍伐、捕猎使生物数量急剧减少，物种灭绝加速。例如，由于滥伐森林，造成森林面积锐减，使森林环境调节能力下降；对自然植被的破坏，导致水土流失，土地荒漠化加剧；不合理灌溉，引起土壤次生盐碱化；大量燃煤和使用消耗臭氧物质，导致大气中二氧化碳含量增加，臭氧层破坏；生物的生存环境的破坏和过度捕猎，导致物种灭绝呈加速的趋势等。

2. 环境问题的分布特点

各地区的经济结构、环境政策的不同，所面临的环境问题也有所不同。例如，在城市，由于交通、工业活动和人类聚居地的过分集中，造成了污染物的过度集中，环境问题主要表现为环境污染。如，大气污染、水污染、噪声污染等；而在广大乡村地区，因利用资源的方式不当或强度过大，环境问题主要表现为生态破坏。如水土流失、荒漠化、土壤盐碱化等。从全球看，发展中国家的环境问题比发达国家严重。这主要是因为：第一，发展中国家一般都处在经济发展的初级阶段，而人口增长却很快，环境承受着发展和人口的双重压力；第二，限于经济、技术水平，发展中国家没有足够的能力进行环境保护，而且在环境问题发生后，不能及时充分解决；第三，发达国家利用一些发展中国家对经济发展的需求，将污染严重的工业转移到发展中国家。

有些环境问题不止影响一个国家或地区，例如，酸雨随大气运动，能影响到很远的地区；国际性河流上游被污染，将使全流域受到影响；热带雨林的破坏会对全球的气候产生影响；二氧化碳浓度的升高和臭氧层的破坏，更是威胁着全人类。

4.3.2 环境问题产生的主要原因

1. 人口压力

庞大的人口基数和较高的人口增长率，对全球特别是一些发展中国家，形成巨大的人口压力。人口持续增长，对物质资料的需求和消耗随之增多，最终会超出环境供给资源和消化废物的能力，进而出现种种资源和环境问题。

2. 资源的不合理利用

随着世界人口持续增长和经济迅速发展，人类对自然资源的需求量越来越大，而自然资源的补给、再生和增殖是需要时间的，一旦利用超过了极限，要想恢复是困难的。特别是非可再生资源，对其开采过程实际上就是资源的耗竭过程。当代社会对非可再生资源的巨大需求，更加剧了这些资源的耗竭速度。在广大的贫困落后地区，由于生态意识淡薄，人们长期采用有害于环境的生产方法，如不顾环境的影响，盲目扩大耕地面积等，结果使生态系统遭到破坏，自然生产能力下降，形成恶性循环。

3. 片面追求经济的增长

传统的发展模式关注的只是经济领域活动，其目标是产值和利润。在这种发展观的支配下，为了追求最大的经济效益，人们采取以损害环境为代价来换取经济增长的发展模式，其结果是在全球范围内相继造成了严重的环境问题。环境问题是伴随着人口问题、资源问题和发展问题而出现的，这四者之间是相互联系、相互制约的。环境问题的本质就是发展问题，环境问题是在发展的过程中产生的，故必须在发展的过程中解决。

课后实践

选择一个你熟悉的城市或集镇，调查它存在的主要环境问题，提出你的解决方案。建议：

(1) 通过实地调查等方式，了解该地存在的主要环境问题及其危害。

(2) 通过走访、查阅资料等形式，了解该地主管部门已采取的措施和治理工作中的困难。

(3) 结合上述资料，提出你的建议解决方案。

(4) 通过与同学交流、写倡议书、写调查报告等形式，展示你的调查研究成果。

4.3.3 协调人地关系——可持续发展

1. 概念、内涵和原则

可持续发展是一个综合的概念，其丰富的内涵主要有3点：生态持续发展、经济持续发展和社会持续发展。生态、经济和社会的持续发展相互联系、相互制约，共同组成了一个复合系统。实现可持续发展，需要遵循的3个基本原则。

(1) 公平性原则。这包括同代人之间、代与代之间、人与其他生物种群之间、不同国家地区之间的公平。例如，人类的发展不危及其他生物生存；各国有权根据需要开发本国资源，但要确保不对其他国家构成危害；人类生存的自然资源是有限的，因此要与子孙后代共享资源和环境。

(2) 持续性原则。地球面积是有限的，地球的承载力也是有限的。人类经济活动和社会发展必须保持在资源和环境的承载能力之内。因此人类应做到合理开发和利用自然资源，保持适度的人口规模，处理好发展经济与保护环境的关系。

（3）共同性原则。地球是一个整体，地区性问题往往会转化为全球性问题。这就要求地方的决策和行动，应有助于实现全球整体的协调。解决全球性气候变暖等跨国界问题需要进行国际合作。对于全球共有的大气、海洋、生物资源等，需要在尊重各国主权和利益的基础上，制定各国都可以接受的全球性目标和政策。

2. 可持续发展从观念走向实践的具体表现

我们只有建立起可持续发展的世界观，进而用符合可持续发展的方法来改变我们的生产、生活方式，才能使可持续发展从观念走向实践。应努力做到以下几方面：

（1）工厂实行清洁生产。清洁生产，是指不断采取改进设计、使用清洁的能源和原料、采用先进的工艺技术与设备、改善管理、综合利用等措施，从源头削减污染，提高资源利用效率，减少污染物的产生和排放，以减轻或者消除对人类健康和环境的危害。

（2）社会公众积极参与。公众既是消费者，又是生产者，也是环境的管理者。因此，公众是否认识、愿意接受并积极参与，是实现可持续发展从观念走向实践的必要条件。

（3）选购带环境标志的产品等。中国环境标志图形由中心的青山、绿水、太阳及周围的 10 个环组成。图形的中心结构表示人类赖以生存的环境，外围的 10 个环紧密结合，环环紧扣，表示公众参与，共同保护环境；10 个环的"环"字与环境的"环"同字，其寓意为"全民联系起来，共同保护人类赖以生存的环境"。

4.3.4 中国的可持续发展道路

1. 中国走可持续发展道路的必然性

中国作为一个发展中的大国，以占世界 7% 的耕地养活着约占世界 21% 的人口。改革开放以来，中国取得了举世瞩目的成绩。但是，依然面临着生存和发展的巨大压力。

（1）庞大的人口压力。尽管我国加强了计划生育工作，但由于人口总量基数过高，所以每年新增人口绝对数仍然较高，每年 1/4 的新增产值被用来养活新增人口。人口总量巨大导致人均财富占有量少。

（2）资源短缺。我国自然资源种类多、总量大、类型齐全，但庞大的人口压力和经济迅速发展的需求，加上生产技术和工艺水平的落后，使得我国的资源利用率低，长期存在资源的相对短缺。

（3）深刻的环境危机。我国人口众多，人均资源少，自然环境面临极大危机。一方面以城市为中心，大气污染、水体污染、固体废弃物等环境污染仍在发展，并迅速向农村蔓延；另一方面，以水土流失、荒漠化、森林资源减少为特征的生态破坏的范围仍在扩大，程度在加剧。

面临人口压力大、自然资源相对短缺和环境危机重的状况，必然要走可持续发展道路。1994 年 3 月国务院发表了《中国 21 世纪议程——中国 21 世纪人口、环境与发展白皮书》，提出了中国实施可持续发展的总体战略、对策及行动方案。这是全球第一部国家级"21 世纪议程"。

2. 可持续发展的农业生产模式——生态农业

1）生态农业的概念、内涵和特点

生态农业是一种社会经济与生态效益密切结合的现代农业模式。其用农家肥增加土壤肥力、用生物方法防治农作物病虫害，保护自己生存环境里的生态平衡。其产品被称为"绿色产品"。

中国生态农业的基本内涵是：按照生态学原理和生态经济规律，因地制宜地设计、组装、调整和管理农业生产和农村经济的系统工程体系。它要求把发展粮食与多种经济作物生产；发展大田种植与林、牧、副、渔业；发展大农业与第二、三产业结合起来，利用传统农业精华和现代科技成果，通过人工设计生态工程、协调发展与环境之间、资源利用与保护之间的矛盾，形成生态上与经济上两个良性循环，经济、生态、社会三大效益的统一。

生态农业具有综合性、多样性、高效性和持续性等特点。

2）我国典型生态农业模式

（1）北方"四位一体"生态农业模式。它是一种庭院经济与生态农业相结合的新的生产模式。它以生态学、经济学、系统工程学为原理，以土地资源为基础，以太阳能为动力，以沼气为纽带，种植业和养殖业相结合，通过生物质能转换技术，在农户的土地上，在全封闭的状态下，将沼气池、猪禽舍、厕所和日光温室等组合在一起，所以称为"四位一体"模式。

（2）南方"猪—沼—果"生态农业模式。以沼气为纽带，带动畜牧业、林果业等相关农业产业共同发展的生态农业模式。"户建一口沼气池，人均年出栏2头猪，人均种好一亩果。"鼓励农民施用无公害农家肥、有机生物肥、沼气液肥，实施"养殖—沼气—种植""三位一体"的生态循环模式，大幅度减少了无机肥的施用，减少了对土壤、水源的污染。如图4-4-11所示，为生态农业示例。

图4-4-11 阳朔县"猪—沼—果"生态农业

（3）西北"五配套"生态农业模式。"五配套"生态农业模式是解决西北地区干旱地区的用水，促进农业持续发展，提高农民收入的重要模式。每户建一个沼气池、一个果园、一个暖圈、一个蓄水窖和一个看营房。实行人厕、沼气、猪圈三结合，圈下建沼气池，池上搞养殖，除养猪外，圈内上层还放笼养鸡，形成鸡粪喂猪、猪粪池产沼气的立体养殖和多种经营系统。

3. 公众参与从我做起，构建人类命运共同体

1）推进绿色发展从我做起。建设美丽中国，是我国现代化建设的重要内容。工作重点主要包括：构建绿色低碳循环发展的经济体系；构建市场导向的绿色技术创新体系；构建清洁低碳、安全高效的能源体系；倡导简约适度、绿色低碳的生活方式；推进荒漠化、石漠化、水土流失的综合治理；严格保护耕地；推进主体功能区制度建设；建设好自然保护区和国家公园。

一个可持续发展的社会，有赖于资源的持续供给，环境的自我调节，生产生活与生态环境之间的相互协调，法律的有效约束，经济活动的良好组织，政府的宏观调控，各组织之间的通力合作，以及民众的监督与参与。我们每一个人都有责任和义务，珍惜自然资源，保护生态环境，使我们的子孙后代获得满足自身需求的能力。

2）同心打造人类命运共同体。人类生活在同一个地球村，各国日益相互依存、命运与共，需要共同建设持久和平、普遍安全、共同繁荣、开放包容、清洁美丽的世界。政治上，要相互尊重、平等协商，坚决摒弃冷战思维和强权政治，走对话而不对抗、结伴而不结盟的国与国交往新路。安全上，要坚持以对话解决争端、以协商化解分歧，统筹应对传统和非传统安全威胁，反对一切形式的恐怖主义。经济上，要同舟共济，促进贸易和投资自由化便利化，推动经济全球化朝着更加开放、包容、普惠、平衡、共赢的方向发展。文化上，要尊重世界文明多样性，以文明交流超越文明隔阂、文明互鉴超越文明冲突、文明共存超越文明优越。生态上，要坚持环境友好，合作应对气候变化，保护好人类赖以生存的地球家园。

课后实践

阅读下列材料，完成相关任务。

甲山村干部为了带领村民奔小康，利用当地的草山草坡放养黑山羊，待黑山羊长大后再卖掉。刚开始时，每家只养几只羊。几年后，每家都有了一大群羊，经济收入比以前提高了数倍。但是，由于过度放牧，该村的草场都被破坏了，造成了严重的水土流失。

乙山村的自然环境与甲山村差不多。该村根据当地自然条件的特点，大力种植中草药，并在山脚下种植优质葡萄。中草药和葡萄都获得丰收，村民收入比以前大幅度提高了，而且村里的山仍是青的，水还是绿的。

（1）上述两种生产致富方式中，哪一种是可持续发展的生产方式？为什么？（2）从"绿水青山就是金山银山"的角度，谈一谈你对可持续发展的理解。

第4单元 地理与环境

拓展：海洋空间利用

随着世界人口迅速增长，陆地空间显得越来越拥挤，海洋空间的开发利用问题越来越引人关注。海洋势必成为沿海国家经济和社会可持续发展的机遇和新的空间，对全人类来讲，海洋则是生存与发展的最后的地球空间。海洋空间有海上、海中、海底3个部分，具体包括海上人工岛、海上桥梁、海上机场、海上娱乐场、海上城市、海底隧道、海底光（电）缆、海底仓库等。目前海洋空间的利用已从传统的交通运输扩大到生产、通信、电力输送、储藏和文化娱乐等诸多新兴领域。未来海洋空间利用示意图如图4-4-12所示。

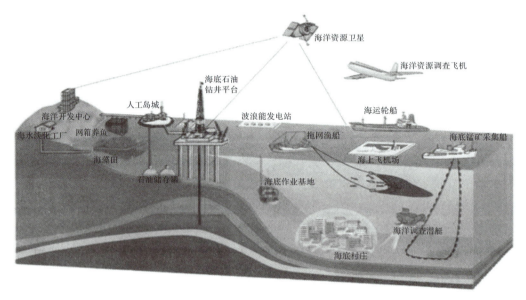

图4-4-12 未来海洋空间利用示意图

海上运输是人类利用海洋空间最早的形式。早在公元前1000年，地中海沿岸国家已开始航海。目前，海上交通运输已经发展到包括海港码头、海上船舶、航海运河、海底隧道、海上桥梁、海上机场、海底管道等众多海洋交通路线。广阔的海洋已经成为各大洲、各地区人们互相交往，进行经济贸易活动的纽带。

海上城市是指在海上建立的具有新城市机能、新交通体系的大型居住区，可容纳几万人，如图4-4-13所示。目前世界上已建成的最大海上城市是日本神户人工岛。海上机场是把飞机的起降跑道建筑在海上固定式建筑物或漂浮式构筑物上的机场。如日本的长崎机场、英国伦敦的第三机场都建在人工岛上；美国纽约拉瓜迪亚机场是用钢桩打入海底建立的桩基式海上

图4-4-13 未来海上漂浮城市

机场。

　　世界上已建成数条海底隧道。日本正在修建的"青函海底隧道"是世界上最长的海底隧道，它穿过津轻海峡，全长 53.85 km。最深部分在海底 100 m 以下，隧道顶部离水面的距离为 240 m。还有长 51 km 的"英吉利海底隧道"和 47 km 的"直布罗陀海底隧道"等。

　　文化娱乐设施空间包括海洋公园、海滨浴场和海上运动区等。随着现代旅游业的兴起，各沿海国家和地区纷纷重视开发海洋空间的旅游和娱乐功能，利用海底、海中、海面进行娱乐和知识相结合的旅游中心综合开发建设。

参考文献

[1] 张民生. 自然科学基础 [M]. 北京：高等教育出版社，2008.

[2] 张平柯. 陈日晓. 自然科学基础 [M]. 北京：人民教育出版社，2006.

[3] 张民生. 自然科学基础 [M]. 北京：高等教育出版社，2008.

[4] 周文华. 何曙光. 社会科学基础知识 [M]. 长沙：湖南大学出版社，2008.

[5] [韩] 崔香淑. 儿童好奇心大百科 [M]. 邵童欣，译. 青岛：青岛出版社，2009.

[6] 李姗泽. 孙亚娟，蔡红梅. 和孩子一起探究世界的秘密 [M]. 南宁：广西师范大学出版社，2014.

[7] 刘占兰. 学前儿童科学教育 [M]. 北京：北京师范大学出版社，2008.

[8] 郦燕君. 何曙光. 学前儿童科学教育 [M]. 北京：高等教育出版社，2014.

[9] 中国科学技术协会"中国公众科学素养调查课题组". 2003年中国公众科学素养调查报告 [R]，科学普及出版社，2004.

[10] 中华人民共和国科学技术部. 北京：国家高技术研究发展计划，1986.

[11] 夏征农，陈至立. 辞海 [M]. 上海：上海辞书出版，2009.

[12] 李宁. 浅谈幼儿教师应具备的科学素养 [J]. 学理论，2013（10）：57-57.

[13] 王素菊. 我国幼儿教师科学素养现状分析综述 [J]. 当代学前教育，2007（5）：6-10.

[14] 王练. 幼儿教师和学前教育专业学生科学素养调查研究 [J]. 第五届亚太地区媒体与科技和社会发展研讨会，2006.

[15] 孙雅婷. 如何提高幼儿教师的科学素养 [J]. 教育导刊（下半月），2010（4）：91-94.

[16] 王月莲. 现代幼儿教师应具备的科学素养 [J]. 文教资料，2010（7）：157-158.

[17] 王月莲. 幼儿教师科学素养的结构要素及其个性要求 [J]. 湖南第一师范大学学报，2014（5）：46-48.

[18] 钟晓. 幼儿教师科学素养现状调查及培养策略研究 [D]. 济南：山东师范大学，2013.

[19] 卢溪. 昆明市五华区幼儿教师科学素养现状研究 [D]. 昆明：云南师范大学，2013.

[20] 李少华. 幼儿园教师科学素养研究 [D]. 重庆：西南大学，2014.

[21] 毕毓俊. 自然科学基础知识 [M]. 北京：高等教育出版社，2005.

[22] 毕毓俊. 自然科学基础知识联系与指导 [M]. 北京：高等教育出版社，2014.

[23] 王国昌. 何仙玉. 自然科学基础知识 [M]. 长沙：湖南大学出版社，2005.

[24] 班耀华. 李福在. 自然科学基础知识 [M]. 武汉：武汉大学出版社，2016.

[25] 阮守高. 自然科学基础知识（物理·化学分册）[M]. 西安：西北工业大学出版社，2015.

[26] 王金娥. 幼儿科学小实验 [M]. 上海：复旦大学出版社，2014.

［27］《中国少年儿童百科全书》编委会. 中国少年儿童百科全书［M］. 长春：吉林人民出版社，2015.
［28］英国 DK 公司. 儿童科学大百科［M］. 北京：中信出版集团，2016.
［29］帕迪利亚. 科学探索者［M］. 杭州：浙江教育出版社，2013.
［30］张平柯. 科学·物理［M］. 长沙：湖南科学技术出版社，2014.
［31］赵运兵，胡新颜. 物理［M］. 北京：高等教育出版社，2012.
［32］程守珠，江之永. 费恩曼物理学讲义［M］. 北京：高等教育出版社，2007.
［33］陆兰，刘超. 幼儿科学教育与活动指导［M］. 北京：北京师范大学出版社，2014.
［34］李槐青，彭琦凡. 幼儿科学教育·科学［M］. 北京：北京师范大学出版社，2013.
［35］宋心琦. 化学 2［M］. 北京：人民教育出版社，2007.
［36］卢琦. 科学化学［M］. 长沙：湖南科学技术出版社，2011.
［37］潘鸿章. 生活与化学［M］. 北京：学苑出版社，1997.
［38］涂向阳，贺永琴. 自然科学［M］. 北京：北京师范大学出版社，2013.
［39］孟庆松. 生物 奇妙的生命科学［M］. 郑州：郑州大学出版社，2014.
［40］王向东. 幼儿教师自然科学教程（生物地理分册）［M］. 上海：复旦大学出版社，2013.
［41］陈爱葵. 遗传与优生［M］. 北京：清华大学出版社，2014.
［42］马越，廖俊杰，现代生物技术概论［M］. 2 版. 北京：中国轻工业出版社，2015.
［43］陈光磊. 生态与生存［M］. 南京：东南大学出版社，2015.
［44］姚艳萍. 谈幼儿园自然角的创设［J］. 长江丛刊，2017（2）：259-259.